Jack Kerouac

"Warum, warum weiß ich nur so wenig über mein eigenes Leben, nur diese wenigen Hinweise, entfernten Andeutungen und diese Indiskretionen, die ich aber immer wieder suche, aufsuche, um sie hier aufzuschreiben." (Walt Whitman)

Axel von Cossart

Jack Kerouac

(Leben = Werk)

Axel von Cossart
Jack Kerouac
(Leben = Werk)

Verlag: tredition GmbH, Hamburg
ISBN: 978-3-8495-7452-9
Printed in Germany
© 2014

INHALTSVERZEICHNIS

Abkürzungsverzeichnis

Einleitung: Jack Kerouac und die Beats   7

(Bibliographische Chronologie)   29

Kapitel eins: Kindheit in Lowell; New York   34

Kapitel zwei: A strange trio   47

Kapitel drei: Roman-Visionen   64

Kapitel vier: On the Road   83

Kapitel fünf: Action Writing   100

Kapitel sechs: Mexico; Mardou   117

Kapitel sieben: Buddhismus, "Visions of Gerard   131

Kapitel acht: Berkeley; Six Gallery-Reading   144

Kapitel neun: "Dharma Bums"   153

Kapitel zehn: "Desolation Angels"   172

Kapitel elf: Bixby Canyon; "Big Sur"   185

Zeittafel   202

Literatur   209

Zitate aus dem Werk Jack Kerouacs sind mit den folgenden Abkürzungen bezeichnet:

BOD	Book of Dreams
BS	Big Sur
DB	Dharma Bums ("Gammler, Zen und hohe Berge")
DA	Desolation Angels ("Engel, Kif und neue Länder")
DS	Doctor Sax
GBO	Good Blonde & Others
JK	Jack Kerouac
JKLe	Jack Kerouac Letters
JKSL	Jack Kerouac: Selected Letters, 1940-1956/ 1957-1969
LT	Lonesome Traveller
NC	Neal Cassady
MC	Maggie Cassidy
OAM	Old Angel Midnight
OTR	On the Road ("Unterwegs")
SDGE	Die Schrift der Goldenen Ewigkeit
SOGE	Scripture of the Golden Eternity
SP	Satori in Paris
T	Tristessa
TS	The Subteranneans ("Bebop, Bars und weißes Pulver")
TSB	The Sea is my Brother
TTatC	The Town and the City
TTB	Traumtagebuch
VoC	Visions of Cody
VoD	Vanity of Duluoz ("Die Verblendung des Duluoz")
VoG	Visions of Gerard
WU	Wake Up. A Life of the Buddha

EINLEITUNG
(Jack Kerouac und die Beats)

Jack Kerouac ist der bekannteste und produktivste Sprecher der "Beat Generation". In seinem Erfolgswerk "On the Road" ("Unterwegs") hat er im Überschwang amerikanischer Lebenslust eine männliche, direkt auftretende, freie, unbürgerliche Idealfigur geschaffen, Dean Moriarty. Ein Freund, der ihn wie etwa Allen Ginsberg oder William Burroughs durch seine extrem autobiographischen Bücher begleitet, die in einem gänzlich eigenen Stil von Abgeschiedenheit und Begegnungen erzählen. Da Jack Kerouacs Leben seinen Werken entspricht, können viele Begebenheiten den entsprechenden Textstellen seiner Bücher entnommen werden – keiner vermag treffender zu formulieren als der Autor, seine Hauptperson.

"Mehr will ich gar nicht vom Leben. So gefällt es mir. Ich mag lieber auf Güterzügen durch die Gegend trampen und mein Essen aus Dosen auf Holzfeuern kochen als reich sein und ein Zuhause haben oder arbeiten. Ich bin zufrieden." (DB)

Jack Kerouac ("Ich bin der Bop-Schriftsteller"; TS) gilt als der erste ausgeprägte Angehörige der Nachkriegsgattung des Beat-Transkontinental-Amerikaners. In New York zählte er zu seinen Bekannten Schriftsteller, Musiker, Maler, Hipster und an der Westküste setzte er gleichermaßen starke Strömungen mit Lyrikern und Künstlern in Gang. Kerouac kennen zu lernen heißt, sein Bedürfnis nach Aufrichtigkeit, unverfälschtem Stil, Leben, Liebe, Erfahrung als nichtdoktrinäre Ideologie in sich aufzunehmen. Eine permanente Unruhe und persönliche Querelen, gepaart mit Gleichmut und Verständnis zeichnet auch seine protokollarische Schreibweise aus. Jack Kerouac ist seine Hauptfigur etwa als Peter Martin in "The Town and the City", Sal Paradise in "On the Road". Jack Duluoz in "Vanity of Duluoz", Leo Perciped in "The Subterraneans" und Ray Smith in "Dharma Bums".

"Ich werde der Madonna Kerzen anzünden, ich werde die Madonnen malen und Eiskrem, Benzedrin und Brot essen - "Koks und Räucherschinken", wie Bhikku Booboo sagte - Ich werde im Winter nach Süd-Sizilien fahren und Erinnerungen an Arles malen - Ich werde mir ein Klavier kaufen und mich in Mozart reinschaffen - Ich werde lange traurige Geschichten über die Menschen in der Legende meines Lebens schreiben - Dies ist meine Rolle in dem Film, laßt hören, was ihr zu sagen habt - Solo." (T)

Wie in Hölderlin der Wunsch nach einer besseren Welt blühte - eine gefährliche Blume seiner Zeit -, so erblickte Walt Whitman (1819-1892) in den fruchtigen Weiten Amerikas die Verheißung für eine herrliche und gesunde Zukunft der Menschheit. Hier würde genug sein für alle; unter dem wärmenden Licht der Sonne, inmitten der sprießenden Kornfelder schienen ihm alle Menschen der Liebe wert. In der Zuversicht auf eine solch lobenswerte Zeit war alles Böse und Hässliche der Gegenwart hinzunehmen, man konnte es beinahe umarmen, ohne Furcht - als eine bloße Stufe zum Guten hin. Ebbe und Flut der Mitmenschen, aller Schmutz gerann zu einem Staubkorn, das vor der gewaltigen Sonne des Kommenden dahinschwand. Henry Miller nannte das auch "The state of the happy rock", wie Walt Whitman dem Leben im unerschütterlichen Zustand begegnen möchte, wie dies "die Bäume und die Tiere vormachen".

Neben seiner Vielschreiberei weiß man um die im Gesamtwerk bestätigte Belesenheit Jack Kerouacs: Walt Whitman ("Leaves of Grass", 1855) stand der Natur sehr nahe. Die Erde, das Wasser, die Pflanzen waren seine Elemente. Auch die Menschen empfand er als pflanzenhaft. Sie verkörperten für ihn Landschaften und das wilde, fröhlich ungestüme Pulsieren des Lebensstroms. Whitman wies auf den Unterschied der Persönlichkeit, dem Ego, und dem tiefen inneren Selbst, der Seele, hin, wenngleich er sich stets gerne als einfachen Menschen darzustellen suchte. So war er der Ansicht, das Selbst habe dieselbe

Bedeutung wie der allgemeine Geist, gleichwohl er dies nicht mit der Auffassung verwechselt wissen wollte wie sie indianischen Philosophen eigen war ("Atman is Brahman"). Whitman glaubte vielmehr, dass sich wahres Wissen nicht durch Sinneskraft oder den Verstand sondern durchs Einssein mit der eigenen Person erfassen ließe. In solchen Momenten seiner Glückseligkeit sprach er gerne davon, "gut im Leben zurecht zu kommen".

Er bog in einem langsamen und schwerfälligen Galopp in die Straße, beide, Mann und Tier, ein wenig steif nach vorn gebeugt, gespenstisch, wie um eine wahnsinnige Hast vorzutäuschen, obwohl wirkliche Eile fehlte, als seien bei jener unerbittlich unbeugsamen Gewißheit von zugleich Allmacht und Hellsicht, an der sie beide teilhatten, ein genaues Ziel und Hektik gar nicht mehr nötig. – Solch eine Passage mag der amerikanischen Literatur entstammen: Amerika, wo die Fabrikschornsteine höher sind als Kirchtürme, ein Land der Selfmademen, Cowboyhüte und Barhocker, Vieh und Öl, wo für Literatur nicht allzu viel Platz zu sein scheint.

Eine ganze Gruppe von Schreibern vermochte es indes, die Weltöffentlichkeit auf sich zu lenken - die Schriftsteller der "Beat Generation".

Mit Autoren wie Barbara Salomon oder J. D. Salinger haben sie manches gemeinsam: Das aus dem Vertrauen zur Freiheit des amerikanischen Menschen entstandene Kraftgefühl, den Abscheu vor allen konventionellen, maschinisierten, unpersönlichen Verhaltensweisen, eine greifende Unruhe, die gründliche Indifferenz gegenüber Vergangenem, vor allem der jüngsten Vergangenheit.

"The brotherhood of mankind – erkannte ich zuletzt in der pathetischen Miene eines verkrüppelten siebzehnjährigen Jungen. Ich weiß es gibt sie – in seiner Haltung, mein Ideal – die Vorstellung, die wir alle anstreben, der einen gemeinsamen Menschheit. Ich weiß jetzt, daß es das ist, wonach ich die ganze Zeit gesucht habe... Die Hauptforderungen meines Ideals lauten: Aufrichtigkeit,

Ehrlichkeit, Toleranz und Freundlichkeit… Das Leben ist eine gigantische und komplizierte Symphonie, gedeiht indes unter den Augen des Verständigen zu einem sauber vibrierenden Akkord… Dieses Ideal, das Armut und Elend durchzieht, gelangt schließlich auf den Gipfel eines Berges und verbleibt auf dieser Bergspitze. Dies ist Bestimmten vorbehalten, einer Gruppe, die ihre Häuser öffnet und den Fremden willkommen heißt… (TSB)

Die "Beat Movement" genannte Erscheinung hält als Erklärungsversuch ihrer Zeit an ihrem Ort für Entwicklungen in Deutschland bzw. Frankreich her. Die Politisierung der Deutschen, die Jahre 1968 und die Gegensätze, die sich z. B. im Paris der Nach-Existentialisten auftaten, suchten und fanden auch dort ihre Wurzeln.

Die Städte mit ihren massiven Gebäuden ohne Licht und Luft sind den Beats Gefängnisse geworden. Eine Gerechtigkeit im Sinne des Gesetze gibt es nicht. Der Mensch schaltet und waltet nach Gutdünken, dem eigenen Intellekt, der Geldbörse. Des Weiteren sind sie der Überzeugung, dass etwas zu lernen sei, etwa von der Zen-Philosophie mit ihrer gleichsam beiläufigen und eigensinnigen Doktrin der Nicht-Doktrin. Ein Drang nach Erkenntnis, ein Ringen um klare, das Leben gestaltende und befruchtende Weltsichten.

Auch Thomas Wolfe ("Look Homeward Angel", 1929) überdachte und fühlte das unermesslich weite Land mit seinen Charakteren, seiner Natur und beschreibt etwa eine coast-to-coast-Fahrt. Thornton Wilder unternahm 1935 eine Wanderung durch Österreich. Je mehr er sah und erfuhr, desto verfestigter gedieh seine Überzeugung, dass die Lösung der die Welt bewegenden Probleme in einer Zuwendung des Menschen zu sich selbst, der inneren Einkehr besteht.

"Ich spreche von neuen Städten und neuen Menschen.
Ich sage Euch, die Vergangenheit ist ein Eimer voll Asche.
Ich sage Euch, Gestern ist ein Wind verweht, eine untergegangene Sonne.
Ich sage Euch, es ist nichts in der Welt als nur

ein Ozean kommender Tage,
ein Himmel kommender Tage." (Carl Sandburg)
Insofern das zeitgenössische Amerika, wie es Alfred Kazin formulierte, ein "Paradies der Spießer" war, eine in sich erstarrte Wohlfühlgesellschaft, läßt sich der Beatnik-Einfluß als eine aufrichtige Protest-Bewegung verstehen und gehört damit mit hinein in die lange und ehrwürdige, amerikanische Tradition, die mindestens bis zu den Indianern zurückreicht.

In allen Romanen, Gedichten, Essays Kerouacs wird viel nachgedacht über die Richtung und die Möglichkeiten des künftigen Lebens: Die Geisteshaltung, über Zen-Sprüche, Kameradschaft oder die Vorstellungen zur Weltverbesserung. Bei aller Eigenheit der Kerouacschen Texte sind der Verlust fester Moral- und Wertbegriffe sowie die Chancenverwirklichung in Hinwendung zum Ich in direkter persönlicher Erfahrung Haupt-Thema. "Faschismus ist ein Freak, eine Perversion, ein Monster, wenn Sie so wollen, das unbedingt zerstört werden muß und zerstört werden wird. Doch wenn dies erst einmal geschehen ist, werden unserer Probleme nicht gelöst sein, auch wenn wir einen zufriedenstellenden Frieden haben sollten, den des gemeinen Mannes, werden die Probleme bleiben. Eine Welt, in der die Menschen in gemeinsamer Sicherheit leben, ist eine solche ohne Hunger, ohne Bedürfnis, ohne Furcht und so weiter. Die Menschen werden teilen…, sie werden in einer Welt der wirtschaftlichen Gleichheit leben. Doch werden ihre Gedanken immer in Unruhe sein, … die Menschen werden einander weiter betrügen, mit der Frau des anderen abhauen, rauben, morden, vergewaltigen…" (TSB)

Die Künstlerszene Manhattans bestand aus einer intimen, zum Zusammenhalt gezwungenen, kleingliedrigen Szenerie: einer Meute Außenseiter, die durch ihre Kleidung und Verhalten leicht auszumachen war. Im reizlosen Konformismus der Eisenhower-Ära galten sie als "weirdoes" (Ausgeflippte, gemäß dem Jazzkritiker David H. Rosenthal).

Ihren Ursprung hatten die Beatniks an der Westküste, in der San Franzisco-Gegend, von wo der Beat-Stil auf New York und all die anderen Großstädte übergriff, zu einem zwanzigjährigen (1945-1965) Epos wurde, das in typischer und typisierender Weise die Farbe und Pracht, die helleren Lichter und dunkleren Schatten, das (amerikanische) Leben in gänzlicher Fülle und vollendeter Form wiedergibt.

Hier stieg Jack Kerouac in rascher literarischer Reifung vom talentierten Thomas-Wolfe-Epigonen zu einem "major American writer" mit distinktiv eigenen Ansätzen auf. "Ich wünsche mir tiefe Form, poetische Form in einer Art und Weise, wie das Bewußtsein wirklich alles umgräbt:" Die Tendenz, Barrieren zwischen Kunst und Leben abzubauen, verwirklicht eine konsequente Denkhaltung: Die Bedeutung des Lebens ist im subjektiven Erleben mehr und eher noch zu finden als in objektiver Leistung.

Anything goes, Disziplin und Meditation, die Sprache als Gedankencode..., - in der Landes-Tradition: Mark Twain und Jack London, die den Hobo hervorkitzeln, Thoreau wegen seiner dringlichen Aufforderungen zum zivilen Widerstand, Whitman wird als Prophet, Judge, Seher verstanden. Mit W. C. Williams teilt Kerouac als Stimme der Notwendigkeit und der praktischen Philosophie den Glauben an eine verlorene Vergangenheit und eine unzulängliche Gegenwart, von Zügen träumend und fernen Städten voller Musik, Wanderschaft, Trauer, Trennung, Abschied und Krieg.

"Er lebte insbesondere für die Sprache und seinen Wort-Rhythmus." (John Tytell): "Was konnte er in einer solchen Welt schon anfangen? Wieder starrte er missmutig aus dem Fenster, und plötzlich durchströmte ihn eine große nervöse Erregung, ein Gefühl großer Freude, das ihn fast umwarf. Dort unten wurde es dunkel, es schneite nun heftiger, und die schmalen grauen Straßen, die Steinschluchten mit all den Leuten, die auf flinken Füßen hin- und hergingen, waren plötzlich voller Geheimnisse und Wunder und Schönheiten." (TTatC)

Jack Kerouacs Vater, Leo, war gelernter Schriftsetzer, der seinem Sohn nicht allzu viel bieten konnte. Im Elternhaus lebte man so knauserig, dass es von der Mutter Gabrielle, liebevoll Mémêre genannt, hieß, sie würde auch noch das Grab zunähen und wiederverwerten, wenn das ginge. An Lebensmitteln wurde gleichfalls kein noch so geringer Rest weggeworfen. Eine übrig gebliebene halbe Kartoffel endete, mit einem Stückchen Fleisch, als Reste-Ragout, die Scheibe Zwiebel fand sich in einem Glas selbsteingelegter Essigzwiebeln, und alte Ecken Roastbeef wanderten ins geschmorte Frikassee; US-Immigranten über Kanada, die fast ausschließlich mit der französisch-sprachigen, katholischen Bevölkerungsgruppe in Lowell verkehrte.

"The Town and The City" (1950) gilt als der erste zu Lebzeiten Jack Kerouacs veröffentlichte Roman und ist Jahre vor "On the Road" (1957) verfasst worden. Die Erstveröffentlichung lehnt sich noch an literarische Tradi-tionen. "Wir hatten Bücher diskutiert und ausgetauscht und geborgt und gelesen und uns so intensiv mit Literarischem abgegeben." (TS) In lebhafter Erinnerung an Kindheit und Jugend entsteht – erzählerisch extrem gekonnt – ein schillerndes Geflecht, wie mit der Kamera aufgenommene Bilder, deren Augenzeuge Jack war und die er nun als Mittler weitergibt. "To wit the cold, to wit you, to wit winter, to wit time, to wit bird, to wit dust." (JK)
Jack Kerouac stellte sich an die Straße und machte sich nach den ihm gemäßen Maßstäben für das eigene Leben auf. Sein Hauptwerk, "On the Road", mit dem er sich eine allgemeine Leserschaft eroberte, ist schon vom Titel her bezeichnend: Unterwegs sein. "- Doch im wesentlichen sitzen wir drei wirklich traurig mitten im Zug und fahren dem Frohsinn entgegen, dem Entsetzen und letztlich der Was-serstoffbombe." (TS)
Das auf zurechtgeschnittenen Bögen Zeichenpapier ent-standene Manuskript ging am 22. Mai 2001 für 2.426.000 Dollar bei Christie`s über den Versteigerungstisch.

Die Filmrechte an "On the Road" hatte Francis Ford Coppola erstanden, Michael Herr sollte ein Drehbuch entwerfen, das 1998 verfilmt wurde. Schon 1958 waren in Florida erste Verhandlungen mit dem Filmemacher Donn Pennebaker geführt worden: "Ich wußte, daß es da einen Weg geben würde, die Kerouac eigene Angst, seine zappelige Begeisterung und Liebe zu den Dingen und Menschen um ihn herum filmisch darzustellen." "Easy Rider" belegte ja, daß Hollywood auch zu hip movies in der Lage war.

Es folgte eine Reihe, ähnlich aufgesetzter Niederschriften, in dem Kerouac eigenen schriftstellerischen Vorgehen, den sein Lebensstil - das Umherstreifen per Straße, Eisenbahn oder Schiffsschraube, die amourösen Abenteuer oder Drogeneskapaden - prägte.

"Mehr als eine Tragödie habe ich auf meinen Irrfahrten durch Nordamerika erlebt." (TC) John Clellon Holmes war einer der ersten, die "On the Road" lasen, und er fasste seinen Eindruck zusammen: "Der Stil ist geradeheraus, mit nur einigen wenigen Ausnahmen, wenige Änderungen sind notwendig. Die Beschreibungen sind zutreffend, klare Sachen, ganz gefüllt mit Jacks alter Power. Er hat hier einen lobenswerten Versuch unternommen und hat nun, so meine ich, seinen eigenen Stil gefunden."

Die zentrale Gestalt der Kerouacschen Romane ist ein junger Mann, der in der ihn umgebenden Gesellschaft eine Outsiderrolle einnimmt und in vielen anscheinend austauschbaren Einzelepisoden durch die verschiedenen Bereiche der Gesellschaft treibt… Alle Bücher Jack Kerouacs geben Zeugnis des Gelebten und sind in der ihm eigenen deklamatorisch improvisiert anmutenden Erzählweise niedergeschrieben. Viele Begebenheiten ranken sich um Freundschaften, Erlebnisse mit Zufallsbekanntschaften, kleinere und größere Abenteuer unterwegs oder in dieser oder jener Stadt: Individuen, denen feste Bindungen durch Beruf oder Ehe abgehen, die sich aber ganz hingeben, sich in vollen Zügen ausleben. "Es ist die alte Frage, ob das

Leben wirklich ist, doch du siehst eine schöne Frau oder so etwas, das du begehren mußt, weil es vor dir steht." (T)

Kerouacs Figuren existieren, und zwar so primitiv wie möglich, vom Moment zum Augenblick, immer wieder zu verzückten, meist verzweifelten Anforderungen tiefster persönlicher Erfahrungen gereizt. Das Unterwegssein an sich bekommt so einen gewissen Inhalt, kann an einer gemeinsamen Bewegung teilhaben, ohne Ziel, aber mit felsenfesten, mannigfachen Beweggründen. "O Gott! Wer hat denn nur darum gebeten, geboren zu werden?" (DA) Später nannte Kerouac diese Phase "Self-Ultimate-Period", auch weil er viele seiner Aufzeichnungen verbrannte.

Sowohl Jack Kerouac wie Allen Ginsberg begannen, ihre Erlebnisse mit zwei gemeinsamen Freundschaften, Lucien Carr und Dave Kammerer, niederzuschreiben. Ginsberg zeigte sich so beeindruckt von den Worthülsen seines Schriftsteller-Freundes ("Gimpel der Unschuld", "in die Galle hauen"), dass er viele dieser Notizen aus dem Schreibblock photokopiert haben soll.

Theoretische Begründungen zu seiner Arbeitsweise, dem unkontrollierten, unkorrigierten Sprachfluß gibt Jack Kerouac sowohl im November 1953 in den "Essentials of Spontaneous Prose" als auch in "Belief & Technique for Modern Prose" (1958 in 'Evergreen Review'). "Stoße nur so heraus, was in deinem Schädel brodelt – je unzusammen-hängender desto besser." Punkt 9, der letzte, umgreifende, mental state, versteht sich als summing-up der literatur-theoretischen Hinweise Jack Kerouacs: Möglichst unbe-wußt, in Halb-Trance. "Ich will mir meinen Eindruck nicht verderben und starre einfach auf den Block (…), wobei ich beliebig notiere, was immer mir durch den Kopf geht, einfach irgendetwas, um mir diesen göttlichen Moment der Ekstase zu erhalten (…)." (Gore Vidal)

In der orgiastischen Unmittelbarkeit fließen für Jack Kerouac alle Dinge zusammen, die Literatur und/oder Leben ausmachen. Das Erfordernis der Erregung wird dabei den "laws of orgasm" zugeordnet und sagt etwas aus über den gewünschten Grad psychischer Angespanntheit des so Texte Produzierenden. Unmittelbarkeit, Unreflektiertheit und Spontaneität in der Form und Confessio im Inhalt.

"Confessio" betont den hohen Stellenwert, den Kerouac Ehrlichkeit, Wahrhaftigkeit und Originalität des Individuums, sich selbst und anderen gegenüber beimißt. So erreichte "Truth" geht gleichsam zwangsläufig in "Purgation" über. Kerouac hielt diese, seine Spontanprosa für eine außergewöhnliche, einzigartige Schreibweise. "Mit der Dichte einer Dichtung, der Schönheit von Versen und vor allem einem rennenden Rhythmus und abruptem Zeilenende." Trance-Writing eröffnet die Möglichkeit die von von Kerouac 100%ige Ehrlichkeit beim Sprechen/Schreiben zu realisieren.

"Der geborene Virtuose und Liebhaber der Sprache." (Henry Miller) Auch vielen anderen gefiel die ungewohnte Schreibweise Jack Kerouacs, der sich mitunter sein Brot in literarischer Zusammenarbeit mit Zeitungen verdiente, sich wochenlang in Wald und Gebirge zurückzog, um auch hier seinem Drang zur Natur und deren Bewältigung beizukommen, nicht ohne hierüber Bericht zu erstatten: Jack Kerouac lebte das, über was er schrieb, hatte dies und jenes so erfahren, seine naturgetreuen Beobachtungen aus seinem direkten Lebenskreis möglichst unmittelbar festgehalten. Vor diesem Hintergrund wird es einsichtig, warum Kerouac vorschlägt, das zu Versprachlichende gedanklich "verbal oder graphisch" Revue passieren zu lassen. Die Sprache soll klar bis auf die Knochen entblößt und unvermittelt als gleichsam vom Tonband übernommene speech sein. Nach aufrüttelnden Briefen des Kumpels Neal Cassady, der die Wohnungstür nicht wie die anderen in Unterhose öffnete, sondern splitternackt, wird das einnehmende "get-with-it" zum Bekenntnis.

Jack Kerouacs Hunger nach schriftlicher Aussage wurde dadurch beflügelt, dass er sich unermüdlich einsetzen konnte für das, was man als die "Lost Generation der Beats" bezeichnet. Jack Kerouac geriet so, neben anderen, zum Beats-Spokesman, der dem Adjektiv "beat" aus dem Verbrecher-Slang (heruntergekommen, besiegt) die Bedeutungen "upbeat" (euphorisch), "being on the beat" (in Bezug zum Bebop - im Rhythmus sein) beifügte.

"Es gibt da Sonnenblumen und Schneebälle in der Prärie und weite grüne Felder sowie weißbedeckte Hügel, und ich sprach jemanden an: "Ich bin Rubens und das sind meine Niederlande." Die Szenerie wurde von mir gemalt. Ich trampe nach Denver und treibe mich auf der Curtis Street 'rum, in den Spielhallen und den Billig-Kinos, und ich schlucke literweise Bier in den Kaschemmen der Larimer Straße." (LT)

Es waren die Jahre des kurzen, gutgeschnittenen Haares, der bobby soxers, 3-D glasses, des Billy Graham, der Big Ten, die Zeit Eisenhowers und der Bombe. Eine Gesellschaft, die sich ihren Weg ins 20. Jahrhundert bahnt, der Zweite Weltkrieg mündete in McCarthyismus und den Koreanischen Bruderkrieg, die Kalten Kriege nach Vietnam, die alten wobbly-hoboes, die Lost Generation, die Beats und die Beatniks und Hippies, dabei Kerouac und sein unverfälschtes Leben, seine ureigene Sicht der Dinge. Ein Schriftsteller eben, wie auch Woody Guthrie, der in einer schwierigen Zeit in einem schwierigen Land zu existieren wußte. Die Geschwindigkeit der Niederschrift stützt dabei eine Direktumsetzung der Erinnerungen und Eindrücke, bis hin zu einer künstlich herbeigeführten Trance durch Opiate, bei Kerouac bis zuletzt vor allem durch Alkohol, seiner gebräuchlichsten Schreib-Droge.

Das etablierte System einigte sich auf die Formel "dropouts". Mit dem Eigenschaftswort "beat" einher gehen "without will", "without confidence", "crushed", "beaten down", impliziert auch die Assoziation des "jazz beat". Jazz als kollektiver Effekt für eine ethnische Minderheit und Film als Möglichkeit einer Identifikation mit kulturell repräsentativen Kräften. "Comic strips, Filmschauspieler, Phantasieoder historische Gestalten entsprachen seiner mentalen Anlage, um als Satire, humorvoll oder im Zorn mit der

Szene des Augenblicks verwoben zu werden." (Caroly Cassady zur Filmbegeisterung ihres Ehemannes) Die ersten Filme überhaupt sind Western wie "The Great Train Robbery", 1903, von Edwin S. Porter, die die Kraft des Westens verdeutlichen und damit den Traum von Freiheit und Freizügigkeit herstellen. Ein Konzert soll es werden, eine Etüde Kerouacschen Stils, die Klangfarbe des Jazz soll seine Worte lautmalend ertönen lassen. Genutzt wird auch der multimediale Effekt des Films, dieser klassischen US-amerikanischen Kunstform. Film als ein Hilfsmittel; im Kino kann man sich nicht nur aufwärmen wie etwa bei Woolworth, der Film bietet auch Abwechslung und Entspannung, er hat seine Beats. Die halbreale Traumwelt des Kinos speist mit ihren immer neuen Angeboten den Erlebnishunger. Bookmovie ist Film in Worten, die visuelle, amerikanisierte Form.

Der "Twentieth Century American Mythographer Jack Kerouac" hatte Gary Snyder gemäß diese Kunstformen als inspirative Quellen früh erkannt. Ungeniert werden Begriffe und Symbole aus der sogenannten Massen- oder Populärkultur übernommen.

Kerouac entwickelte sich zum Chronist und Herold kleiner, loser Lebensgemeinschaften, individualistischer Rebellionen. Mit seinem Unwillen und dem seiner Kumpane manifestierte sich eine "Mobilitätssucht", der Wegzug aus organisierten Institutionen und Systemen. Dabei mochte Jack Kerouac sein Land, das Amerika einer früheren, unschuldigeren Zeit, das er durchstreift, um in der technokratisch hochindustriellen Gesellschaft alternative Lebensmodelle aufzuspüren und zu realisieren. "It is important to make a living, but it is more important to make a life." (Lawrence Lipton)

Inklusive der 1980er Filmversion von Carolyn Cassidys "Heart Beat" steht das Oeuvre Jack Kerouacs als Meilenstein der literary free-for-all, als das Land noch ungezähmt war, lärmend und frei, als es noch Überfluss und Freiheit für jeden gab und als die Formation einer intellektuell kritischen Jugend erste Aufmerksamkeiten auf sich zog. Viele Schriftsteller und Musiker (The Doors, Patti Smith...) sind vom Werk Kerouacs beeinflußt, für das 'Life Magazine' ist er einer der bedeutendsten Vertreter des 20. Jahrhunderts.

Sein Getriebenwerden führte Jack Kerouac quer durch die Vereinigten Staaten, vom Süden zur Ostküste, in den entlegenen Nordwesten, durch Mexiko, bis Nordafrika, London, Paris... "Aber ich höre nicht auf zu zittern, so tief ich mich auch in meine Jacke vergrabe, seit einem Jahr habe ich jede Nacht in meinem Schlafsack zugebracht, bin nicht mehr abgehärtet gegen die Bodenfröste." (T)

Der dabei gewählte Armuts- oder Konsumverzicht ist dabei äußerlich kaum von Unterprivilegierten-Armut zu unterscheiden. "Sich um Wohlstand zu mühen, hat keinen größeren Wert als ein Stück verdorbenes Fleisch." (WU) Die Begeisterung für interessante Menschen und einnehmende Landschaften spiegelt sich in Zeilen, die sich von der anerkannten Literatursprache wie auch der standardisierten Schrift- oder Umgangssprache abheben. Arbeit bei der Eisenbahn, auf See, in den Bergen, Mystizismus, Solipsismus, Hemmungslosigkeit, Stierkämpfe, Drogen, Sehenswürdigkeiten, Alltagsallerlei, der Daseinsmischmasch eines selbständigen, gebildeten, mittellosen, nach allen Seiten offenen Lebemannes finden unmittelbaren, kontinuierlichen Ausdruck. Jean Jacques Rousseau, Jack London, Upton Sinclair oder Henry David Thoreau werden assoziierbar. Thoreaus "Über die Pflicht zum Ungehorsam gegen den Staat" (1849) gilt als das Standardwerk des zivilen Ungehorsams und machte den steuerunwilligen Autor zu einer der markantesten Figuren der amerikanischen Literatur.

Die Personen seiner (Reise-) Bücher waren Jack Kerouacs Umgang, etwa Dean Moriarty alias Neal Cassady oder seine Schwester Caroline (Lin) als Liz Martin, und lassen die Akzentuierung einer anti-intellektuellen, sensuell-mystischen Steigerung der Ich-Erfahrung "romanhaft" erscheinen. Für solche literarische Reportagen sozialer Bewegungen fand Jack Kerouac die Analogie in "Auf der Suche nach der verlorenen Zeit". Marcel Prousts Schreiben erhält seine Form indes aus einem komplizierten Wiedereinfangen der Vergangenheit, wohingegen Jack Kerouacs Romane eher Sprints in der Gegenwart sind, Bilder einer sozialen Wirklichkeit, Daten und Perspektiven unablässiger Bewegung, denen kein Zweck oder Ziel zugeordnet ist; zusammengehalten durch sein "Ich" und die Vielschar Gleichgesinnter, die auftauchen, verschwinden und wieder auftauchen und sich im Ausdrucksverhalten ebenso gegen die Normen des Wohlverhaltens, der Leistungs- und Konsumideologie stellen. Aktionismus als vollzogener Ausdruck des "kick", "go", "drive" der Beat-Hip-Philosophie, deren Medium und vollkommenste Inkarnation Jack Kerouac ist.

"Bleiben Sie mir bloß mit diesem Pennälerquatsch vom Leib." (TC) Nicht minder bekannt wurde er für das, was er sagte, als für seine unnachahmlich Art und Weise, wie er es sagte: "Spoken poetry conceived as oral messages." (Lawrence Ferlinghetti)
Ich-suchend, Ich-bezogen, ausschließlich eigene Erfahrungen einer eigenen Lebensweise und Lebenseinstellung beschreibend, ohne diese umzugestalten. Die Leute hätten vielleicht lieber einen Medien-Star gehabt als ein Regal voller Bücher intellektueller Subkultur. Doch sollte das Land ja noch genug davon bekommen: Grace Kelly, Elvis Presley, Marilyn Monroe... "Aber ich hasse Filme, das Leben ist interessanter." (TS)

Irgendwann hatten die Emotional-Exzesse auch Ginsbergs, Burroughs oder Lucien Carrs ermüdet, berichtet es seine Biographin Ann Charters: Was Jack brauchte, war dieser überschwänglich Kick, wie ihn Neal Cassady vermitteln konnte. "Der Gedanke zur spontanen Schreibweise für "On the Road" entstand nach dem Gewahrwerden des bahnbrechenden Stils, in dem der gute alte Neal Cassady seine Briefe an mich aufsetzte: Alle in der 1.

Person, rasch und bündig, verrückt, bekennerisch offenherzig, total ernst gemeint, extrem in den Einzelheiten…" (JK)

Eine neue Stilrichtung, erste literarische Subkultur mit eigenem Maß und Rhythmus: "Auf deine dir ganz eigene Art und Weise gestehst du deine Gedanken zu Vorgängen." (JK) Kerouacs Beziehung zum Medium Sprache wird von einer mythischen Faszination diktiert, ist ihm dabei ebenso Kraft wie der Atem dem Jazz-Trompeter, damals vor allem Charlie Parker.

"Es ist Poesie, Poesie, es ist alles Poesie, große Prosa, große Prosa ist Poesie…" (TS)

Das Action-Writing, das Medium seiner "American Imagery", die freie Assoziation ohne einengende Wortklauberei, wird als erfrischend anders, unakademisch empfunden. "Dem gedachten, gesprochenen Wort wird das schriftliche eingestülpt." (Lawrence Lipton) Um diesen Gedanken weiterzudenken, stellte John Clellon Holmes fest, dass Kerouac größeren Respekt vor und weitaus mehr Affektion für den Schreibakt habe als jene, die sich einfach niedlicher Muster bedienten.

Die Beat-Literatur mit ihrem an spezifisch erfahrene Erlebnisse gebundenen Stil bei möglichst unvermittelter sprachlicher Umsetzung derselben beläßt es nicht bei Hingabe an den Augenblick. Hinzu tritt die Überzeugung der schriftstellerischen Wahrheit, alle Extreme ergeben als Mosaiken ein Gesamtbild, das bestimmt wird vom Konzept des "leidenschaftlichen Sichhineinwerfens ins Leben, auf jeder Ebene." (J.C. Holmes)

Entfremdung, Verzweiflung, Ausweglosigkeit - Jack Kerouac besteht uneingeschränkt auf dem Wahrheitsprinzip. Ginsberg vergleicht Kerouac mit Whitman, denn wie dieser sucht er den idealen Amerikaner und findet ihn gerade auch in Neal Cassady mit all seinen Mängeln, Widersprüchen und Hilflosigkeiten, etwa wenn Neal, der Autonarr, trostlos an der Cable-Car-Haltestelle verharrt, weil die Rate fürs Auto nicht bezahlt werden konnte.

Jack Kerouac war gemäß Holmes absolut kein Barbare oder ein "natural", ein Primitiver oder irgendsoetwas. In "Nothing more to declare" und "Go" (1952) porträtiert er seinen Mitstreiter: "Er konnte sogar Sätze bilden, Charaktere aufbauen, Situationen dramatisieren "Wahre Bildung liegt nicht in gekünstelten Phantasmen à la Ginsberg oder Burroughs, so sehr man hier auch ein Dreieck erkennen möchte. "Mein Werk ist ein Gesamtkunstwerk, meine Bücher sind bloße Kapitel der Art comédie humaine à la Kerouac." Bruce Cook beschreibt Jack Kerouac und interviewt ihn, Seymour Krim würdigt ihn analysierend in den Vorbemerkungen zu "Desolation Angels" ("Engel, Kif und neue Länder").

Für Literatur gilt ja ein spezifischer Kommunikationsrahmen, innerhalb dessen gewisse Aspekte sprachlicher Vermittlung vordefiniert sind. Zu bedenken ist, dass in einem freien Land wie Amerika auch solcher Lesestoff, etwa "The Electric Cool-Aid Acid Test" kursierte, wo sich "maniacal new fetishes and religions" einer umfassenderen Pop-Kultur, einer Gesellschaft im Fluß, der Kommune schöner Freaks und dergleichen ein Stelldichein geben. Hunter S. Thompson, der Autor von "Hells Angels", übernahm die Rolle eines Observant/Partizipant und nannte das Ganze "Gonzo Journalismus". Ein Journalismus, bei dem der Schreiber mitunter das provoziert, über was er später berichtet, professioneller Amoklauf.

Für Stanley Reynolds war "Kerouac ein großer Reporter. Er hatte Amerika durchquert, und zwar als hobo writer, der Tramp mit dem Notizbuch, wie so ein amerikanischer Gorki. Inmitten der grauen Flanells hatte Kerouac das Amerika der verrauchten, staubigen, schwitzenden Hölzer entdeckt, voller mad characters, wilder Männer mit Grenz-Visionen in ihren Köpfen, aber ohne weitere Grenzen, die zu überschreiten waren."

Jack Kerouac hatte in dieser "Nullsituation" des Nachkriegs-Amerikas entschieden, sich selbst zu leben, den individuellen und kollektiven Erfahrungsbereich auszuloten, auszubrechen, "hip" und nicht "square" zu sein, nicht spießig, linkisch, falsch. "Die Bücher schrieb er nicht des Geldes wegen, he wrote it for love, er gab sie der Welt, nicht aus Gründen des Ruhms, sondern in aufrichtiger Suche als eine explanation and prayer für seine sterblichen Zeitgenossen, aus völlig lauterem Motiv", bricht Allen Ginsberg eine Lanze.

"Ich hörte ein wieherndes Lachen, das größte Lachen der Welt und hier kam er, dieser rohe, ungehobelte Farmer aus Nebraska, zusammen mit einem Bündel anderer Leute, und zwar zum Abendessen. Alle lachten mit ihm. Er scherte sich nicht um die Welt und hatte doch einen Blick für sie. So sagte ich zu mir selber, Wham, hör` dir diesen Menschen an. Das ist der Westen, hier bin ich im Westen. Er stolperte herein und rief einen Namen, Maw`s Namen. Sie machte den süßesten Pflaumenkuchen in ganz Nebraska, und dann kaufte ich mir einen mit Schlagsahne. Und dann pflanzte er sich wieder auf seinen Stuhl und fuhr mit seinem hyawhyaw hyaw hyaw fort. "Und tu noch ein paar Bohnen rein." Das war der spirit of the West, sich ganz dicht neben mich zu setzen. Da war mir sofort sein ganzes beschissenes Leben klar und ich verschwand." (OtR)
Das Leben als Vagabund, rastloser Jobber und vitaler Anti-Intellektueller bei außergewöhnlicher Erinnerungsgabe an Vergangenes bleibt die einzige Materialquelle: "Hab‘ ich dir den Nerv getötet, als ich aus dem Taxi sprang…" "Baby, ich möchte dir was sagen, aber du mußt mir versprechen, daß du trotzdem mit mir ins Kino gehst." "Okay."… "Wir sollten uns wirklich trennen, ganz ehrlich, ich will nicht mehr, nicht weil ich dich nicht mag oder so, aber es ist doch zwischen uns inzwischen klar oder sollte uns beiden klar sein inzwischen - diese Art von Feststellung…" (TS)

In einem Geflecht aus Milieu, Lebenshaltung und -bewältigung unterwegs als suchender drop out, seine Rolle zu finden, beweglich und offen sein, das Ereignis als eine Moment-Reihung zu betrachten: "Die Szene: die Bars, Betten und Bungalows von San Francisco. Die Personen: junge Schriftsteller, Maler und Jazz-Musiker, ihre Freundinnen und Frauen. Der um Anerkennung kämpfende Autor Leo Perciped und die junge, schwarze Mardou Fox haben eine leidenschaftliche, aber zum Scheitern verurteilte Affäre. Ein wilder, sprachgewaltiger Roman von Jack Kerouac, dem Wortführer der Beat-Generation", präzisiert das Verlagskürzel eine diesem innovativsten Geist gebührende Einzelposition.

Während er sein Leben für sein Werk in kritisch-oppositionellem Impuls gegen das geltende Selbstverständnis Amerikas absolvierte, indem er ohne Aus- oder Absicht im Land soziales und psychisches Überleben suchte, gab Jack Kerouac zugleich vielen anderen Avantgardisten und Beatniks Nahrung, enthusiasmierte die Dichter zum Dichten, die Maler zum Malen, kleine Zeitschriften zum Erscheinen. Die Abkehr vom etablierten American Way of Life und Kerouacs schöpferische Hinwendung zu anderen kulturellen Modellen machte ihn zum Wegbereiter.

Durch seine überragende Fähigkeit, sich mit "seiner Generation" zu involvieren, sich als "dissenting young" deutlich zu artikulieren, konnten Mengen von geistig in den Untergrund abgestiegener Amerikaner, die ohne Kerouacs Charisma wohl einsame Schatten geblieben wären, als Individuen zusammengeführt werden.

Was als Beat Generation herhält, wird nicht einstimmig analysiert, die Begriffe "subterraneans", "hipsters", "new Bohemia", "Beats", "Beatniks" erhalten - auch im Kontext ihrer Benennung - unterschiedliche Interpretationen. "Die Quelle der Hipness ist der Neger, denn er lebt seit zwei Jahrhunderten auf der Schwelle zwischen Totalitarismus und Demokratie." (Norman Mailer, "The White Negro")

Jack Kerouac verfaßte ein einziges Theaterstück programmatischen Titels "Beat Generation", dessen Manuskript erst im Jahre 2005 auf einem New Jersey-Speicher wiederentdeckt wurde. Zur allgemeinen Undefiniertheit trägt der Umstand bei, dass sich die Beats aus einer losen Formation der 40er und 50er Jahre entwickelten und keine geschlossene Gruppe mit eindeutig formulierter

Zielsetzung oder Manifesten war. Der Hipster gilt als moderne, US-amerikanische Ausprägung der Europa-Bohême des 19. und frühen 20. Jahrhunderts und wird unterteilt in die Gruppe der vorwiegend schwarzen Musiker, die mit dem Bebop den modernen Jazz aus der Taufe hoben und die der überwiegend weißen, unter "beat generation" zusammengefaßten Dichter. Hergestellt wird ein Bezug zur "lost generation", Bezeichnung der Rebellion und Opposition aus der Zeit der Depression nach dem Ersten Weltkrieg.

Für solche "Americaness" erwies sich vor allem auch die Westküste, speziell die Frisco-Gegend als kulturell am aufnahmebereitetsten. Andy Warhols Ostküsten-under-ground-movie "Couch" (Juli 1964) z. B. zeigt Jack Kerouac mit Allen Ginsberg und Peter Orlovsky. Ohne Unterlass entstammen hier wie dort Impressionen, Analysen, Photo-folgen, Kritiken, Kurz-, Spielfilme, Videos, musikalische Bearbeitungen, eine starke Internet-Präsenz, Hörbücher, CDs, Vinyls, DVDs…
"Da wurde mir klar, daß entweder ich verrückt war oder die Welt. Und ich tippte auf die Welt. Und natürlich hatte ich recht." (JK)
In immer weiteren Beiträgen verschiedener Auslegungen oder kongruenter Erfahrungen werden auf vielfache Weise die Person und die Literatur gedeutet. Der 3. Akt Jack Kerouacs "Beat Generation" wurde 1959 von Robert Frank und Alfred Leslie im mehrfach preisgekrönten short-movie "Pull My Daisy" filmisch aufbereitet. Die Charaktere lassen sich angesichts einer verrückten Welt zum "Da, da, da, da…" hinreißen, ein Rekurrieren auf Tristan Tzara und die Dadaismus-Revolte nach dem Ersten Weltkrieg." "Pull my daisy, tip my cup, all my doors are open, Cut my thoughts, for coconuts, all my eggs are broken…" Je mehr Höhen und Tiefen, je mehr Lebensfreude empfinde ich – Je größer die Furcht, umso größer mein Glücksempfinden."
"Bevor Jack Kerouac mit "On the Road" bekannt wurde, war er Seemann. Diese, seine erste Erzählung, inspirierte seine Affäre mit dem Meer… Kerouac hatte diese

Niederschrift kurz nach seinem ersten Auslaufen im Spätsommer 1942 begonnen, als er in einer Art Tagebuch die griesige Routine des Lebens auf See und die Wesenszüge seiner Kameraden protokollierte. Kurz nach seinem Landgang wob er diese Beobachtungen aus dem Stegreif in ein 158-Seiten Manuskript, das zu seinen Lebzeiten als verloren galt." Im Jahre 2011 fand diese Erzählung als "The sea is my brother. The lost novel" Eingang in die weltweite 'Penguin Series' wie zuvor schon "On the Road".

Die Rock- oder Experimental-Musik liefert in individueller, vermarkteter Anarchie immer neue Formen zu "Visions of America". Dies fügt der "Legend of Duluoz", dem Werk Jack Kerouacs, nicht endende Interpretationen bei. Musik läßt mehr Spielraum, was Interpretationen anbelangt, die Worte, die Sprache, das Schriftliche sind bestimmter. "Vor uns lag noch ein längerer Weg. Uns sollte es recht sein. Der Weg ist das Leben."(JK)

"Wake Up. A Life oft he Buddha" ("Lebendiger Buddha") wird auch als die amerikanische Version von Hermann Hesses "Siddharta" bezeichnet. Wo will ich hin und warum?

Nachdenken über das eigene Leben und Streben, das Leben an sich. Geschrieben hat Kerouac die Studie um 1955, auf dem Höhepunkt seiner Begeisterung für den Buddhismus, die in Amerika 2008 zum ersten Mal unter "Wake up. A Life of the Buddha" erschien. "In diesem Buch folge ich den Aussagen verschiedener Sutren und anderer Schriften aus dem buddhistischen Kanon. Einige habe ich wörtlich zitiert, andere mit eigenen Worten nacherzählt." (WU) Eine wichtige Quelle war die Anthologie "A Buddhist Bible" des langjährigen China- und Japan-Missionars (Dwight Goddard, 1861-1939) Die neu entdeckte Biographie Jack Kerouacs über den historischen Buddha, Siddhartha Gantama und den Weg zur Erleuchtung gibt mit seiner poetischen Ausdruckskraft dem Sehnen Jack Kerouacs Ausdruck nach der transzendentalen Macht einer grenzenlosen Freiheit und Furchtlosigkeit. Auch im hundertseitigen "Some of the Dharma" bringt Jack Kerouac sein Verständnis dieser Lehre nahe.

"Als er mir "Visions of Cody" schickte, dachte ich, Mann, wer soll das veröffentlichen. Es ist brillant. Es ist Jugend. Es ist etwas absolut Neues und Einzigartiges und Wichtiges, wird aber keinen Verleger finden. Diesen Nachmittag werde ich nie vergessen. Es schneite. Ich wohnte in der 48. Straße, im 5. Stock und las das verdammte ganze Buch an einem Tag. Und ich war deprimiert, nicht wegen "Visions of Cody", sondern wegen der Tatsache, dass ich wusste, er würde es damit nicht schaffen, kein Durchkommen möglich. Niemand außer mir und Allen und einige Wenige würden es je lesen, und ich dachte: "Oh, mein Gott, Jack! Warum kannst du nicht etwas zum Veröffentlichen schreiben, so dass man erfährt, um was es dir geht?" In meiner Blindheit hielt ich ihn für pervers, war gespaltener Meinung, bin ich noch immer. In jenen Jahren, in den Fünfzigern, schien es mir das Wichtigste, dass jemand kommt, der ihn versteht. Bis heute hat das niemand." (J.C. Holmes)

Kerouac wollte als Schriftsteller gesehen und geachtet werden, keinesfalls als Kultur-Ikone. Zu Lebzeiten schon hatte Jack Kerouac einen, nicht weiter ernstzunehmenden Gegner gekannt: sein public image: Literarische Kritiken, die news media, Buch-Rezensenten und öffentliche Meinung umrissen ihren hero of heroes mit "King of the Beats", so dass dieser sich bisweilen gezwungen sah, als eine Karikatur seiner selbst aufzutreten, was Jack Kerouac insgesamt belastete. "Ich bin der Mensch, ich habe gelitten, ich war dabei."(Walt Whitman)

Die vom San Franciscoer Zeitungsmann Herb Caen aufgegriffene Schablone "Beatniks" konnte dann auch bedeuten, dass Jack Kerouac zwar Berühmtheit erlangt hatte, aber mit seinen Werken nicht weiter ernst zu nehmen wäre. Die Kritik schätzte Kerouac anfangs unsicher ein, lobte, aber verurteilte auch oder verriss. "Gulasch-Prosa", "Herr Kerouac hat nichts zu sagen, und das sagt er schlecht," "eine komplette, fast schizophrene Auflösung der Grammatik", "ob das eine Bereicherung für die englische Sprache ist, alles "crazy" oder "mad" zu finden", fragte sich

Sam Hynes. Widerstand gegen seine Gedankenwelt, Kerouacs Einzigkeit und Einzigartigkeit resultierte aus Kreisen, die weniger originell noch experimentell veranlagt waren oder sich gar in der Enge ihrer Kleinbürgerlichkeit bedroht sahen:

The small town als native ground: "Die kleine Stadt nennt sich Galloway" beginnt "The Town and The City": Kleinstadtidylle und Großstadtwahnsinn - das betörende Thema mit als unverkennbarem Bild das Leben und Leid der Kerouac-Familie: Der in wechselnden Stellungen tätige Vater war ebenfalls im Print-Gewerbe, gleich dem Druckereibesitzer des Romans.

Auflösungserscheinungen einer amerikanischen Familie, das hatte Kerouac so mitgemacht, als er in Tagträumen seine Außenseiterstellung als franko-kanadischer Einwanderer auslebte; noch mit 16 hatte er einen starken Akzent. Jack Kerouac beschreibt die Schauplätze der Jugend - seine Empfindungen waren Jack damals wie später ein Mittel der Teilhabe. Die Gefühle und Sehnsüchte einer Generation aufspürend bleiben ihm Selbstbeobachtung und Wirklichkeits-Beschreibungen ein Instrument der Integration.

Die Vorstellung auch von Amerika als der neuen Welt für Pioniere, Zuwanderer, Hoffende; "Plötzlich wurde mir klar, daß wir alle Verrückte waren, die keine Zukunft hatten außer der kommenden Mahlzeit und dem nächsten Schlaf." (VoD) Und doch sehnte er sich nach "progress" und glaubte fest daran, daß die Leute hart arbeiten müßten, "to better the world", "by courage and faith in the revelations of the human soul."

BIBLIOGRAPHISCHE CHRONOLOGIE:

The Sea is My Brother: geschr. 1943; veröff. 2008

The Town and the City: geschr. 1946-9; veröff. 1950

On The Road: geschr. 1948-56; veröff. 1957

Visions of Cody: geschr. 1951/2; veröff. 1959, 1972

Maggie Cassidy: geschr. 1953;

Doctor Sax: geschr. Juli 1952; veröff. 1959

Book of Dreams: geschr. 1952-60; veröff. 1960

The Subterraneans: geschr. Okt. 1953; veröff. 1958

San Francisco Blues: geschr. April 1954

Some of the Dharma: geschr. 1954/5

Tristessa: geschr. 1955/6; veröff. 1960

Mexico City Blues: geschr. Aug. 1955; veröff. 1959

Wake Up. A Life of The Buddha: geschr. 1955; veröff. 2008

Visions of Gerard: geschr. Januar 1956; veröff. 1963

The Scripture of
the Golden Eternity: geschr. Mai 1956; veröff. 1960

Desolation Angels: geschr. 1956, 1961; veröff. 1965

The Dharma Bums: geschr. Nov. 1957; veröff. 1958

Pull My Daisy: geschr. März 1959; veröff. 1961

Poems: geschr. 1960

Big Sur: geschr. Okt. 1961; veröff. 1962

Lonesome Traveler: geschr. 1956,60; veröff. 1960

Vanity of Duluoz: geschr. 1968; veröff. 1968

Satori in Paris: geschr. 1965; veröff. 1966

Pic: geschrieben 1969; veröff. 1971

"Doch gehen wir in die Einzelheiten, sie machen das Leben aus." (JK)

***

KAPITEL EINS
(Kindheit in Lowell; New York)

"Alle Menschen sind gleich, einen zu beschreiben heißt alle zu beschreiben. Der selbstbewußte Amerika-Schreiber ist sich derzeit des demokratischen Tuns allzu bewußt, in welches er hineingeboren wurde. Bindet sich diese Bewußtheit mit einem künstlerischen Temperament, so kann das Ergebnis nur lauten: Selbstporträt, in verschiedenen Ausformungen. Das Selbst ist eine Schablone für einen jeden von uns." (JK)

"… Beginnen wir mit einem Blick auf mich, den Kragen eng an den Hals gedrückt und mit einem Halstuch umwickelt, das wärmt und Halt gibt, wie ich dahinstapfe durch die öde, düstere Umgebung der Lagerhäuser am endlosen Kai von San Pedro, und die Ölraffinerien…" (LT)
Ein selbstverfaßter Lebenslauf findet sich ebenda:
"Name: Jack Kerouac
Staatsangehörigkeit: Franko-amerikanisch
Geburtsort: Lowell (Massachusetts)
Geburtsdatum: 12. März 1922
Bildungsgang (Schulen, Studienfächer, akademische Grade, Dauer des Schulbesuchs): High School in Lowell (Mass.); Horace Mann School für Boys; Columbia College (1940-42); New School for Social Research (1948-49). Geisteswissenschaften. Keine akademischen Grade. 1936-1949. Erhielt am Columbia College von Mark van Doren eine Eins in Englisch (in einem Shakespeare-Seminar). – Fiel am Columbia College in Chemie durch. – Kam an der Horace Mann School (1939-40) im Durchschnitt auf 92 von 100 möglichen Punkten. Spielte Football in Schulmannschaften. War außerdem Leichtathlet, Baseball- und Schachspieler. Verheiratet: Nee Kinder: Nein

Ausgeübte Berufe und/oder Gelegenheitsarbeiten: Alles mögliche. Im einzelnen war ich: Schiffsjunge, Tankwart, Decksmann, Sportreporter bei der Zeitung (Lowell Sun), Bremser bei der Eisenbahn, Verfasser von Drehbuchsynopsen für die Twentieth Century Fox in New York, Eisverkäufer, Bahnhofsgeselle, Gepäckträger, Baumwollpflücker,

Möbelpackergehilfe, Blechverarbeitungslehrling beim Bau des Pentagon 1942, Brandwächter im Forstdienst (1956), Bauarbeiter (1941) ..."

"Die Welt ist ein Film, der aus dem besteht, woraus alles besteht; sie ist ein Film, der durch und durch aus demselben Stoff gemacht ist. Sie gehört niemandem und ist nicht körperlich." Im Jahre 1954, mit 32 Jahren, versuchte Jack Kerouac für einen Freund das zu definieren, was er sich eigentlich vom Leben versprach. Dieser vermutete eine Hütte so wie die von dem und dem, und zwar nicht irgendwo weit weg, sondern zu Hause in Lowell, seinem Geburtsort, nahe Walden in Massachusetts. Damit erklärte sich Kerouac einverstanden. Zwar hatte er Lowell nach der High School verlassen, aber gefühlsmäßig blieb er immer an seine Heimat gebunden.

"Als ich 4 Jahre alt war, zählte mein Bruder 9 Jahre. Von seinem Totenbett trugen einige Nonnen seine letzten Worte über den Himmel hinfort, so daß mir diese Bemerkungen verschlossen blieben. Sie hielten ihn für einen kleinen Heiligen. Mein Vater war Drucker, in dessen Werkraum ich des öfteren winzige Einseiten-Zeitungen herstellte, die ich dann mit einer Handpresse zum Druck aufbereitete." (JK: "Racetrack News") "... Versuche, mit dem Stift und der Schreibmaschine zu kreieren, was Jazzmusiker mit Trompete, Klavier, Schlagzeug und Gesang erzeugen." (Malcolm Cowley)

"Wir wollen das sterbliche Dasein ausprobieren. O Gott, Luzifer sagt, es sei herrlich!" – Bums, schon sind wir wieder gefallen, hinunter zu dem hier, zu Konzentrationslagern, Gaskammern, Stacheldraht, Atombomben, Fernsehmorden, bolivianischer Hungersnot, Dieben in Seide, Dieben in Smokings, Dieben in Ämtern, Papierbetrügern, Bürokraten, Beleidigung, Zorn, Ohnmacht, Horror, Alpträumen, heimlichem Katzentod, Krebs, Geschwüren, eingeklemmten Brüchen, Eiter, Alter, Siechenheimen, Krückstöcken, aufgedunsenem Fleisch, Zahnlosigkeit,

Gestank, Tränen und Abschied. Das schreibe wer anders, ich kann es nicht." (DA)

"Eine hausgemachte Vielfalt an Begriffen, bei der die Wirrnis der Bilder und Gedanken, die andere Autoren aussortieren und bearbeiten, von Kerouac so wie eingefangen, quasi unberührt zu Papier gebracht wird." (David C. Stevenson)

"Meine erste Erzählung schrieb ich 11-jährig, in ein 5-Cent-Notizheftchen. Sie handelte von einem Waisenkind auf der Flucht, das in einem Boot flußabwärts treibt... Für die Gemeinde trug ich schwarze Socken und Unterwäsche (St. Louis de France & St. Joseph in Lowell). Auf der weiterführenden Schule war es das Fußballspielen, das mich (über Spiele-Beobachter) ans Columbia College brachte. Das Kicken gab ich zugunsten des Schreibens dran, denn eines Nachmittags vor dem Sportgetümmel hörte ich Beethovens Fünfte Symphonie, auch hatte es zu schneien angefangen, und es war mir klar, daß ich ein Beethoven sein wollte und kein Muskelmann..." (JK)

Die Häuser, in denen Jack Kerouac lebte und arbeitete, könnten noch stehen: Eins an der Beaulieu Street oder der Lupine Road oder der Sarah Avenue oder am Merrimack River, wo sein beinahe unsichtbarer Freund Doktor Sax ihn an trüben November-Abenden hinter verschmutzten Glasscheiben erwartete.

Er erfand eigene Spiele mit sich selbst, benutzte die Einsamkeit des Außenseiters, eine Welt zu schaffen – ja, viele Welten -, die er zwar nach dem Modell der wirklichen formte, aber weit über das träg-normale Begriffsvermögen der anderen Lowell-Jungen seines Alters hinausgehen ließ. Von Spielen, Tagträumen, Nachtträumen, Irrlichtern und irrealen Spekulationen wimmelt es auch in den Aufzeichnungen des erwachsenen Kerouac, insbesondere seinem "Book of Dreams".

"Ich bin in Rußland, unter Teenagern, in einer Art kleinem Candy-Store – ich bin weit gereist, das ist das wirkliche Rußland, niemand kennt es – "Wow"! Was werden sie sagen, wenn ich ihnen von den Teenagern in Rußland erzähl!" – Ein farbiger Junge ist dabei, mit einer komischen Raskalnikow-Trambahn-Schaffnermütze und verrücktes russisches Haar schaut überall raus, er ist der Tollste von der ganzen Band – Dann ist da ein niedliches rothaariges Kind in einem runtergeknöpften Sweater, genauso wie jemand aus der amerikanischen Highschool – Zwei Mädchen – Es ist dunkel, kalt, aufregend draußen auf der großen nördlichen Straße, Rauch aus den Kaminen – die Kinder unterhalten sich in Russisch und ich in ewigen Höhen versteh sie -..." (BoD)

Und stets wird zurückgelauscht auf seine Kindheit, auf das typische Drum und Dran einer amerikanischen Kleinstadt; Lowell zählte damals kaum 100.000 Einwohner. "Ich wäre gerne ein Erzähler, Stückeschreiber, Verfasser von Kurzgeschichten... kurzum ein Mann der Schrift. Deshalb lebe ich, teils um die Welt herum zu beobachten, so daß ich eines Tages darüber werde schreiben können und mich aus dem Fundus meiner Erinnerungen bedienen kann..." (TSB)

Um fünf Uhr abends als drittes Kind in der Lupine Road geboren, einem einfachen, gelb-braunen Holzhaus, beschrieb Kerouac für sein im Jahre 1960 publiziertes Buch "Lonesome Traveller" die Ursprünge seiner Familie als aus der französischen Bretagne stammend. Um 1750 soll Baron Alexandre Louis Lebris de Kerouac nach Cornwall gezogen sein, wo man kanadisches Land angeboten bekam. Zahlreiche Abkömmlinge heirateten Mohawk- und Caughnawaga-Indianer und betrieben Kartoffelanbau. Der Großvater, Jean-Baptiste, war dann der erste Kerouac, der sich in den Vereinigten Staaten niederließ, und zwar als Zimmermann in Nashua, New Hampshire.

Die Vorfahren der Mutter, Gabrielle Angée Lévesque (von allen stets Mémêre, als Abkürzung für grandemêre, genannt), stammten ursprünglich aus der Normandie. Eine zierliche Französischkanadierin, 1895 in St. Pacôme zur Welt gekommen, als ihre Mutter von New Hampshire aus auf Besuch in Kanada weilte. Es war dies eine Zwillingsgeburt, doch starben das andere Mädchen und die Mutter ebenfalls. Mit 38 Jahren war Mémère als Vollwaise Hausmädchen bei Tanten und Onkel, als sie Leo Kerouac, den Vater Jacks, kennenlernte.

Auf diesen Background war Kerouac stolz. Sein Vater erzählte von aristokratischen Vorfahren, Kelten, die "in den alten Tagen vor Jesus" aus Irland nach Cornwall gekommen waren. Deren Name war gälischen Ursprungs, "Kerouac'h", was gemäß den Ausführungen des Vaters "Sprache des Hauses" hieß. In England soll die Familie ihr Wappen erhalten haben, "blau mit goldenen Streifen, durch die sich drei Silbernägel ziehen": Motto: "Liebe, Arbeit, Leid", was auch als eine Kurzbeschreibung des Kerouac-Lebens herhalten könnte.

Jack wurde Jean Louis Lebris de Kerouac getauft, wohl auch nach dem französischen Baron, der als erster nordamerikanischer Nachfahre gilt. Zu Hause war Jack "Ti Jean", kleiner Jack; so zeichnete er seine Briefe an gute Freunde bis ans Lebensende.

In der Familie wurde ein umgangssprachlich geprägter französischkanadischer Dialekt, "Joual", gesprochen, eine erste Sprache Kerouacs, eine Sprache der Zunge, nicht die der Feder. Englisch brachten ihm die Nonnen der St. Joseph's Brother School bei, was Jack nicht gerade leichtfiel.

Die alteingesessenen Puritaner standen den Canucks, wie die Frankokanadier genannt wurden, leicht argwöhnisch gegenüber. Das heißt, da er ein Fremder war, ein Amerikaner in der ersten Generation, der die Landessprache erst lernte, als er in die Schule kam, hatten Geschichte oder ursprüngliche Wundersamkeiten der US-Legende einen wesentlich bedeutenderen Platz in seiner Vorstellungskraft als bei den vergleichsweise ansässigen Lümmeln, die ihre Colas und Filme als selbstverständlich genossen und sich eher stumpfsinnig bis selbstgefällig der Fülle amerikanischer Gewohnheiten und Gebrauchsgüter hingaben. "Die Beat Generation und Lowell sind lebendige und überzeugende Welten, dies nicht nur wegen der unkontrollierten Weglauf-Mentalität, sondern gerade auch wegen des gekonnten Gebrauchs kontrollierter Bilder und Erzählerpositionen." (Howard W. Webb)

"Peter Martin schreitet weiten Schrittes zur Bücherei im Geschäftsviertel und kommt mit Büchern zurück und den frischen Absichten eines Gelehrten. "Was gibt es zu essen?" Peter ging nach oben in seine Dachkammer und kramte nach alten Büchern. … Der junge Peter Martin bemühte sich nach Kräften, in die Footballmannschaft der Galloway-Highschool zu kommen. Das bedeutete Triumph und Glanz und Ruhm in Galloway, und er hatte kaum etwas anderes im Kopf, wenn er jeden Abend nach Einbruch der Dunkelheit heimwärts eilte, zu einem verspäteten Abend-essen, abgespannt und in Gedanken weit weg bei den ungezählten Einzelheiten seines großen Ziels." (TTatC) Jack mochte Mannschaftsspiele, blieb aber ein Loner. Im Sommer des Jahres 1935, Jack war dreizehn, erfand er eine timing clock und erntete damit bei den Freunden Anerkennung. Bald bekam er heraus, daß er der schnellste Läufer im Umkreis war.

Auch in seinem Erzählbericht "Doktor Sax" schildert Jack Kerouac, wie er gegen seine eigene Uhr anrannte und sich seine persönlichen Bestleistungen notierte, bevor er dann zum Supper heimkehrte, um zu lesen: In der Tradition un-bürgerlicher Außenseiter stehen Faulkner für wilderness, Mark Twain den river, Thoreau für sein "Walden", Cooper meint die frontier, Whitman die open road.

Mit sechzehn Jahren begann Jack, sich zu rasieren und ließ kaltes Wasser an sein Haar, damit es besser lag. Schwester Lizzy (Carolyn, Nin) konnte über diese übertrie-benen Vorbereitungen zum Treffen mit der irischen Freundin Mary Carney nur lachen. Jacks Mutter hielt das Mädchen zwar für hübsch, fürchtete aber eine zu frühe Heirat. Auch Schwester Caroline sprach sich brieflich gegen eine voreilige feste Bindung Jacks aus: "Ich bin sehr enttäuscht. Was ist aus meinem Bruder geworden und all seinen Hoffnungen auf eine Zukunft. Diese Art zu leben, paßt nicht zu uns, lieber Jack, nichts für uns."

Jack Kerouac verließ beide und kam mit einem Fußball-Stipendium an die ein wenig extravagante Horace Mann Prep School. "Die Prep School war oben in Maine, nicht weit von Augusta, im Herzen der hügeligen Wälder und Wiesen in einer der schönsten Gegenden Neuenglands, und sie hieß Pine Hall. Sie war verhältnismäßig unbekannt, aber sie war genau das, was er brauchte, um die noch fehlenden Punkte zu holen und sich aufs College vorzubereiten." (TTatC)

Als footballer sollte Jack entweder aufs Boston College oder zur Columbia Universität. Der Vater war für Boston, hatte er da doch auch eine Anstellung in Aussicht; die Mutter plädierte für die Columbia Universität in New York. Es kam dann ein abschlägiger Bescheid aus Boston; die Mutter meinte: "Mach' dir nichts aus uns, geh' auf die Columbia."

Erstes ernsthaftes Notizenmachen, beeinflußt von Hemingway, Saroyan, Thoreau, erfolgte mit 18; wie etwa Ernest Hemingway, mehr noch Sinclair Lewis nennt man Jack Kerouac wegen des minutiösen Registrierens von Details "Stenograph", schreibt diesem "new journalism" auch eine Chronistenrolle zu. William Saroyan, begann seine Laufbahn als Schriftsteller mit zwischen 1928 und 1936 erscheinenden Kurzgeschichten; seine Prosa und Theaterstücke waren vor allem während der Weltwirtschaftskrise in den 1930er Jahren populär.

"Drei Jahre brachte ich mit der ersten vollständigen Geschichte (1.100-Seiten, "Town and the City") zu, die 'Harcourt-Brace & Company' auf 400 Seiten kürzten, um so aus einer allzumächtigen (überlangen, geblähten, aber voll ehrlichen) Anhäufung eine absetzbare, herkömmliche Erzählung zu machen… (Nie wieder Verlagskümmernisse, kommt für mich nicht mehr in Frage)." (JKSL)

Mit einem Maschinenschreibdienst besserte Jack Kerouac sein Taschengeld auf, indem er gegen eine Gebühr die Aufsätze der anderen tippte, wie später auch ein Manuskript aus dem Freundeskreis.

Doch alle Hoffnungen auf Ruhm und Ansehen über den Sport schwanden dahin, als sich Jack ein Bein brach und für den Rest der Saison nicht mehr spielen konnte. Man half ihm vom Platz, und künftig humpelte er an Krücken übers Campus. In Chemie erhielt er eine schlechte Zensur, so daß Kerouac den schönen Sommer in seinen vergammelten Jeans zu Hause verbrachte, mit Gleichaltrigen im Kiefernwald-Bach badete, herumdöste, Jack London las, der Abenteurer und den Tramp in der Literatur nahebrachte. Zu seinen Autoren gesellten sich andere: Blake, Rimbaud, Dostojewski, Joyce, Baudelaire und Céline, was hier und da diese und jene Anmerkung im Werk Kerouacs erhält. "Kein Autor kann sich davon freisprechen, nicht auf die ein oder andere Weise von der unterstützenden Eingebung, geführten Unterstützung anderer Nutzen gezogen zu haben." (JK)

"Sie hingen im Grase herum und schwatzten über "Marxismus/Leninismus", Jack lachte über diese "großen Lenin-Redereien". Sein bester Kumpel aus diesen Tagen war Alex Sampas, ein Griechenjunge von nebenan, der auch mal schreiben wollte. Alex, "er war nicht von dieser Welt", unterschied sich von allen anderen in der nüchternen Ortschaft. Dies trug er zur Schau, indem er mit einem Blumenkranz im Haar oder fünfzehn Büchern und mehr unterm Arm die Dörfler auf der Straße verblüffte. "Er wußte, daß Alex ein gutherziger und edelmütiger Junge war, und Alex wußte immer, daß Peter im Grunde seines Herzens voller Mitgefühl und Verständnis war, und so hielten beide zusammen." (TTatC)
Im März 1944 starb der Jugendfreund im Hospital von Algier nach einer bei der alliierten Italien-Landung (Anzio) erfolgten Verwundung. Die Engländer und Amerikaner hatten insgesamt 28.000 Mann verloren, erst Ende Mai gelang der Durchbruch zum siegreichen Einzug in Rom im Juni 1944. Jack Kerouac schrieb seinem so engen Vertrauten in

"emotional and intellectual matters" einen nicht abgeschickten Brief, halb französisch, halb englisch.

Alex' älterer Bruder hatte schon einen Job bei der Lokalzeitung, was neben dem Radio und dem Theater eine Möglichkeit für diese erste Generation Amerikaner war. Jack und Sebastian gründeten mit einigen anderen Lowell-Freunden, Cornelius, George, Billy Chandler, John, Ed und Jim die "Young Prometheans", eine lockere Formation, die sich zum Gedankenaustausch traf. Ebensolchen Zielen frühen künstlerischen Ausdrucks dienten Theaterformationen wie "The Variety Players" und der "Pioneer Club".

Im Sommer des Jahres 1941 zogen die Kerouacs von Lowell nach New Haven in eine deutlich einengendere Mietwohnung, wo Vater Leo als Bankrotteur und Linotype-Drucker einen neuen Posten gefunden hatte. Als die Mutter und Jacks Schwester so auf den Umzugskartons herumsaßen, fiel Jack nichts Besseres ein, als sich protestierend auf den Fußboden zu legen - was den sozialen Abstieg nicht verhindern konnte.

Im September fand sich Kerouac wieder am Columbia College ein, wo er Roosevelts Rede "I hate war" hörte, meldete sich nicht zur Armee, sondern setzte sich in den Greyhound nach Washington, um von dort weiter in den Süden hitchzuhiken. Diesen wollte er so erleben wie in den Büchern Thomas Wolfes beschrieben, dem Epiker par excellence, der als Vertreter des traditionellen realistischen Romans in der Familientragödie eine erschütterte Gesellschaft spiegelt. Wegen seiner poetischen Prosa und seines autobiographischen Stils übte Thomas Wolfe (1900-1938, "You Can't Go Home Again", veröffentlicht im September 1940) auf die literarische Jugend in Lowell einen wegweisenden Einfluß aus.

Jack merkte, daß er nicht mehr der unbekümmerte Achtzehnjährige mit dem gewaltigen sinnenfröhlichen Lebenstrotz war, er empfand, daß nun mit neunzehn irgendetwas in ihm erledigt war. "Plötzlich kam es ihm so vor, als seien College und Football gar nicht mehr wichtig, und plötzlich dachte er an den Krieg und spürte, wie ihn ein erregtes Zittern durchlief. Und all die Koffer und Schulwimpel und schicken Sportsakkos und Tabakspfeifen, all die Witzeleien und Verschrobenheiten des Studentenlebens kamen ihm auf einmal lächerlich vor." (TTatC)

Die Eltern wurden zornig, weil er die Hochschule verlassen wollte und bestanden zumindest auf einer sofortigen Arbeitsaufnahme: "Es ist nicht so, daß wir dich nicht zu Hause haben wollen… aber ich muß eine Meile laufen, um ins Druckcenter zu kommen und du weißt doch, daß deine Mutter die Tische in der Waldorf Cafeteria sauber hält. Warum könnt ihr euch bloß nicht richtig benehmen?"
Jack zog aus, in ein Möbliertzimmer in New Haven, wo er als Schmieraffe an einer Tankstelle schuftete, bis der Boss feststellte, daß der Neue von Autos überhaupt keine Ahnung hatte.
An einem Festtag kam Alex Sampas auf Besuch und wunderte sich, daß Jack nicht mehr auf der Columbia war. Jack Kerouac war es indes zufrieden, das erste Mal in seinem Leben allein auf sich gestellt zu sein. Außerdem schwärmte er Sampas eine Sammlung Kurzgeschichten vor, die er gerade im Stil Hemingways und Saroyans verfaßt hätte: "Die Zerbrochene Flasche": "Ein junger Mann, Hände in den Taschen, Zigarette im Mundwinkel tänzelte die paar Stein-Stufen eines uptown Broadway Hotels herunter und wandte sich in einem eigenartig schlurfenden Schlendergang Richtung Riverside Drive. Der Abend dämmerte, die warmen Juli-Straßen verschleierten in einem schwülen Nebel, was die scharfen Broadway Konturen eindunkelte mit seinem Schwarm aus dem Festzug der Fußgänger, den farbenfrohen Frucht-Ständen, Bussen, Taxis, schimmernden Automobilen, Kosher-Läden, Kino-Reklamen und all den unzählbaren Erscheinungen, die die brillante Karnevalsstimmung des Mittsommers in New York City ausmachen…" (TSB)

Alex riet zur Rückkehr nach Lowell, wo sein Bruder eine Stellung als Sportartikler für das Lokalblatt besorgen könnte.

Nach einigen Monaten kündigte Jack Kerouac bei der 'Lowell Sun', was seinen Vater abermals verdroß. Wiederum bestieg Jack den Autobus, nach Washington D. C., weil ihn einfach zu Hause nichts mehr hielt. Eine Weile malochte er mit einem Lowell-Freund auf dem Bau, dann kellnerte er.

Jack Kerouac war mittlerweile zwanzig und völlig ohne jeden Halt, ohne jede Bindung, unsettled. Er tauchte wieder in der Heimatstadt auf und bekriegte sich mit seinen Eltern zur Frage der Einberufung, meldete sich schließlich beim Kreiswehrersatzamt in Boston und wurde ganz förmlich eingeschworen.

Den restlichen Nachmittag hatte Jack nichts mehr zu tun, er irrte herum und meldete sich spontan bei der Küstenwache. Nachdem man auch hier seine Finger-abdrücke genommen und ihn photographiert hatte, geriet Jack in Panik. Es blieb nur noch der Alkohol, bis auf einer Herrentoilette irgendwo in Boston die Nacht über ihn hereinbrach.

Am nächsten Morgen wollte Jack so schnell wie möglich aus dieser Stadt verschwinden. Seine Eltern konnte er jedoch unmöglich in Kenntnis setzen, weshalb er sich die Adresse der National Maritime Union Hall heraussuchte, um dort als Seemann angeheuert zu werden. Man nahm ihn für die S.S. Dorchester, die diesen Frühjahr-Nachmittag des Jahres 1942 nach Grönland auslaufen sollte, und zwar mit einer Gruppe Luftstützpunkt-Konstrukteuren. "Cuba, Hawaii - the soft South Seas, Port Said! Alexandria! The Red Sea! I'm going to see it." (TSB)

Jack Kerouac rief noch kurz im Elternhaus an, und schon im Oktober war er wieder an Land. "Man benützt nicht denselben Mop für das Deck und die Toilette." Inzwischen brüllt der Erste Maschinist: "Wo bleibt denn der verdammte Ananassaft, ich will keinen verdammten Orangensaft!" und ich muß ganz nach unten in die

Provianträume laufen, und als ich zurückkomme, kocht der Erste Offizier, weil er auf sein Frühstück warten muß..." (LT)

Im Rückblick dünkte Jack diese Fahrt "als eine Art Ferien", was ihm zudem 470 Dollar eingebracht hatte.

Kerouacs Matrosenleben während des Zweiten Weltkriegs bei der Handelsflotte gestaltete sich nicht minder verwirrend, mit solch einem schier endlosen Herum und Umher wie bei seinen Aktionen in Boston.

Das Schiff wurde im Winter versenkt, über siebenhundert Männer fanden den Tod, darunter ungezählte Mitglieder der Mannschaft, die mit Jack Kerouac nach Grönland gefahren war. "Das alte knarrende melancholische Schiff selbst lag nun unten am Grund des Meeres, auf immer in dunkler Meeresnacht. Fische zogen durch die Pantry; der alte Glory leuchtete in Korallentrassen." (TTatC)

Bei der Rückkehr nach Lowell erfuhr Jack, daß sein Kumpane Alex zur Armee gegangen war. Hatten sie erst noch Pläne geschmiedet, gemeinsam zur Coast Guard zu gehen, hatte Sampas sich doch anders entschieden.

Kerouac hatte bei den Verdienstmöglichkeiten, welche die Handelsmarine bot, nie in "terms of war" gedacht, sondern immer die große, graue See im Blick gehabt, die zum "the stage of his soul" werden sollte. Er verfasste eine kleine, zu Lebzeiten unveröffentlichte Erzählung, "The Sea is my Brother". Diese erste größere, im Frühjahr 1943 entstandene Arbeit Kerouacs wurde in Gänze erst 2008 publiziert. Die Bedeutung für sein damaliges Leben ist unbestritten, die 160-seitige Geschichte ist Dreh- und Angelpunkt seiner Schriftsteller-Tätigkeit. In Briefen an Sebastian Sampas gibt er diesem Auszüge zum Lesen und Darübersprechen, wie dies auch die anderen Freunde aus Lowell taten.

"Ich vergeude meine Zeit, mein Geld und meine Gesundheit, hier am Columbia. Alles läuft aus dem Ruder, ich höre von Amerika und Rußland..." (TSB) Er überzeugte seine Eltern davon, daß es wohl das Beste wäre, zur U.S. Navy zu gehen und auf die Offiziersschule.

Kurz bevor jenes Unglücksschiff 1943 zur letzten Fahrt ausgelaufen war, wurde Jack Kerouac wiederum bei der Kriegsmarine vorstellig. "Am dritten Tag kam Francis plötzlich die Erkenntnis, daß er das alles nicht mehr ertragen konnte. Es überkam ihn mit der einzigartigen konzentrierten Kraft einer tiefen und unberechenbaren Abscheu." (TTatC) Jack Kerouac konnte nur ein halbes Jahr bleiben, die meiste Zeit unter Beobachtung im Krankenhaus. Für die Marine wurde er mit dem Vermerk "schizoide Störungen", nicht tauglich eingestuft. Jack bestand darauf, "den höchsten Intelligenzgrad in der Geschichte der Newport Naval Base" zu haben, schaffte aber keine Prüfung und wurde "mit einem Bündel Langeweiler" nach Newport ins Fußlager geschickt.

Kerouacs spätere Erklärungen zu dem, was bei der Navy schief gelaufen war, bezogen sich auf die Rekruten, die achtzehn waren und ein Haufen Dummköpfe obendrein. Rauchen war verboten. Eines Nachmittags, als ihn der Felddrill anödete, begab er sich in die friedliche Verlassenheit der Bibliothek, aus der ihn die Militärpolizei holte und psychiatrischer Beobachtung überstellte. Der kantige Oberwärter Bill hält ihn in der Gummizelle vierundzwanzig Stunden unter Beobachtung, wobei gedankenverloren der schwere Schlagstock kreist; "einer beugt sich vertraulich vor, will den Geisteskranken mimen…" (VoD)

Der einundzwanzigjährige Jack kam nach Bethesda, Maryland, wo die Doktoren auch etwas über seine Erzählung "Die See, mein Bruder" wissen wollten. In diesem Frühwerk trifft Wesley Martin, 27, Matrose der amerikanischen Handelsmarine in den 1940er Jahren auf den 37-jährigen Bill Everhart, Dozent für Literatur an der Columbia Universität. Es geht um Amerika und was aus diesem Land geworden ist. Der für Kerouac typische Männerslang öffnet Schubladen zu Politik und Literatur, ohne nachzuschauen, was drin ist. Abenteurer, Pionier mit Waschbärmütze und/-

oder Intellektueller – in diesem Zwiespalt bewegten sich Jack wie auch seine Figuren.

Mit anderen "psychopathic maniacs" blieb er in Gewahrsam, bis sich ein sympathischer Seelenklempner seiner annahm und ihn fragte, wer er denn nun wirklich sei. Jack antwortete: "Ich bin nur Samuel Johnson" und meinte damit, daß er "ein Mann des Buchstabens" sei, und ein Mann der Schrift habe ein unabhängiger Mensch zu sein.

Alles wurde schließlich auf die Disziplin in der Navy heruntergeschraubt, und die Verwaltung erklärte sich mit einem Teil seiner Aussagen einverstanden, so daß man Jack Kerouac in Ehren, mit einem "indifferent character" aus der Armee entließ. In "Vanity of Duluoz" beklagt er dies als seinen "verlorenen Traum vom wahren amerikanischen Mann."

Die Eltern lebten mittlerweile in einer kleinen Wohnung am Cross Bay Boulevard auf der New Yorker Halbinsel Long Island. "Er (der Vater) hatte einen neuen Job, bei dem er nachts arbeiten mußte, und so machte er sich gleich an diesem ersten Abend in Brooklyn ohne Schlaf und mit nicht mehr als ein bißchen Kleingeld für Kaffee und Sandwiches auf den Weg zur Arbeit in einer Druckerei in Manhattan, mit jener tiefen und starken Freude, die nur arbeitende Menschen empfinden können. Nichts in der Welt, kein Krieg, keine Großstadt, keine Verwirrung, konnte etwas an der Tatsache ändern, daß er einen Job hatte…" (TTatC)

Sobald dies möglich war, wollte Jack erneut Seemann sein, bei der Handelsmarine. Er meldete sich auf der S.S. George Weems, die mit 500-Pfund-Bomben unter der roten Dynamit-Flagge nach Liverpool auslaufen sollte. Doch trotz der eher lockeren Disziplin kam er mit den anderen Matrosen nicht zurecht. Während der ganzen Zeit auf See soll Kerouac insgesamt nur zehn Worte gesprochen, ansonsten Galsworthys "Forsyte Saga" gelesen haben, weshalb man ihn als "Pretty Boy", "The Sleeping Beauty" bzw. "Baby Face" verulkte.

Hier wurde Kerouac zu dem angeregt, was er selber als Autor machen wollte. Sein Schreiben sollte auf Sagen oder

Legenden, Mythen und Märchen gründen, die in eine große Saga münden. So als Stubenhocker oder Büchernarr möchte er nicht schreiben; nein, Alternativen: Die Musik - und was sich da nicht alles tut.

An seiner Geschichte "The Sea is my Brother" verlor er somit den Gefallen und tat diese als bloße Handschriftlichkeit ab.

Neun Monate zuvor, im Oktober 1942, noch auf dem Columbia College, hatte Jack Kerouac ein ganz patentes Mädchen namens Edie Parker kennengelernt. Bevor er mit der "Weems" in See gestochen war, hatte er sie in Ashbury Park, New Jersey besucht, wo sie den Sommer mit ihrer Großmutter verbrachte.

Edie Parkers Leben war so ganz anders als das seine. Sie kam aus einer wohlhabenden Familie, high society, war schön und legte sich Ohrringe an, als sie zum Strand gingen. Kerouac gab die Zusage, nach seiner Rückkehr aus England im Frühjahr zurückzukommen und mit ihr eine Wohnung nahe dem Campus zu beziehen.

Von den Brooklyn Docks ging Jack nun geradewegs zu ihr und legte, mit neuem Besitzerstolz, seine Lederjacke über eine Stuhllehne. Edies Zimmerkameradin, Joane Vollner, mochte ihn auch, so daß es kein Problem wurde, daß er viel Zeit in deren Appartement zubrachte, bis sich Jacks Mutter um den Sohn sorgte.

Da brachte er Frl. Parker einfach mit ins Elternhaus, man trank gemeinsam in der Taverne der Liberty Avenue ein Bier; obwohl die Mutter abriet, blieb Jack immer länger von zu Hause fort.

Mit Ende des Winters wollte Jack auch Edies Familie kennenlernen, doch zuvor noch etwas Geld auf einem Schiff machen. In New Orleans verlor er aber die Orientierung und betrank sich. Mit bei den Eltern angefordertem Fahrkarten-Geld konnte Kerouac nach New York zurück, wo er wiederum seine Lederjacke über die Lehne in Edies Appartement hängte.

Während diese Zeichenunterricht bei George Grosz nahm, döste Kerouac. "Er ging hinaus auf den Times Square. In dem feinen Nieselregen, der aus dem dunklen Himmel fiel, blieb er auf dem Gehweg stehen und sah sich nach den Leuten um, die vorbeigingen – die gleichen Leute hatte er oft schon in anderen amerikanischen Städten auf ähnlichen Straßen gesehen: Soldaten, Matrosen, die Bettler und Penner, die Dandys, die Schläger, die jungen Männer, die sich von Küste zu Küste als Tellerwäscher durchschlugen, die Anhalter, die kleinen Gauner, die Säufer, die abgerissen einsamen Jung-Neger, die blinzelnden kleinen Chinesen, die dunklen Puertoricaner und all die jungen Amerikaner in groben Arbeitshosen und Lederjacken, die Seeleute oder Monteure oder Automechaniker waren. Es war das gleiche wie auf dem Scollay Square in Boston oder dem Loop in Chicago oder der Canal Street in New Orleans oder der Curtis Street in Denver oder der West Twelfth in Kansas City oder der Market Street in ..." (TTatC)

***

KAPITEL ZWEI
(A strange trio)

Wie im Winter zuvor war Kerouac teils bei den Eltern in Ozone Park, die ihm einen "workaday lonely room" bereithielten, teils bei Edie Parker, West 118. Straße, zu finden: - "Möchtest du erstmal ein anregendes Getränk?" "What`s your philosophy? Do you have one?" Hier war schon so eine Art literarischer Salon entstanden, die Leute trudelten nur so herein, hingen förmlich an Kerouacs Lippen, so daß Jack sich bald wünschte, die Leute würden sich um ihre eigenen Angelegenheiten kümmern." Der Barkeeper des schmuddeligen West End Cafés, wo auch Studenten oder Seeleute zur Klientel gehörten, war einer der besten Freunde Edies. Eines Abends wollten Jack Kerouac und Edie Parker in dieser schlecht beleuchteten West End Bar am Broadway etwas trinken gehen. Dort trafen sie auf einen nicht uninteressant aussehenden Bekannten Edies, namens Lucien Carr. "Er schaute kränklich und unschön drein." (JK)

Auch Lucien wollte liebend gerne ein Schriftsteller sein, sah aber nach eigenem Bekunden alles zu intellektuell. Lieber redete er daher über Ästhetik und Philosophie, als etwas aufzuschreiben. Auch Jack hielt Lucien Carr in der Unterhaltung für besser als im Schriftlichen. Um dies unter Beweis zu stellen, schrieb er Lucien eine Geschichte über seinen Trip zum Piccadilly Circus, und Lucien erhielt für diese story ein A.

Mit seiner zierlichen Figur, dem blonden Haar, den klassischen Zügen machte Lucien Carr stark den Eindruck eines Homosexuellen. Dave Kammerer, eine Kindheitsbekanntschaft, war tatsächlich seit dieser Zeit in ihn verliebt, und – gemäß Jack Kerouac – war er nicht der einzige, welcher bei Luciens Anblick Oden verfaßte: "O fair-haired Grecian lad".

"An dem Abend legten die drei Jungen wirklich los und diskutierten über sämtliche Themen und dachten über die

Richtung und die Möglichkeiten ihres künftigen Lebens nach. Sie lösten all die Probleme des Daseins und des Universums und rieben sich die Hände im Vorgefühl neuer Probleme." (TTatC)

Wie eine Klette hing David Eames Kammerer an Lucien Carr und brachte es auch mit Jobs als Fitness-Trainer oder Hausmeister immer wieder zuwege, sich in dessen Nähe aufzuhalten. Die Mutter hatte bei Lucien über 50 Liebesbriefe des aufdringlichen Verehrers, aber auch der Vater-Figur gefunden.

Kammerer, 14 Jahre älter, verfolgte Lucien seit dessen 10. Lebensjahr, seit 1936 in Missouri und war ihm nun bis an die Columbia Universität gefolgt: Über Kammerer lernte Kerouac William Burroughs kennen, die sich in den Folgejahren gegenseitig beeinflussen sollten.

Der einen rothaarigen Bart tragende Kammerer und Burroughs hatten sich vor zehn Jahren in Harvard angefreundet, waren getrennte Wege gegangen, um sich dann Tür an Tür im Village wiederzufinden.

"Für Francis verkörperte New York die in Greenwich Village zu genießende Freiheit, mit einer Frau eine kleine Wohnung zu teilen, an dämmrigen Abenden in den kleinen Buchläden rund um den Washington Square zu stöbern, die Kneipen aufzusuchen, wo fast jeder etwas über die Kunst zu sagen hatte, auf Parties zu gehen, wo bizarr aussehende Leute Bemerkungen über die psycho-dynamische Analyse, Jean-Paul Sartre, die Orgontheorie bzw. Organtheorie, Jean Genet und all die neuesten Entwicklungen denkbar lässig aus dem Ärmel schüttelten." (TTatC) Das Leben trug unschuldige Züge: Weder wurde übermäßig getrunken noch waren Drogen dabei, nicht einmal Marihuana. Die Aktivitäten galten mehr dem sexuellen Sektor, wobei Edie Parker abwiegelt: "Was mich anbetrifft, wir waren ausgesprochen moralisch… Es ist schon erstaunlich, dass alle Welt uns für diese Sexmonster hielt. Wir hockten im Kreis, lasen Bücher und quatschten darüber."

Eines warmen Juli-Nachmittags des Jahres 1944 stand Jack bei Edie, die mit Lucien im Malunterricht unter freiem Himmel war, unter der Dusche, als er auf ein Klopfen hin die Haustür öffnete. Auch heißt es, Jack hätte gerade Sex mit Edie gehabt; jedenfalls traten Kammerer und hinter ihm "ein dünnlicher Typ mit einem Filzjackett", William Seward Burroughs (Old Bull Lee in "On the Road") herein. Dieser wollte sich mit Kerouac über die Seefahrerei bei der Handelsmarine unterhalten. Jack vermutete indes, sie waren nur gekommen, weil sie Lucien in der Wohnung glaubten. Er mochte Kammerer nicht und spürte, daß auch Burroughs schwuchtelig war, "gestand dies aber in jenen Tagen nicht ein".

Dessen Großvater, der ebenfalls William Burroughs hieß, hatte in St. Louis die Burroughs-Schreib- und Rechenmaschinen-Firma gegründet, und "Bill" (für William) war von seiner Familie mit einem Erbe bedacht worden. "Bill bekam jeden Monat 150 Dollar aus einem Treuhandfonds, den sein Vater für ihn angelegt hatte, bevor er starb - sein Vater hatte ihn geliebt, und ich konnte gut verstehen, weshalb: Bull ist ein gütiger und weichherziger Mensch, wenn er auch etwas von einem Betrüger an sich hat: jahrelang hatte er in New York jeden Tag etwa 30 Dollar gestohlen, um koksen zu können, zwanzig Jahre lang." (T)

Im Jahre 1936 hatte William Burroughs Harvard verlassen, sich für "Geschichte, Anthropologie, die französische symbolistische Dichtung, Mallarmé ganz besonders" (T) interessiert, dann ein Jahr bei einer Werbeklitsche zugebracht. Aus der Armee wurde er unehrenhaft entlassen, was die üblichen Jobs: Barmann, Reporter, Fabrik und Büro bedeutete; die längste Stellung, neun Monate, hielt er in Chicago als Kammerjäger.

Nachdem er Jack Kerouac über Monate näher kennengelernt hatte, verbrachte Lucien Carr immer mehr Zeit mit diesem – Dave Kammerer wurde eifersüchtig, seine Nerven gerieten in Flammen.

Eines Abends ging Kammerer mit Burroughs zu Edies Appartement, während diese und Jack nicht da waren. In deren Abwesenheit wollte er an Bills Krawatte ein Kätzchen - die soeben erstandene "Kitkat" - über die Lampe hängen. Noch bevor diese verletzt werden konnte, nahm William Burroughs sie herunter. Dieser hinterhältige Racheakt sollte vor Kerouac, der ein erklärter Katzennarr war und sich unablässig erkundigte "how is my kitty", unbedingt geheim bleiben.

Dave Kammerer, die Entdeckung durch Jack fürchtend, mimte den Großzügigen und spendierte im West End eine Runde nach der anderen – wobei er sich aber nur endlos mit dem angebeteten Lucien beschäftigen wollte.

Da ihm Kammerers Verzweiflung nahe ging, versuchte Burroughs diesen zu überreden, aus New York zu verschwinden und sich woanders eine neue Liebe zu suchen – dies war Kammerer keinesfalls möglich.

Mit Ende des Semesters beabsichtigten Lucien Carr und Jack Kerouac ihrerseits, die Stadt zu verlassen, ohne Kammerer davon wissen zu lassen. Beide hatten sie Seemannspapiere und warteten an der N.M.U.-Halle auf irgendeinen Versorgungsdampfer nach Frankreich. – In Paris könnte man doch zusammen an den Libération-Feiern teilhaben und als Dichterlinge leben.

Dave Kammerer bekam von diesem Vorhaben Wind und wollte sich ihnen anschließen. Die Situation wurde unerträglicher denn je, Lucien und Jack versuchten, ihn abzuhängen, wo immer sie konnten.

Beim Steak-Essen in Burroughs Wohnung (da er der einzige mit Arbeit war, konnte er seine Freunde des öfteren einladen) schnappte sich Lucien das Fleisch, noch bevor der Gastgeber Bill es in vier Teile schneiden konnte und begann, darauf herumzukauen. Als das niemanden störte, war man doch an Luciens "actes gratuites" (nur einfach irgendetwas tun) gewöhnt, fauchte Lucien wie ein wildgewordener Tiger. Für Kammerer die Gelegenheit, aufzuspringen und um das Steak in den Händen Luciens zu ringen.

Eines anderen Abends erblickte Lucien eine Öffnung im Jackett Williams. Er steckte seinen Finger hinein und vergrößerte das Loch. Wieder sprang Kammerer herbei, schnappte sich den anderen Ärmel und wrang das Bündel um Burroughs Kopf. Dann wurde die Jacke in Streifen gerissen, um damit Bills Bücherbord und seine Lampen zu dekorieren. Kerouac sah nur, daß sie ein tadelloses Kleidungsstück zerrissen, wohingegen seine Mutter sogar Taschentücher noch stopfte. Für ihn waren dies, wie er später in "Vanity of Duluoz" meinte, "Leute aus well-to-do-families", mit denen er als Lowell-boy nichts anzufangen wußte.

Schwüle Sommerwochen vergingen, der Ekelquotient um den klebrigen Schatten stieg, Kammerer agierte immer unberechenbarer. Eines August-Abends hangelte er sich über die Feuertreppe zu Luciens Bleibe, stieg durchs offene Fenster ein und beobachtete diesen dreißig Minuten beim Schlafen. Beim Hinunterklettern erwischte man Kammerer, unter vorgehaltener Pistole wurde er ins Gebäude zurückbegleitet, wo man dann der Polizei auftischte, man hätte die ganze Nacht gebechert, getanzt und dergleichen.

In der Nacht des 13. August 1944 nächtigte Kerouac bei Edie, als ihn Lucien Carr aufweckte, weil er Hilfe benötigte.

Den gesamten Vortag hatten sie auf ein Schiff mit Arbeit gewartet, waren indes entmutigt zurückgekehrt; Carr war noch auf Bekannte getroffen. Über den Campus zur Amsterdam Avenue zur Wohnung eilend, lief Kerouac Kammerer in die Arme, der sich nach Lucien erkundigte; Jack schickte ihn genervt ins West End.

Lucien Carr berichtete Kerouac nun, wie der Abend für ihn zu Ende gegangen war: Er und Kammerer hatten an der West End-Bar bis zur Schließung um 3 Uhr morgens einige Drinks zu sich genommen und waren daraufhin in den Riverside Park (allseits bekannter Homosexuellen-Treff) spaziert, um sich nahe dem Hudson River ins Gras zu setzen oder zu legen und noch ein wenig mehr zu trinken. Kammerer vertrug diese hot and humid-Situation nicht, er geriet außer sich und bedrohte Lucien damit, ihn zu töten, wäre dieser zur Liebe nicht bereit.

Der tragische Fall einer gescheiterten Mentorenschaft endete damit, dass Lucien in Notwehr sein Pfadfinder-Messer gezogen hatte, und im Verlaufe eines Gerangels war Dave Kammerer erdolcht worden.

Nun – ebenfalls in Rage – hatte Lucien Carr noch zweimal ins Herz gestoßen; den Körper Kammerers schmiß er in den Hudson, nachdem er dem Opfer mit dessen Schnürsenkeln Hände und Füße gebunden hatte.

Übererregt - "ich komme auf den elektrischen Stuhl" - wußte Carr nicht, was er tun sollte, nahm ein Taxi und wollte sich mit William Burroughs beratschlagen. Dieser wies ihn an, mit den Seinen in Kontakt zu treten, einen cleveren Rechtsanwalt zu nehmen und sich der Polizei zu stellen.

Stattdessen war Lucien jetzt bei Kerouac aufgetaucht, bat hier um einen letzten Drink, bevor er sich seiner Mutter anvertrauen wollte. Sowohl Burroughs als auch Kerouac hatte Carr mit den Worten überfallen: "Ich habe den alten Schmierbauch-Sack kalt gemacht."

Jack Kerouac war natürlich betroffen, drückte Edie einen Kuß auf und ging hinaus, um Lucien irgendwie zu helfen. Auf dem Wege zu einer Bar ließen sie das Messer in einem Gully verschwinden. Aus irgendwelchen Gründen hatte Lucien noch die Brille von Kammerer, die im Morningside Park, gleich beim Wohnblock verbuddelt wurde.

Nach einigen Bierchen gingen sie ins Kino und betrachteten sich Gemälde des Museums of Modern Art, aßen hot dogs.

Dann erst begab sich Lucien Carr zu seiner Tante, die den Familien-Anwalt in Kenntnis setzte. Kammerer war nicht als vermißt bekannt, doch meldete die Wasserschutzpolizei einen treibenden Körper, so dass die Elizabeth Street Police Station auch auf Burroughs und Kerouac zugreifen konnte und diese einlochte. Auf der Polizeiwache und auch während der Gerichtsverhandlung blätterte Kerouac in Yeats' "Vision". Tags drauf wurde Jack Kerouac als Zeuge eines Totschlags klassifiziert, ebenso William Burroughs, dessen Familie aber problemlos Kaution stellen konnte.

Als Jack seinen Vater aus dem Bronx-Gefängnis anrief, explodierte dieser vor Zorn, daß kein Kerouac je mit einem Mord zu tun gehabt hätte und daß er sich zur Hölle scheren solle. Bei der Festsetzung der Kaution auf 5.000 Dollar festgesetzt wurde, pfiff Kerouac durch die Zähne und bat den Richter zu bedenken, daß seine armen Eltern diese Summe nicht aufbringen könnten.

Edie war dann bereit, ihn nach ihren Möglichkeiten zu unterstützen. Sie beschlossen die Heirat, so daß sie sich das Kautionsgeld von ihrer Familie würde leihen können. Da die zur Eheschließung erforderlichen Blut-Tests vorlagen, kam Jack für einen Nachmittag frei, um Edie Parker 1944 in der City Hall ehelichen zu können. Der eine Zeuge war ein Polizist und Céline Young, eine Freundin Edies, der andere.

Zum Besuch der Eltern im Gefängnis heißt es in "Vanity of Duluoz": "Sie blickten ihn an wie einen irrenden aber unschuldigen Sohn, das Opfer entarteter Freunde in der schmutzigen Stadt", nicht ohne Hoffnung auf eine heilsame Wirkung der Ehe.

Doch anstatt zur Ruhe zu kommen, wurde der Sohn immer unruhiger, auch erkannte er sein Eheproblem. Mit Edie zog Jack nach Michigan, wo er eine Arbeit am Fließband annahm. Monatlich sparte er 100 Dollar, um die letztlich auf 2.500 Dollar reduzierte Kaution abbezahlen zu können. An Ehe und Kinderkriegen war er mit seinen zweiundzwanzig Jahren nicht wirklich interessiert. Das Leben im mondänen Parker-Haus, im Kreis einer Sportwagen und Yacht besitzenden Clique, flößte ihm Schuldgefühle ein: Auf den mit dem von seiner Frau Charlotte geschiedenen Schwiegervater bis Kanada unternommenen Touren wollte keine Stimmung aufkommen.

Jacks Mutter stand an der Schleifmaschine in einer Schuh-Fabrik, Edies Mutter war Eigentümer der Ground Gripper Shoes Corporation. Mit ihr im Wohnzimmer sitzend, bevor Kerouac zur Arbeit ging, verkrampfte man sich in Konversation, etwa zum "writing game". In ihrem Club hatte die Dame davon gehört, daß einige, so Pearl Buck, mit Bücherschreiben Geld verdienten.

Im Oktober 1944 verabschiedete sich Jack Kerouac von Edie und stieg auf einen Laster nach New York. Seine erste von insgesamt drei Ehen hatte gerade mal zwei Monate gehalten.

Nach Europa sollte es gehen, und diesmal hatte Jack keine Schwierigkeiten, gleich am ersten Tag ein Schiff zu ergattern. "Und O die verlorenen, wahnsinnigen Möwen, die lärmend über eine graue und rastlose Wante auf dem bewegten Achterdeck herfallen – O das langsam sich wälzende Kielwasser im Strudel des wilden Propellers, der an einer aus dem Maschinenraum kommenden Welle sich dreht und sich dreht... vorbei an der Bake – vorbei an der Landspitze – trüber, rußiger, grauer, dünner Schleier wälzt sich müde aus dem Schornstein, schickt Hitzewellen zum Himmel – Flaggen an Wanten wachen bei der ersten Meeresbrise auf. Wir können kaum den Namen des Schiffes erkennen, düster aufgemalt am Bug und auf einem langen Brett oben an der Schiffswand." (LT)

Bei seiner Verhandlung waren Lucien Carr der Situationsstress, sein Selbstmordversuch mit Wohnungs-Gas aufgrund der nervenaufreibenden Beziehung zum Stalker Kammerer zugute gekommen. "Sein dauerndes Anwesendsein, sein unablässiges Fordern trieben den Jungen in den Wahnsinn", (Barry Miles), so daß er - bei tadelloser Führung - für zwei Jahre in ein Resozialisierungs-Programm der Elmira Reformatory gesteckt wurde. Sollte er aber gegen Bewährungsauflagen verstoßen, lautete das Ende unweigerlich Sing Sing.

Gefängnis oder Anstalt scheinen charakterisierende Stufen der Beat Generation-Formation: Ginsberg verbrachte Zeiten im Columbia Psychiatric Institute; Gregory Corso, ein späteres Mitglied, war im Gefängnis und im Bellevue, der großen staatlichen Einrichtung gewesen, Burroughs-Ehefrau Joane Vollner hatte dort einen Kurz-Aufenthalt wegen einer Amphetamin-Psychose absolviert, Neal Cassady wurde in Kalifornien eingebuchtet, und nun machte Lucien Carr Ähnliches durch.

Die Messersache beim Homo-Treff im Park hatten nicht nur der 'Spectator' sondern auch andere New York-Blätter gebracht, so daß sich Jack Kerouac schon vorkam wie eine abgedroschene Berühmtheit, zumal auch seine Hochzeit Erwähnung fand.

Auf dem Campus traf er Luciens Freundin Cecily und eine "jüdische Spindelfigur mit einer Hornbrille und schrecklichen Ohren", den um vier Jahre jüngeren Allen Ginsberg. Der Sohn eines Englisch-Lehrers, der aber auch publizierender Dichter und Sozialist gewesen war. Seine aus Rußland eingewanderte Mutter Naomi war Mitglied der Communist Party gewesen und hatte unter das Zusammenleben stark hindernder Schizophrenie gelitten. Über seine gemütskranke Mutter hat Allen Ginsberg in "Kaddish" (1962) sehr lyrisch gedichtet.

Der junge Allen Ginsberg war ein visionärer Exzentriker, ein Radikaler, ein Blake-Adept, ein verträumt lächelnder jüdischer Fauvist aus Paterson, New Jersey. "Ich hätte nie geglaubt, dass er bis zum Erwachsensein überhaupt am Leben bleibt", hatte sich William Carlos Williams gewundert.

Später hat Allen Ginsberg weitere Wandlungen vollzogen: Vom Beat-Poeten zum Hippie und buddhistischen Guru in der politischen Realität, prominenter Sprecher auch der "gay liberation".

Ginsberg war vor einem Jahr auf Lucien Carr getroffen, als sie beim Union Theological Seminar angefangen hatten. Noch Erstsemester steckte Allen voller Emsigkeit, als Arbeits-Organisator wollte er Armen und den streitenden Massen Hilfe leisten. Mit Lucien, der nichts akzeptierte, niemandem traute und sich über alles lustig machte, wurde er dann philosophischer und literarischer; die gemeinsamen Interessen an den französischen Symbolisten arbeiteten sie in langen Schlafsaal-Stunden zu einer "post-humanen-post-intelligence" aus, ihre "Neue Vision".

"Er war etwas furchteinflößend, ein kräftiger, klug drein-schauender football-Spieler, See-Matrose und ich war die Art 90-Pfund-Schwächling-New Jersey-Juden-Junior an der Universität Columbia." (Allen Ginsberg) Nichtsdestotrotz war Ginsberg zufolge seine Freundschaft mit Kerouac bereits etabliert, als Jack ihm dabei half, seine Sachen aus dem Hochschul-Schlafgemach zu räumen. Dieses gemeinsame Tun und die Gespräche waren es, "die das gegenseitige Vertrauen und unsere Zuneigung besiegelten."

So zusammenstehend wurde Allen Ginsberg auf einmal ganz schweigsam, legte in einer Abschiedsgeste seine Hand auf die Lippen. Jack Kerouac sah ihn verwundert an: Allen deutete auf einen leeren Raum und bemerkte dazu, dass es Lucien Carrs gewesen war.

Ginsberg war durch die Halle spaziert und hatte mit Lucien Freundschaft geschlossen, weil er hörte wie dieser Brahms auf seinem Plattenspieler mit drei Geschwindigkeiten laufen ließ. Das wollte sich Allen näher anhören; dieser Gang würde für ihn immer mit Erinnerungen befrachtet sein: Die erste Begegnung mit Lucien: "The most angelic-looking kid I ever saw."

Jack nickte und - sehr zu Allens Verwunderung – pflichtete er ihm bei und meinte, als seine Eltern von Lowell nach New York gezogen waren, wäre es ihm ähnlich gegangen.

Als sie so im Korridor standen, empfand Ginsberg diese, wie er es auch nennen sollte - Affinität -, die ihn mit Jack Kerouac wie mit keinem anderen verband.

Seine erste Nacht, die er wieder in New York war, verbrachte Jack mit Allen und Cecily auf Ginsbergs Campus-Bude. Jacks Erinnerung ging dahin, dass sich Allen die Nacht über mit Cecily geneckt hatte, was er für die "erbärmlichste Sache seines Lebens" gehalten habe, weil Lucien Carr ihn dafür bestimmt gehaßt hätte - denn noch war Cecily ja Luciens Mädchen.

Folgenden Tages ging Kerouac zum Hafen, nahm ein Schiff irgendwohin, verließ dieses an der ersten Anlege-stelle, setzte sich in den Retour-Bus für New York. Nach noch einigen Nächten mit Cecily zog diese aus, und Jack blieb mit Allen Ginsberg zusammen, um bedeutende Schriftsteller zu werden.

Ginsberg brachte ihm dann Bücher aus der Columbia-Bibliothek, insbesondere Rimbaud, aber auch Yeats, Huxley, Nietzsche. "Ich nehme an, du wirst mal ein großer literarischer Gott, und alle werden dich auffressen, also laß mich dich beschützen." Las er nicht, schrieb Kerouac, entzündete eine Kerze und schnitt sich in den Finger, so dass er in Bekundung seiner Berufung mit dem "Blut des Dichters" schreiben konnte. "Niemand braucht sich mehr irgendworum zu kümmern, wir können die ganze Chose sich selbst überlassen, mit japanischen Fickmaschinen, die chemisch erzeugte Flittchen in einem fort befriedigen, mit Roboterkrankenhäusern und Computer-Krematorien, wir können einfach los und im Weltall frei sein." (DA)

Jack Kerouac war kein an der Universität Immatrikulierter, und es verstieß gegen die Campus-Ordnung, dass er bei Ginsberg nächtigte. Diese wenigen Wochen wurden von den wissenden Kommilitonen als eine Art literarischen Blödsinns abgehakt. Da Allen zu dieser Zeit auch am Ulkmagazin 'Jester of Columbia' mitwirkte, konnte er Jack als seinen Mitarbeiter angeben.

Im Januar 1945 kam es in der Tat zu einer derartigen literarischen Kooperation. Jack nannte es einen "literarischen Spaß oder Ulk", weil er die Zeilen in Französisch aufgesetzt, und Allen es fürs Magazin ins Englische transferiert hatte. "A Translation from the French of Jean-Louis Incognito by Allen Ginsberg."

Kurz nach Erscheinen dieses Gedichts wurde Ginsberg des Colleges verwiesen. Der Rektor hatte spitz bekommen, dass Jack bei Allen übernachtete, was nicht die Sitte war und nicht alles blieb: Als Ginsberg wieder allein auf seiner Bude war, beschloss er, eine mürrische, irische Universitätsangestellte, die seine Fenster seit Monaten nicht geputzt hatte, mit unflätigen Vokabeln zu bewerfen: "Fuck the Jews." Der Slogan zum unbedingten Rausschmiß; der

Dekan McKnight verfaßte ein Schreiben an Allens Vater, ouis Ginsberg. Für unbestimmte Zeit wurde dem Studenten das Betreten des Hochschulgeländes untersagt. Kerouacs Verwicklung in die Affäre um Lucien Carr war auch nicht gerade dazu angetan, seinen Umgang mit den Uni-Köpfen reputierlicher zu gestalten.

Jack zog dann in William Burroughs (Bills) Appartement am Riverside Drive.

Burroughs kam erst gegen Ende des Jahres 1944, nach Luciens Verhandlung zurück. Jack wußte noch, daß "Bill sich Anfang Dezember in New York blicken ließ, nachdem ich meinerseits viel Blut und Kerzenwachs auf dem Papier gelassen hatte." Jack erwähnte etwas von Tomatensuppe, die er im West End zu sich nehmen würde, und Burroughs meinte, daß er da etwas viel Besseres wüßte und beschrieb es als "a bang of morphine." William Burroughs hatte mit Morphium experimentiert, was in sein "Junkie" einfließen sollte.

Burroughs hatte auch Medizin studiert, und zwar in Wien, weil dies hier ohne Vorklinikum ging, bis ihn die Nazi-Übermacht vertrieben hatte. Mehr als Fluchthelfer hatte er dort eine Jüdin, Ilsa Klapper, geheiratet, die so amerikanischer Staatsbürger werden und dem wahrscheinlichen Holocaust-Tod entrinnen konnte. Mit Beendigung des Krieges kehrte diese nach Europa zurück, sie hatte sich mit ihrem "Ehemann" nur ab und zu in Restaurants getroffen.

An Benzedrin kam Jack Kerouac über Vicki Russell, eine Freundin von Burroughs, der zu dieser Zeit auf der Henry Straße wohnte. Vicki war groß, attraktiv, rothaarig, und sie mochte Kerouac. Sie wies ihn darin ein, wie man die Bennies-Inhalate aus dem drugstore zu Kügelchen rollt und mit Kaffee oder Coke schluckt.

Je näher Kerouac William Burroughs kennenlernte, umso beeindruckter zeigte er sich: "Bill war ein Mentor, noch viel mehr als das. Er war der Professor alles dessen, was wir unbedingt wissen wollten", konstatierte Edie Parker und auch Jack Kerouac wurde er zum literarischen Vater, seinem Vertrauten und erfahrenen Berater. Neben Ginsberg dachte er von Burroughs als seinem "größten Lehrer", der ihm mehr beibrachte als die Kurse irgendeiner Bildungseinrichtung. "He taught us restaurants, psychology, European Flavours of Life, and many underground fascinating tales", umreißt Edie den Gesamteinfluß Burroughs`.

Nach Überwindung seiner Drogenabhängigkeit gab`s nur noch wenig Schriftliches von William Burroughs, der sich nach London zurückzog und 1997 in New York an Hepatitis verstarb.

Allen Ginsberg war so begeistert von Bills Appartement am Riverside Drive, daß er alles im Raum auflistete: Die Nadeln, den Alkohol und das Morphium in der Schublade, die Bücher, welche Burroughs immer aus einem ganz bestimmten Grund, "tausendundeinbillion mannigfacher" (T) las – Charles Jacksons "Lost Weekend", "um zu sehen, was es mit dem Alkoholismus auf sich hat." Jean Cocteau zum Opium, Spenglers Abendland-Untergang, die Gedichte von Blake, Rimbaud und die Baudelaires zum Haschisch, Gogols "Deaf Souls" und Nabokovs Studie zu Gogol, Abrahamsons "Crime and the Human Mind" wie auch leichtere Lektüre – Raymond Chandler, John O'Hara, James M. Cain oder Ratgeber zu Kartentricks und Jiu-Jitsu.

William Seward Burroughs führte in die "Charaktere der Unterwelt" ein, wie Jack sie nannte, die William übers Heroin kennenlernte. Ein solcher war Vicki Russell, die Lieferantin fürs Benzedrin sowie Marihuana. Andere waren Diebe wie Bill Garver und Phil White, welcher einen Mann erschossen hatte, als dieser dabei war, einen Spirituosen-Laden auszurauben oder der heroinabhängige Herbert Huncke.

Sie alle waren älter als Jack Kerouac und Allen Ginsberg. Burroughs war dreißig, als er mit den Drogen anfing, wobei er sich empörte, als er Kerouac um diese Zeit einmal nackt erlebte. Wie er es einem 'Paris Review'-Redakteur mitteilte, hatte es Burroughs aber satt, "im Harvard Design zu leben". So suchte er in der Eighth Avenue um den Times Square, wo sich die Ausgeflippten der Welt, die man hier von dort her kannte und wiedertraf, ein Stelldichein gaben, den Kontakt mit Taschendieben und Kleinkünstlern, "first time perceiving the existence of an American poetry." Burroughs machte sich beflissen Notizen, die erst in "Junkie", dann in "Naked Lunch" Verwendung fanden, street poetry: Ein 45-jähriger Mann ist nach 15 Jahren Drogensucht wieder clean, erzählt von seinen Erlebnissen und veröffentlicht, was er unter Einfluß so ziemlich aller gängigen Drogen geschrieben hat. Gesteigerte Popularität, Gesellschaftsfähigkeit erlangten Burroughs' Arbeiten, vor allem auch das legendäre "Howl", nach Freigabe durch Gerichtsbeschlüsse infolge Obszönitäts-Vorwürfen, was Publikationsmöglichkeiten in den diesbezüglich eher prüden USA eröffnete.

Im harten Detektivstil Dashiell Hammetts verfaßte Jack Kerouac Berichte, die sich auch um die Messerstecherei um Kammerer drehten. Wie Kerouac in "Vanity of Duluoz" festhält, reichte William Burroughs diese meist ohne jeden Kommentar zurück oder bemerkte über aufeinandergestellten Fingerspitzen ein "gut, gut". "Aber was denkst du genau darüber?" insistierte Jack. "Warum, wieso… gar nichts denke ich darüber", antwortete Burroughs bedächtig, "es liest sich, ich mag`s."

Allen Ginsberg arbeitete für eine Werft und schrieb sich in die Maritime Service Training Station New Yorks ein. Im November 1945 war er - ungleich Jack Kerouac - gelernter Seemann und konnte mit einem Tanker auslaufen. Die Dreier-Gruppe der 118ten Straße, die "Kommune", hatte also nicht allzu lange Bestand. "Ein Jahr niedriger, schlechter Dekadenz", eine Zeit, als alle high herumlagen und über Skeptizismus und Niedergang sprachen, "ein Zusammen mit den Verzweifelten der Zeit." (VoD)

Auch für Jack ging das gemeinsame Lotterleben vorbei, die Eltern bestanden darauf, daß er sich wieder aufpäppelt und Arbeit sucht. Einen Monat verdingte sich Kerouac als busboy in einem Ferien-Lager. In New York, Ozone Park, fand sich eine Anstellung als Verkäufer in der Drogerie im

Hause. "Am nächsten Tag sagte er seiner Mutter, er gehe ins Kino - um ihr Kummer zu ersparen -, und dann machte er sich auf und trampte nach California, einfach so." (TTatC)

"Wir alle zittern in den Stiefeln unserer Sterblichkeit, geboren, um zu sterben, GEBOREN, UM ZU STERBEN, könnte ich an diese Wand, an die Wände in ganz Amerika schreiben." (T) Sein Vater, Leo Kerouac, erkrankte an Magenkrebs und konnte seiner Druckertätigkeit nicht mehr nachgehen, weshalb - die Mutter war ja in der Fabrik - Jack den Vater pflegen mußte. Während der gesamten Kriegszeit ging es so einigermaßen; die Party war zu Ende, als Jack mit ansehen mußte, wie sein Vater vor seinen Augen starb. "Wie im Sterben sah ich all die Jahre vorbeihuschen, all die Anstrengungen, die mein Vater unternommen hatte, das Leben zu etwas zu machen, an dem man Interesse haben kann, aber nur endend im Tod, leerem Tod im blendenden Licht des Autotages, der Autofriedhöfe, ganzer Parkplätze, von Friedhöfen überall." (DA)

Wegen seiner Aufputschtabletten, die er spät abends einnahm, wenn die Eltern schon zu Bett lagen, kam Jack selber ins Krankenhaus, wo er den letzten gedanklichen Schliff an "The Town and the City" legte. Insbesondere blieben es Erzählungen von Thomas Wolfe, die für Kerouac "wie ein Wirbelsturm an Amerikas Himmel und Hölle" waren und "meine Augen für Amerika als Thema an sich öffneten".

Ginsberg meinte, dass Kerouac Bücher schreiben wollte, die "eine zarte Bewusstheit, ein Bemerken des Toten, deren Präsenz das Ereignis zum Sakrament macht" ausdrücken. "Tote Seelen, die zuzeiten über die Erde wandern, die unter unseren Füßen verschwindet."

"Ein Vater empfindet so", entschuldigte sich der alte Mann. "Du wirst es selber eines Tages herausfinden, wenn deine Kinder so das Haus verlassen, was dich wirklich unglücklich machen kann, verrückt sogar, um Himmels willen. Ich bin an dem Punkt angelangt, wo ich das nicht länger verstehen kann, diese ganze leidige Angelegenheit.

Du beginnst mit einem Kindchen mit rosigen Wangen, dieses wächst auf und das nächste, an das du dich erinnerst, daß du Kopf gegen Kopf mit diesem herumstreitest, und dann verschwindet derjenige einfach, auf eine vielfache Art und Weise..." (TSB)

Leo Kerouac wurde kränker und kränker, immer öfter stieg der Arzt die Treppen hinauf, um seinen Magen trockenzulegen. Jack hörte seinen Vater winseln, wimmern und stöhnen, als der Doktor ging. Jack wurde nicht mehr vorgeworfen, sein Leben zu vertun. Leo nahm ihm das Versprechen ab, dass er sich immer um die Mutter kümmere, was er auch anderes vorhabe. "Was ich ja auch tue." (JK) Die Selbstvorwürfe, daß er Mémêre so rein gar nichts bieten kann, treiben ihn etwa zur Kanadischen Eisenbahn, um zu arbeiten und zu sparen oder er war Matrose auf der S.S. William Carruth bei ihrer Route durch den Panama-Kanal nach New Orleans. Mit den anderen Crewmitgliedern kann er einfach nicht freundschaftlich verkehren, er trinkt in einem solchen Ausmaß, das von der Besatzung Beschwerden kommen... Als ihn die Southern Pacific wieder als brakeman haben möchte, kehrt Kerouac an die Westküste zurück. Von seinem Hotel in San Francisco wechselt er nach San Louis Obispo ins Colonial Hotel. Hier lebt er ganz genügsam, kocht sich Eier, brät sich Steaks, um für die körperliche Tätigkeit fit zu sein.

Der Vater starb im Frühjahr 1946: "Doch wenn Peter auch verstand, dass er tot war, so weigerte er sich dennoch, es zu glauben. Er ging hinüber und ergriff sein schlaffes Handgelenk und versuchte, den Puls zu fühlen. Die alte Hand plumpste auf die Armlehne. Er tastete mit der Hand nach der Stirn des Vaters und rechnete angstvoll mit kaltem menschlichem Marmor, doch die Stirn war warm, beinahe heiß. Er kniete sich vor seinen Vater und rief laut: "Pa! Bist du tot? Himmel noch mal, Pa!" - und es kam keine Antwort." (TTatC)

Gleich nach der Beerdigung verschwand die Mutter wieder in der Schuhfabrik, auf lange Sicht das einzige Einkommen, das sie und den Sohn unterhielt, während dieser seine Bücher tippte. Ohne wirkliche Hoffnung, jemals einen Verlag zu finden, einfach nur so Künstler. "On the Road", dessen Erlebniszeit zwischen 1947 und 1950 liegt, wurde sechs Jahre lang, 1951 bis 1957 vergeblich verschiedenen Verlagen angeboten.

Jacks früheste Erinnerungen reichen bis in jene Jahre des Brudertodes zurück, als er in den Armen seiner Mutter lag, die einen alten braunen Bademantel trug, der stets angezogen wurde, wenn einer krank war. Braun wurde von da an mit dem Licht des Lebens assoziiert, der Farbe der Familie Jack Kerouacs, dem Komfort und der Sicherheit, die Jack hier empfand.

Er hatte es nicht geschafft, die Träume und hochgesteckten Ziele seines Vaters zu erfüllen, ein Football Champion zu werden, erfolgreich im Studium oder ein Held der Navy zu sein. Doch hatte ihm Leo Kerouac bei all seinen Fehlschlägen schließlich Rückendeckung gegeben, wenn er wohl auch nicht der Zusage Glauben schenkte, dass Jack ein kreativer Schriftsteller werden würde.

Also beschloss Jack, sich dieses selbst zu beweisen.

***

KAPITEL DREI
(Roman-Visionen)

Im 1946 bis 1948 entstandenen, als Erstlingsroman 1950 bekannt gewordenen "The Town and the City" beschreibt Jack Kerouac das Leben eines Mehrpersonenhaushalts, zunächst in intakter Gemeinschaft auf dem Lande, später bei erdrückender Enge in New York; "in einer Mietwohnung, dem Ort geistiger Verarmung".

Die schillernde Darstellung des hektischen, atemberaubenden, verwirrenden Großstadtlebens kosmopolitischen Zuschnitts im Zweiten Weltkrieg und die Schilderung des familiären Beziehungsgeflechts weist bereits das erzählerische Können des erst vierundzwanzigjährigen Kerouac aus; "voyeur de l'Amérique". (Victor-Lévy Beaulieu)

Der durch eine unsoziale Umgebung bedingte Familienzerfall ist sein eigenes Schicksal. Begebenheiten reihen sich an Einzelheiten, angesprochen werden - in einer Mischung aus Entsetzen und Vergnügen - der Tod des Bruders, die Wirtschaftskrise der 30er Jahre, die finanziellen Fehlschläge des Vaters. Genau wie Peter Martin am Ende des Buches stand Jack als junger Mann erhobenen Daumens am Highway, um auf seinen Trips quer durch die USA nach Maß für das eigene Existieren zu suchen. "In dem übervollen Tanzsaal sind es die Lichter, die Musik, die tanzenden Menschen und die ganzen Echos, die den Jungen mit unbekannten Gefühlen und mit einem geheimnisvollen Kummer erfüllen. Am Fenster starrt Peter hinaus in die brütende Frühjahrsnacht..." (TTatC)

Nach zwei konzentrierten Jahren hatte Jack Kerouac vor sich 1.183 Seiten Manuskript gestapelt. Mutter Mémêre glaubte an ihn, und irgendwie schien Jack genau zu wissen, was zu tun ist: "Wenn dieses Buch geschafft ist, das die Summe und Quintessenz und der Hinweis auf all das ist, was ich durchgemacht habe, dann ist es geschafft."

An der Schreibmaschine auf dem Küchentisch ruft sich Kerouac seine Kindheit in Lowell vor Augen, sinnt zu den Quellen und Ursprüngen eines geheimnisvollen Daseins und formt ein ihm eigenes Fertigwerden mit diesem. Fiktion sollte es auch werden, "in die du all deine Träume hineinlegst". Er begriff, dass die ganzen Kämpfe des Lebens unaufhörlich weitergingen, dass sie Mühe und Schmerzen bereiteten; "nichts war schnell und ohne Anstrengung zu erledigen, alles erforderte ein tausendfältiges Streicheln, Überarbeiten, Modellieren, Hinzufügen, Entfernen, Verpflanzen, Herausreißen, Korrigieren, Glätten, Wiederherstellen, Überdenken, Vernageln, Befestigen, Abschleifen, Einhämmern, Hochziehen, Verknüpfen - all die armseligen, täppischen unsicheren Unvollkommenheiten menschlichen Strebens." (TTatC)

Die Schulkameraden nannten Jack "Memory Babe", weil er sich Szenen vorstellen und nachvollziehen konnte, Abläufe, Leute, Unterhaltungen, was zu einem Grundstock seiner Schriftstellerarbeit gedieh. "Vater Martin ist ein Mann mit hundert intensiven Beschäftigungen: er leitet seine Druckerei, hält eine Linotype und eine Presse in Gang und führt die Bücher. Gleichzeitig verfolgt er die Pferderennen und wettet bei einem Buchmacher in einer kleinen Gasse in der Innenstadt, der Rooney Street. Um die Mittagszeit ist er in einer kleinen Bar, gleich beim Daley Square, und unterhält sich lärmend mit Versicherungsvertretern, Zeitungsleuten, Reisenden und Zigarrenladenbesitzern… Mutter Martin ahnt Schicksalsschläge, hat Vorahnungen der unterschiedlichsten Art und Größe. Sie sitzt mit ihrer ältesten Tochter am Küchentisch und findet die Botschaften am Boden ihrer Teetasse. Sie sieht überall Zeichen, verfolgt interessiert das Wetter, liest die Nachrufe…" (TTatC)

Dem Prinzip, sich an Erlebtes zu erinnern und in Beschreibungen umzusetzen treu bleibend, teilt sich Jack Kerouac in fünf Charaktere, die alle Söhne George Martins sind. Jack am ähnlichsten ist Peter Martin, der 1935 genauso alt war wie Jack Kerouac. "Der dreizehnjährige Peter Martin ist schockiert, als er bei einem High-School-Tanz seine Schwester Ruth so eng mit einem anderen Jungen tanzen sieht - im Anschluß an die jährliche Minstrel-

Show im Festsaal der Schule. Beim Blick über den ganzen Tanzboden - in rosiges Licht getaucht und ein wenig dunstig und einfach herrlich - kommt er zu dem Schluß, dass das Leben erregender ist, als es nach seinem bisherigen Dafürhalten eigentlich sein dürfte.

- Wir sind im Jahr 1935, die Band spielt Larry Clintons "Study in Red", und jeder beginnt die erregend neue Musik zu ahnen, die im Begriff ist, sich zu entfalten und über alle Schranken hinwegzugleiten. Es liegen Gerüchte von Benny Goodman in der Luft, über Fletcher Henderson und die Entstehung neuer Bands..." (TTatC)

Als die Familie nach New York zieht, versteht George Martin, wie ja auch Leo Kerouac, die neuen Freunde des Sohnes nicht. Im Cast der dramatis personae, 100 Prozent "personal honesty", tauchen vielerlei Bekannte auf: Lucien Carr wird im Roman "Kenneth Wood" genannt, Allen Ginsberg "Leon Levinsky", William Burroughs "Will Dennison", Dave Kammerer "Waldo Meister". Den Konflikt zwischen den Werten der Familie und denen der Freunde löst auch Peter Martin nicht: Alle seine Kumpane ebten einem morbiden Dämonismus, diese Leute arbeiteten ernst und hart und genossen den Abend mit glücklicher Heim-seligkeit. Der Messerstich wird justizgemäß abgehandelt, die Busstation zum Szene-Treff: "... beat, absolutely beat, charakters ... Teaheads from everywhere, hustlers with pimples, queens with pompadours, Luches with green fades, fat dicks with clubs, cherubs with sycophants, wolves with adenoids, faces with blotches, noses with holes, eyebrows with spangles, old men with curiosity or just passing through to catch a bus..." (TTatC) Eine kulturelle Malaise, die die gesamte Welt bedroht, "die erste psy-chische Eröffnung einer ökologischen Störung." (Allen Ginsberg)

Gegen Ende der Erzählung kristallisiert sich eigene Unzufriedenheit heraus. In einer regnerischen Nacht, allein gelassen, schwirren Peter Worte des Vaters im Kopf, der ihm nachruft: "Peter, Peter! Wo gehst du hin, Peter?" Aber Peter - wie auch Jack - mußten allein bleiben. Leo Kerouac war tot, und das Leben dieser kräftigen Beschreibung war ebenfalls vorüber, indes kein Schlußpunkt, sondern das Tor zu weiteren, neuartigen Horizonten.

Vom Außenseiter zur Kultfigur, als eine Art literarischer James Dean, stieg Neal Cassady auf ("Es ist eine Straße irgendwo, für irgendjemand, irgendwie"): Ein Jahr nach dem Ableben des Vaters traf Kerouac auf Neal, ein ebenfalls integrierter Bestandteil mancher Episode. "Es war bemerkenswert, wie Dean verrückt werden und dann plötzlich, als ob nichts geschehen sei, weitermachen konnte. Dann war sie wieder da, seine Seele, von der ich glauben mußte, daß sie in einem schnellen Wagen, einer Küste, die erreicht werden muß, von einer Frau am Ende der Straße ..." Ist man der Ansicht, dass sich theoretische Denkmuster mit einer Figur, welche diese verkörpert leichter durchsetzen kann, gibt der dem "noble savage" vergleichbare Neal Cassady sicherlich Beispiel: "Nicht lange, nachdem meine Frau und ich uns getrennt hatten, traf ich Dean zum ersten Mal. Ich hatte gerade eine schwere Krankheit überstanden, die ich nicht weiter erwähnen will, höchstens dass sie etwas mit der scheußlich deprimierenden Trennung zu tun hatte, und mit meinem Gefühl, alles sei tot."

"Sal, als ich bei der Neue Epoche Waschanstalt in Los Angeles arbeitete, neunzehnhundertsechsundvierzig - ich hatte mich älter gemacht - hab ich einen Trip zur Indianapolis-Rennbahn gemacht, extra um das klassische Rennen am Memorial Day zu sehen, bei Tag bin ich gewandert und in der Nacht hab ich Wagen gestohlen, um schneller vorwärts zu kommen. Ich hatte auch einen Zwanzig-Dollar-Buick in LA, meinen ersten Wagen, ich konnte ihn nicht durch die Licht- und Bremsinspektion bringen, so beschloß ich, eine Zulassung von einem anderen Staat zu beschaffen, um den Wagen fahren zu können, ohne angehalten zu werden; da bin ich hergekommen, um eine Zulassung zu erhalten. Als ich durch eine von diesen Städten wanderte, die Nummernschilder unter der Jacke versteckt, hielt mich so ein naseweiser Sheriff auf der Hauptstraße an, weil er glaubte, ich sei zu jung, um zu wandern. Er fand die Nummernschilder und sperrte mich ins Gefängnis, das nur zwei

Zellen hatte - zusammen mit einem Häftling vom Amtsgericht, der in einem Altersheim hätte sein sollen, denn er konnte nicht einmal allein essen (die Frau vom Sheriff fütterte ihn) und saß den ganzen Tag und schlabberte und sabberte. Nach einer Untersuchung mit lauter so Zickenkram wie Ausfragerei im väterlichen Ton, dann plötzlich die harte Tour, um mich mit Drohungen einzuschüchtern, Handschriftenprüfung und so weiter, und nachdem ich die herrlichste Rede meines Lebens gehalten hatte, um mich herauszuwinden, und zuletzt gestand, daß ich über meine Vergangenheit als Wagendieb gelogen hatte und nur auf der Suche nach meinem Vater war, der da irgendwo auf dem Lande arbeitete, ließ er mich laufen. Natürlich habe ich das Rennen versäumt ... " (OtR)

"Mit dem Auftauchen von Dean Moriarty (Neal Cassady) begann der Teil meines Lebens, den man mein Leben auf den Straßen nennen könnte. "Ich hatte schon vorher oft davon geträumt, in den Westen zu gehen, um das Land kennen zu lernen, aber es war immer bei vagen Plänen geblieben, und ich war niemals losgezogen." (OtR)
Neal Cassady als sein Freund wurde so mitbestimmend bei der Schreiberei, nicht nur Kerouacs zum "sweet land of liberty". Als Dean Moriarty ist er die zentrale Figur in "Unterwegs" ("On the Road"), Ausgangspunkt für Kerouacs Beschreibung des jungen Cody Pomeray in der längeren Abhandlung "Visions of Cody", er tritt als symptomatische Figur in "Dharma Bums" auf, "Big Sur" und "Desolation Angels". Damit wurde er Bestand der Persönlichkeit des Autors, zu einer Verlängerung des Kerouacschen Lebens. Auch Allen Ginsberg schließt Cassady als "Secret Hero of these Poems" ("Howl") in den engeren Kreis der Beat-Autoren.

"Dean ist der ideale Kumpel für die Straße, denn er wurde praktisch auf der Straße geboren, und zwar als seine Eltern 1926 in einem abgetakelten alten Automobil unterwegs nach Los Angeles durch Salt Lake City gekommen waren." (OtR)

Die erbärmlichen familiären und sozialen Umstände, in die Neal hineingeboren wurde, sind für Kerouac "bedauerlich amerikanisch." (VoC). Ganz realistisch begreift Cassady seine Situation als Kind mitten unter den mageren Koksern, Nutten ohne Zuhälter, entlassenen Häftlingen der Lartimer Street, "diese ach so schäbige Lumpenwelt voll von Kotze und Dieben und Sterben." (T)

"They rocked the joint night and day," nichts als Katzengekreisch, erschreckte, angsterfüllte Aufschreie, gebrüllte Flüche, obszönes Gelächter in diesem heruntergekommenen Mietshaus auch, in dem die Mutter mit dem Stiefbruder lebte.

"Eine Zeitlang hielt ich eine einzigartige Stellung. Unter den hunderten, isolierter Kreaturen, welche im untersten Teil Downtown-Denver herumspukten, war keiner meines Alters. Unter diesen miesen Typen, die sich, jeder aus seinen Gründen, als ärmste Schlucker dem Siechtum hingaben, war ich der einzige, der etwas Anteil nahm, teilhatte und ihnen so als Widerschein ihrer eigenen Kindheit leuchten mußte. Als Anhängsel wurde ich so zum übernatürlichen Sohn dieser niedergeschlagen, ausgezählten Meute." (Neal Cassady)

Neal war vierzehn, als er dahinter kam, dass er am besten Autos fahren konnte. Bis er achtzehn wurde, "entlieh" er sich solche von der Straße, brauste damit in den Bergen herum, raste halsbrecherisch durch eine Abfolge verschlafener Örtlichkeiten, legte 1.200 Meilen in 17 Stunden zurück. An der Zerstörung der oft auch Klapperkisten, der Mechanik oder dem Verkauf einzelner Teile zeigte er sich desinteressiert. Er jagte einfach gerne ohne Führerschein herum, und wenn er ein Mädchen aufpicken konnte, umso besser, "joyriding": "Klar Mann! Durch die Wüste fahren, durch Texas, Arizona, immer mal wieder haltmachen und einen trinken, die ganzen Weiber aufgabeln, schwimmen gehen, rausfahren an die Küste! Siehst du`s nicht vor dir?" (TTatC)

Nach eigenen Angaben klaute Neal Cassady zwischen 1940 und 1944 an die 500 Limousinen, wurde nur dreimal von der Polizei geschnappt und jedes Mal in die Reform School gesteckt, insgesamt über ein Jahr.

Jack Kerouac wusste nicht immer Bescheid, lief jedenfalls stets Gefahr als Komplize irgendeiner Untat verhaftet zu werden. "Die ersten Berichte über ihn erhielt ich von Chad King; er zeigte mir einige seiner Briefe aus einer Besserungsanstalt in New Mexico. Mich interessierten die Briefe enorm, denn Dean bat in ihnen so naiv und nett, Chad möge alles über Nietzsche beibringen und alle die wundervollen intellektuellen Dinge, die Chad wusste." (OtR)

Realiter hörte Jack Kerouac von Neal Cassady über Hal Chase. Dieser kannte Cassady schon aus Denver, war dann nach New York umgezogen. Zurück in Denver konnte er Neal Cassady mit Stories über die New York-Welt, das Treiben rund um die Hochschule beeindrucken.

Ähnlich wie sich Kerouac in "The Town and the City" für das Leinwand-Flimmern begeistert, klammert sich das Kind Cassady an Stummfilmhelden oder die Traumwelten der MGM-Musicals aus erster Tonfilmzeit. "Es waren dies gekonnt gemachte Musicals wie "Flying Down to Rio" mit Astaire und Rogers oder Bobby Breens jugendlicher Sopran an dessen Ufern den Mississippi rühmend. Unvergeßlich bleibt mir eine andere Gattung, wie "King Kong" und "Son of King" mit all diesen Entsetzen verbreitenden Dinosauriern." (Neal Cassady)

"Wissen Sie, warum ich mein ganzes Leben im Gefängnis gewesen bin? Weil ich die Wut gekriegt hab`, als ich dreizehn Jahre alt war. Ich war mit einem Jungen im Kino, und er hat eine blöde Bemerkung über meine Mutter gemacht - Sie kennen das dreckige Wort -, und ich hab` mein Schnappmesser gezogen und hab` ihm die Kehle durchgeschnitten und hätt` ihn ermordet, wenn sie mich nicht weggeschleppt hätten. Hat der Richter gesagt: "Hast du gewußt, was du tatest, als du deinen Freund angegriffen hast?" "Jawohl, Euer Ehren, das hab` ich, ich wollte diesen Dreckskerl töten und das will ich noch immer." So hab` ich keine Bewährung bekommen und bin direkt in die Besserungsanstalt." (OtR) Gefängnis bedeutete Unterkunft auf kleinstem Raum, anfänglich ohne Seife, Zahnpasta oder Schreibpapier; der Hobo-Vater schickte schon mal 5 Dollar aus Denver. Neal erhält sich seine Unbekümmertheit, und Kerouac kann sich dieser von ihm als Mensch ausgehenden Faszination nicht verschließen, er idealisiert Cassady als Ganzes.

Die Welt des Films führt Neal zur Literatur: "Es war mit meinem Vater, ein Jahr später etwa, als ich den mich am nachhaltigst beeindruckenden Streifen "Der Graf von Monte Christo" gesehen habe, in ganz deutlicher Erinnerung an das rauschhafte Mitpulsieren mit jedem Dreh. Beim Verlassen des Kinos war ich wie betäubt und so überwältigt, dass ich förmlich danach lechzte am Montag, aus Eberts Bücherei, an das Buch zu kommen, das dem Film zugrunde lag. Der Montag kam, und ich stürzte mich in das Lesen all dieser Abenteuer des Grafen." (Neal Cassady)

Seine Filmeindrücke gab das Kind Neal den illustren Freunden des Vaters exakt wieder: "Angestachelt durch das aufnahmewillige Interesse habe ich keine noch so kleine Winzigkeit der Handlung ausgespart."

Bevor er Kerouac kennen gelernt hatte, war Neal Cassadys Ideal der ältere Halbbruder Jack gewesen, ein Sohn aus erster Ehe seiner Mutter, der Halbindianer war und ein zäher Bursche. Auf einem seiner späteren Trips, Suche nach dem Hobo-Vater, stieß er dann zwar auf den Halbbruder, der aber offenbar anderen Interessen frönte und mit ihm nichts mehr zu tun haben wollte.

Der mit seinem Vater in einem Obdachlosenasyl hausende Junge Neal hatte Spaß daran, in den Abendstunden die Vermerke im Meldebuch nachzulesen. "Beginnend mit Eintragungen vor meiner Geburt, den Listen längst Abgereister, den langen Spalten voller Städte und Staaten, die ich auf der großen Landkarte heraussuchte. Besonders angetan war ich von den vielen Beinamen, die mir alle unbekannt waren und zu denen ich mir in Tagträumen alle möglichen Schicksale ausdachte..." (Neal Cassady)

Neal, der "größte Siebzig-Meter-Werfer in der Geschichte der Besserungsanstalt" (OtR) hatte dort auch ein bißchen geschmökert: "Ich sehe da, dass Philip Wylie noch ein Buch geschrieben hat "Night Unto Night", das vielleicht etwas taugt, wie "Generation of Vipers". Peter Arno hatte eine neue Serie Cartoons fertig: "Man in a Shower", dann standen da fünf Meter Harvard-Klassiker. "Ich habe einen halben Meter gelesen, sehr nett, besonders mag ich Voltaire und Francis Bacon."

"Das alles liegt weit zurück, als Dean noch nicht so war, wie er heute ist, sondern noch ein junger, von Geheimnis umgebener Gefängnisvogel. Später hörten wir, Dean sei aus der Besserungsanstalt heraus und komme zum ersten Mal nach New York; es hieß auch, er habe gerade ein Mädchen namens Marylou geheiratet." (OtR)

Neal Cassady war erklärtermaßen bisexuell, "hatte nichts gegen Liebemachen mit einem anderen Mann." Den Kleinbus eines Reisebüros spielte Neal als müden Plymouth, aus dem man sich nur mühsam seine Knochen herausholt, herunter. Chrysler-Produkte galten bei Kennern als schwach auf der Brust, als weibisch, ohne Antrieb und Pferdestärken, was fälschlich auch als frauenfeindliche Äußerung interpretiert wurde. Diesen Bus, mit dem man gemeinsam auf Achse gewesen war, hatte ein Schwuler gesteuert, und Neal war mit diesem in Sacramento ins Bett gestiegen, eher zum Mißfallen Kerouacs: "Ich war angeekelt." (VoC)

Enttäuschungen zu Neals Verhalten finden sich. Hier stand Jack Kerouac jedenfalls nicht zur Verfügung, was Neal stets respektiert hatte. "He liked to eat girls and was really hung up on them." (Allen Ginsberg) Kerouac war also keineswegs prüde, sexuelle Beziehungen werden etwa in "Tristessa" oder "Desolation Angels" ohne Scham intensiviert, "...hatte aber Augen nur für Frauen": "Sie nestelt dauernd an dem Aufschlag ihres Kimonos herum (unter dem ein Träger hervorschaut)..." (T) "Die kleine Eddy, die wunderschöne kleine Eddy, die er in einer anderen Zeit zur Frau genommen hatte, die kleine Hauptperson des Touristen, der er auf einem Sommerball begegnet war und die er an den Ufern des Kindheits-Sees geliebt hatte, im Sand unter einem weit entfernten Mond, einem fremdartigen, geheimnisvollen, glücklichen Mond? Ihre Lippen so wohlriechend duftend, er riß seinen Mund hinweg hinein in die kühlen Wellen ihres Haares. Dasselbe süßliche Haar! Dasselbe süßliche Haar!" (TSB)

Carolyn Cassady, eine spätere Ehefrau berichtete dem 'Rolling Stone' gegenüber: "Er (Neal) konnte nicht, wenn ich dazu bereit war; es mußte mit Gewalt verbunden sein, Vergewaltigung. Schließlich gab ich nach, mich aus Furcht vor ihm hin. Das endete dann damit, dass ich flehte: "Ich kann nicht mehr, bring mich besser um." Das hat er dann irgendwie kapiert und wurde zugänglicher."

Eine Dauerabfolge unglücklicher Episoden, eine Aneinanderreihung von Auto-Unfällen, rasch wechselnder Liebschaften, waghalsigem Fahrstil, T-Shirt oder Freie Oberkörper-Masche. Neben dem Aktivbündel Cassady kam sich Kerouac gelegentlich etwas behäbig vor, wie neben den Akademikern Burroughs und Ginsberg unklug; da gab er lieber eine originelle Einlage zum Besten als beim Happening einzuschlafen.

Neal sprudelte gerade heraus mit dem, was er so trieb und wurde mit seiner Gesamterscheinung zu einer nicht wegdenkbaren Bereicherung für die Gruppe. "Mit Neal an seiner Seite war Francisco ein tolles Erlebnis. Es war Sommer, August 1949, und Frisco spielte verrückt." (VoC) Cassadys Talent, auf eine ruppig-offene Art Sympathie auszulösen, überrumpelte einfach jeden, seine Lebenstüchtigkeit trotz der äußeren und inneren Widrigkeiten beeindruckte. Seine clevere Art, sich durchzuschlagen, war genauso ausgeprägt, glänzend und umfassend und ohne jegliche fade Intellektualität. Und seine Kriminalität schmollte nicht und grinste, sie war ein rauer, yeah-sagender, überschäumender Ausbruch amerikanischer Freude. "Ein westlicher Verwandter der Sonne, das ist Dean." (JK)

1950 verfaßte Neal Cassady ein "autobiographisches Fragment", in dem er skizzierte, was bei seiner ersten Ankunft in New York mit seiner sechzehnjährigen Braut

Luanne so alles passierte. Den Höhepunkt stellte die Begegnung mit Ginsberg, "einer blasierten, indes faszinierenden Maske", dar. Bei diesem beklagte sich Neal seinerseits über Probleme seiner Ehe mit Carolyn, suchte und fand immer andere Sexpartner, onanierte auch ausgiebigst. In einem Brief an Kerouac kam er auf dreimal täglich. Dies hielt Carolyn Cassady, der das Schreiben versehentlich vor Augen kam, für sehr beängstigend und "potentially dangerous for both of them".

Da aber Allen Ginsberg Neal und der minderjährigen Luanne nicht bei der Wohnungssuche behilflich sein konnte, vertiefte sich die Bekanntschaft erstmal nicht weiter. Bald stand ihm Jack Kerouac wesentlich näher. Nachdem er in Manhattans, Madison und 40., einen Job als Autoparker gefunden hatte und ein Möbliertzimmer bezogen, traf er diesen des öfteren. "Wie immer raste er ganz allein in seinen abgerissenen Schuhen, im Hemd und mit über den Bauch herunterhängenden Hosen herum und brachte Ordnung in enorme Mittagsstürme von Wagen." (OtR) Den Frauen ist er wie das ungezogenste Kind.

Jack war von den Fahrkünsten Neals angetan, so dass er sich auch nach Auto und Führerschein sehnte. Neal war "der phantastischste Parkwächter der Welt". Die gegenseitige Beeinflussung gestaltete sich formal, inhaltlich und spirituell. Cassady, auf einem Kotflügel sitzend, Beine baumelnd, mit seinem "tatsächlich und ungelogen" wurde als Teil des eigenen Egos, seiner Psyche, zu Kerouacs Mittel künstlerischen Ausdrucks. Das Konzept eines "American Adam" sollte in "Visions of Cody" meisterhaft vertieft werden.

Ein durchgängiger "mindflow" bestimmt das Geschehen, die Chronologie der Handlung wird zugunsten eines "stream of consciousness" aufgegeben. Der Ich-Erzähler, Jack Duluoz, erzählt von seinem Freund Cody Pomeray, als die jeweiligen "personae" von Kerouac und Cassady. Anekdoten, Rückblicke und Tonbandaufnahmen werden zu einem Ganzen komponiert, das Kerouacs nunmehrigem Anspruch einer poetic form genügt.

Hatte der autobiographische Reigen zur Jugendzeit mit "The Town and the City" und "Visions of Gerard" begonnen, setzte er sich in "Doctor Sax" und "Maggie Cassidy" mit dem Älterwerden fort. "Vanity of Duluoz" hat die College-Jahre und die ersten Treffen mit Ginsberg und Burroughs zum Inhalt. "On the Road" greift die wilden Zeiten mit Neal Cassady auf. "Visions of Cody" hat weitere cross-country-trips zum Gegenstand und stellt sich als auf den ersten Blick von der Struktur und Form her als verwirrend vielschichtig dar und gilt als "in depth version" ohne handlungsbezogene Fortsetzung. 1973, vier Jahre nach Kerouacs Tod, über 20 Jahre nach der Fertigstellung erschien das Werk einer anderen Erlebniszeit erstmals ungekürzt ("posthumously"), zu einem Zeitpunkt, als weder das Interesse der Forschung noch das der Öffentlichkeit vorhanden war.

"Auch Cassady begann seine frühen Jugenderzählungen mit umständlich langsamen, mühsamen Schreibversuchen und diesem Mist - zum Texten als Kunsthandwerk -, was ihm aber wie mir verleidet wurde, da es nicht so in seinen Eingeweiden und dem Herzen enthalten war, wie es zutage trat." (JK)

Neal verstand es dann auch, sich Kerouac zum Freund zu machen, der ihm etwas das Schreiben beibringen konnte; schreiben war Jack, der jeden für einen potentiellen Schriftsteller hielt, wichtiger als alles auf der Welt, das wusste Neal. Einmal kam Neal Cassady zum Essen bei den Kerouacs, und Jack saß noch immer an der Maschine, hämmerte ganz wütig, "kickwriting" (JK), am Football-Spiel aus "The Town and the City", das Peter Martin sein College-Stipendium an der "Penn" Pennsylvaniens einbringen sollte.

Jacks Mutter konnte Neal nicht leiden; sie hielt ihn für ein wild kid, das zuviel redete und mißtraute ihm instinktiv. Gary Snyder sieht Neal Cassady schlicht als modernen Cowboy, "als einen dieser 1880er Männer aus der Hochebene, die allerdings eine Ranch zu bewirtschaften hatten."

Eines Abends im Januar des Jahres 1947, als für Frauen kein Geld da war, schlug Jack vor, doch auf einen Joint zu

Vickie Russell zu gehen. Zu seiner großen Verwunderung hatte Neal das noch nie gemacht. Als sie in das Zimmerchen mit einer mickrigen Anrichte kamen, in dem nur ein Bett stand, ein Stuhl und ein Radio, trafen sie auf Ginsberg, der bereits Haschisch aus einer Wassserpfeife schmauchte. In Stimmung gekommen, schwatzten sie nonstop. Verliefen die ersten Annäherungen noch zögerlich, "sie tappten um sich herum wie auf Zehenspitzen", waren Cassady und Ginsberg nach vierzehn Tagen Liebhaber geworden: "Zwei Wochen sah ich sie nicht, und während dieser Zeit bauten sie ihre Beziehungen zu teuflischen Ausmaßen aus - den ganzen Tag und die ganze Nacht redeten sie." (JK)

Kerouac sagte nie, ob Cassady, nachdem er Allen Ginsbergs Bettkumpane geworden war, nun mehr Freund oder weniger war. Jack hatte ja dreimal geheiratet, akzeptierte Homosexualität, bevorzugte Masturbation oder Huren, soll aber - so Neal - in Bordellen ein Versager gewesen sein, "nur in seiner Phantasie ein großer Liebhaber."
Irgendetwas lief bei Neal immer auch mit dem anderen Geschlecht: Autos und Weiber, auch er war dreimal verheiratet, hatte sieben Kinder zu bevatern. "Woran denkst du: Frauen, Frauen, Frauen." (OtR) Eigentlich spielte es keine Rolle womit, Hauptsache er konnte damit prahlen, sich dieser oder jener Errungenschaft rühmen.
"Sie rannten zusammen die Straße hinunter und spürten alles auf ihre damalige Art, die später so traurig-bewußt und ausdruckslos wurde. Aber damals tanzten sie über die Straße wie Waldgeister, und ich schlurfte hinter ihnen her, wie ich mein ganzes Leben hinter Leuten hergeschlurft bin, die mich interessieren. Denn die einzig wirklichen Menschen sind für mich die Verrückten, die verrückt danach sind zu leben, verrückt danach zu sprechen, verrückt danach, erlöst zu werden, und nach allem gleichzeitig gieren – jene, die niemals gähnen oder etwas Alltägliches sagen, sondern brennen, brennen, brennen wie phantastische gelbe Wunderkerzen, die gegen den Sternenhimmel explodieren wie Feuerräder, in deren Mitte man einen

blauen Lichtkern zerspringen sieht, so daß jeder "Aahh!" ruft. Wie nannte man doch solche Leute in Goethes Deutschland?..." (TTatC)

Im März 1947 verließ Neal New York an Bord eines Greyhound-Überlandbusses. Von seinem Geld als Parkplatzeinweiser konnte er sich in Chinatown noch einen Anzug leisten, dunkler Nadelstreifen. Den wollte er in Denver zur Schau tragen, im Ort imponieren. In einer Geste unsterblicher Freundschaft posierten Ginsberg und Cassady als Gangster im Quick-Foto-Automaten. Das Photo machte Neal zu "einem dreißigjährigen Italiener, der irgendjemand gekillt hatte, der etwas gegen seine Mutter gesagt hatte". (JK) Als der Streifen aus der Maschine kroch, wollten sowohl Allen als auch Neal den Abzug. Der Kompromiss lief darauf hinaus, dass sie diesen in zwei Hälften zerrissen, so dass jeder etwas für die Brieftasche hatte - "Brieftasche, Mieftasche". (T)
Wie intensiv man sich die Arbeiten einander vorgelegt hatte, sich gegenseitig verarbeitet, erweisen nicht zuletzt die Beispiele zu Cassadys Texten, deren Stil die Kenntnis vieler Gedichte Ginsbergs und Erzählungen Kerouacs kennzeichnet.

New York nun machte einen harschen, verkrusteten Eindruck, alles und jedermann in den Straßen stemmte sich gegen Wind und Wetter - "signs, signs, lights, lights, streets, streets - schmutzige, lärmige Häuser, Werbetafeln: Trink dies, iß das." (Neal Cassady)
Cassady hatte so vom Westen geschwärmt, "zu phantastisch, um etwas zu erzählen". Kerouac würde "auf dem Steinboden zwischen Bettwanzen und Küchenschaben" (T) den Schlafsack aufrollen und sich auf den Weg machen. Mehr als eine Kloschüssel, um die man sich kringeln konnte, hatte er ja meist gar nicht: "Ein Heim in Missoula, Ein Heim in Truckee, Ein Heim in Opelousas, Kein Heim für mich sind sie. Ein Heim in Alt-Medora, Ein Heim in Wounded Knee, Ein Heim in Ogalla, Ein Heim für mich

gibt`s nie." (OtR) "He lived like a homeless person for much of his life." (Joyce Johnson)

Der Westen und seine Menschen, die "Westerners", sollten von Kerouac als das für ihn wirklichere Amerika verstanden und glorifiziert werden. So spricht er vielsagend vom "Osten meiner Jugend und dem Westen meiner Zukunft." Spiegel auch des intensiven Austausches zwischen ihm und Neal, der starken Interdependenzen zwischen den Autoren, deren Seelenverwandtschaft wirklich bestand, wobei Cassady mit seinen Erlebnissen als gerissener, straßenerfahrener Überlebender aus sozialen Brennpunkten vordringlich inhaltlicher Quellenlieferant ist.

Von unterwegs schickte Neal die den Schreibstil der anderen bestimmenden Briefe. Einen aus einer Kansas City Bar, für den er sich später wegen des trunkenen Stils entschuldigen zu müssen meinte und den Kerouac als "The Great Sex Letter" bezeichnete: "Ich saß im Bus, als er immer mehr Passagiere aus und für Indianapolis, Indiana - verschluckte, eine perfekt proportionierte, schöne, intellektuelle, leidenschaftliche Personifikation der Venus von Milo fragte mich, ob der Sitz neben mir noch frei wäre!!! Ich rülpste (Ich bin besoffen), schluckte und fauchte Nein!... Sie saß - ich schwitzte - Sie begann zu reden, ich wusste, es werden Allgemeinplätze, so dass ich sie nicht weiter in Versuchung führte. Sie... auf dem Bus um 8 (Dunkelheit!) Ich sprach nicht vor 10 - in den verbliebenen 2 Stunden war ich dazu entschlossen, aber WIE SOLLTE MAN ES MACHEN..." Schon aus diesen ersten schriftlichen Äusserungen Neal Cassadys spricht die natürliche, ungebrochene Kraft dieses Existenzbündels. Ab Herbst 1947 begann er mit regelmäßigen Tagebuch-Vermerken eine literarische Form, später die Vorlage eines großen Teils von Jack Kerouacs dreiteiligem "Visions of Cody". Der erste Teil besteht aus "Sketches", kleinen Events wie Onanieren im Wartesaal, den Gerüchen der kirchlichen Armenküche, der zweite Teil beinhaltet Tonband-Skizzen aus Alkohol- und Haschisch-Nächten mit Neal und manchmal "Evelyn", Cassadys letzter Ehefrau. Im dritten Teil wird eine "Imitation of the Tape" versucht, ein Schreibexperiment, bei dem sich Kerouac bemüht, mit der Bandgeschwindigkeit Schritt zu halten; es folgen Reiseberichte mit Neal, der im Buch „Cody Pomeray" heißt. Da die Verleger ihr Veto einlegten, konnte Kerouac nicht durchgängig eigentlich gemeinten Personennamen in seinen Romanen beibehalten.

Neals Schreiben wiesen stilistisch einen neuen Weg und sollten Jack dazu anhalten, mit anderem Ansatz weiterzumachen. "Er distanzierte sich von der noch traditionellen Erzählweise aus "The Town and the City": "…die nie meine unveröffentlichten Arbeiten gelesen hatte, sondern nur den ersten Roman, der Saft und Kraft hat, aber in einer öden Prosa geschrieben ist, wenn man`s recht betrachtet…" (TS)

In Denver kam Neal zwar wieder mit seiner Ehefrau Luanne zusammen, doch begann eine neue Affäre mit einer Studentin der University of Denver, Carolyn Robinson. Eine sehr hübsche Blonde zwar, doch lief es nicht so richtig, was auch anderen Umständen zuzuschreiben war. Für sechs Dollar die Woche in einem Kellerloch hausend, hatte Neal die Arbeit an einer Tankstelle verloren. Er hockte in seinem Anzug herum und schrieb Jack, dass er am Zeitungsstand nahebei das Wechselgeld hatte mitgehen lassen; womit er sich beefstew kaufen konnte.
Im Juni 1950 fährt Neal unerwartet im 1937er Ford vor, Carolyn hatte trotz Geburt der Tochter am 26. Januar die Scheidung eingereicht. Die schwangere Carolyn in Denver, Colorado auf sich gestellt zurücklassend, kurvt Neal mit Kerouac 1.767 Meilen bis Mexico City, zu Burroughs: "The most pleasant and graceful billowy trip in the world", und Mexico überwältigte einmal mehr als "the magic land at the end of the road". Dies sind die Ekstasen, die das Entstehen von "On the road" ermöglichen.

Einige Monate später bestieg Allen Ginsberg den Bus nach Denver, um mit der kompliziert gewordenen Lovestory zwischen ihm und Neal klarzukommen. Cassady schien für endlose Emotionalkomplikationen geeignet, und es machte ja keinen Unterschied, ob er zwei oder drei Personen zuneigte.

Carolyn, nach der Trennung von Luanne Neals Ehefrau: "Er konnte reden und reden mit jedem und jedem und man hatte sofort den Eindruck, als sorge er sich um einen. Wie viele Menschen kennt man schon, die sich sofort so ganz geben, wenn sie dir begegnen? Und das ist auch eine gewaltige Sache, weil er dabei so durchdringend auf den Punkt kam. Abgesehen von diesem Vertrauensschwindel lernte er damit umzugehen. Er war Meister darin, dich dahin zu bringen, wo du gerade warst und was du gerade brauchtest konnte er sofort besorgen."

Die Situation zwischen Allen, Neal und der Ehefrau in Denver war so verfahren, dass Kerouac erstmal beschloss, sich nicht einzumischen. Außerdem wollte er wirklich etwas Geld machen. Er hatte seit dem Tod seines Vaters nicht mehr gearbeitet und über die Hälfte eines Buches geschrieben. "… Nach "Town and the City" verfaßte ich "On the Road", das aber keinen Verleger fand, so kam es, daß ich 6 Jahre auf der Straße zubrachte, wobei ich sofort niederschrieb, was mir gerade im Schädel brummte…" (JK)

Sein Schulfreund von der Horace Mann hatte sich nach San Francisco begeben, von wo er Jack brieflich mitteilte, dass es ein Leichtes wäre, gemeinsam ein Schiff zu ergattern. Henri Cru entwarf ein rosiges Bild vom Seemannsleben im Westen. Käme Jack nach San Francisco, könnten er (als Aushilfe) und Cru (als "Chief") an Bord so richtig abkassieren - was für Jack interessant klang. Auf dem Weg könnte er ja einige Tage im Mittleren Westen reinschauen und als Abstecher bei Burroughs` Texas-Ranch.

Das gesamte Frühjahr über traf Kerouac für diesen ersten Trip across country Vorbereitungen. Im spirit of the west sann er nach der billigsten und lyrischsten Art des Reisens, beugte sich über Karten und suchte sich eine Route: Von New York via Denver nach San Francisco, etwas was weder Neal noch Allen jemals getan hatten. Allen hatte ja den Bus bevorzugt wie Neal nicht ohne Raserei im eigenen Wagen konnte. Das würde die

Leutchen überraschen, wenn er, Jack Kerouac, sich nun mit gutem Schuhwerk begnügen würde. Schon sah er sich über endlose Straßen und weite Felder marschieren, abgerissen wie ein Prophet.

Im Juli startete er von der Bronx aus, wollte über die Bear Mountains auf die Route No 6. Sicher, es wäre auch einfacher oder kürzer gegangen, aber Jack war hier überzeugter Idealist: "Ich wusste, auf der Strecke würde es Mädchen geben, Visionen, alles; irgendwo auf der Strecke würde mir die Perle überreicht werden." Wie schon die Siedler vor ihm, sah er sich entlang einer roten Linie, Sonne in den Augen, Richtung Kalifornien: Der Westen, der Oberbegriff des american dreams.

In Des Moines legte er sich neben die Gleise, mit denen er die nächsten zehn Jahre zubringen sollte. Trotz des Rangiergetöses und dem tikkatikka klack der Eisenbahn pennte er gut und wachte erst auf, als sich der Tag in den roten Abendhimmel zog. Er hatte so tief und fest geschlafen, dass er erst gar nicht wusste, wo er sich befand. Dann war er ein Körper, ein namenloser Körper irgendwo, away from home.

"Zu jener Zeit, 1947, stand ganz Amerika wie wahnsinnig auf Bebop. Die Typen auf dem Loop bliesen ihn, aber mit müden Mienen, denn der Bebop befand sich gerade in einem Übergangsstadium zwischen Charlie Parkers "Ornithology"-Periode und einer anderen, weniger hitzigen Phase, die mit Miles Davis einsetzte. Und ich saß da und lauschte den Tönen der Nacht, deren Inbegriff Bebop für uns alle geworden war..." (OtR)

Die Denver-Szenen spotteten bald jeder Beschreibung, so dass Jack Grund genug zur Weiterreise hatte, als sich Ebbe in der Reisekasse einstellte. Er schrieb seiner Mutter wegen weiterer 50 Dollar für die Busfahrt bis San Francisco. Die könnten ihn auch über Wasser halten, bis er mit Henri Cru ablegen würde.

Cassady und Ginsberg fuhren nach Texas auf Bills Ranch und zu seiner Frau Joane. Joane Burroughs hatte einen Sohn geboren, den sie William Burroughs III. getauft hatten. Joane, das Baby und ihre ältere Tochter lebten auf der Farm, während Burroughs sowie ein Harvard-Freund, Kells Elvins, Marihuana pflanzten und sich mit dem Aufbau einer Zitrusfrucht-Plantage versuchten. Das Anwesen lag nahe genug bei Houston, um sich mit Benzedrin und Morphium zu versorgen.

Im Gehöft ließ Neal Allen wissen, dass man getrennte Wege gehen müsse. Ginsberg wollte sofort nach New York zurück, doch versprach Neal noch eine letzte gemeinsame Nacht in einem Houstoner Hotel. Auf dem Weg dorthin lenkte er den Jeep von der Straße und stieß auf "eine verrückte Frau", die er mit ins Hotel brachte, wo Allen bereits wartete. Neal platzte ins Zimmer, und das Mädchen wurde hysterisch, halb irre, "eine etwas seltsame Erscheinung fraulicher Art". (OtR)

Ginsberg lastete Neal dies als Verrat ihrer Liaison an und war stinksauer; mitten im Streit ging Cassady einfach raus.

***

KAPITEL VIER
(On the Road)

In San Franscisco verzögerte sich die Schiffsreise, so dass Jack Kerouac eine solche Stelle als Wächter in den Baracken einnahm, wie auch Cru sie innehatte: "Ich absolvierte die notwendigen Formalitäten, und zu meiner Verwunderung stellten mich die Knilche an. Ich wurde vom Ortspolizeichef vereidigt, man gab mir eine Plakette, einen Knüppel, und nun war ich ein Hilfspolizist. Ich war neugierig, was Dean und Carlo und Old Bull Lee dazu sagen würden. Ich brauchte dunkelblaue Hosen zu meinem schwarzen Rock und zu meiner Polizistenmütze, während der ersten zwei Wochen mußte ich Remis` Hose tragen, da er so groß war und von den verfressenen Mahlzeiten, die er aus Langeweile zu essen pflegte, einen Schmerbauch hatte, ging ich die erste Nacht herumschlabbernd wie Charlie Chaplin zur Arbeit." (OtR)

Mit Cru kam Kerouac bestens zurecht, zumal er Jacks unglaubliche naïveté stets gutgelaunt milde beurteilte. Henri Cru war in Frankreich geboren, das machte es Kerouac, dem Französischkanadier schon mal leichter. "Banana King" hielt an der Ecke Früchte feil, und Henri bestand darauf, dass Jack sich über diesen Gedanken mache, "sonst würde er absolut nichts von menschlichem Interesse für die Welt mitbekommen." Cru vergaß auch nicht, darauf hinzuweisen, dass Kerouac seine Haushaltsbeitragspflicht vernachlässigte, indem er die schlangenförmigen Kassenstreifen ins Badezimmer hängte, wo Jack sie kaum übersehen konnte. "… Henri wird einer Billionen Hörerschaft endlos stories zum Besten geben", schmeichelte Jack zurück.

Der Aufenthalt war sowieso gelaufen, da Jack den Job als Wachmann verlor, und es auch keinen weiteren Grund gab, länger zu bleiben. "Hier stehe ich nun am Ende Amerikas - kein Land mehr - und nichts mehr außer dem Zurück."

Aber ein bißchen wollte Jack noch von Kalifornien haben, Hollywood, Los Angeles. "Ich war wieder voll Saft und zu allem bereit."

Kerouac machte es sich gerade auf einer Bank am Greyhound-Bahnhof bequem, als ein Mädchen auftauchte: "Ich hatte meine Fahrkarte gekauft und wartete auf den LA-Bus, als ganz plötzlich das reizendste kleine mexikanische Mädchen in langen Hosen meinen Blick kreuzte. Sie war mit einem der Autobusse gekommen, der gerade mit einem großen Seufzer der Druckluftbremse eingefahren war und Passagiere für eine Fahrtunterbrechung ablud. Ihre Brüste standen heraus, gerade und echt; ihre Flanken sahen entzückend aus; ihr Haar war lang und glänzend schwarz; und ihre Augen waren große, weite, blaue Dinger mit Schüchternheit im Innern. Ich wünschte, ich wäre in ihrem Bus. Ein Schmerz stach mir ins Herz, wie immer, wenn ich ein Mädchen sah, das mir gefiel und das in die entgegengesetzte Richtung davonging in this too-big world." (OtR)

Sogar jemand, der wie Kerouac empfindet, was er in dieser Welt soll, der für sich einen starken Sinn hat und weiß, warum er in all diesen einsamen Räumen, Schienen und Straßen verkehrt, von City zu City wandert, sehnt sich mal nach einem vollen Kühlschrank, einem Berg Risotto, so dass er wieder nach New York abdrehte, hatte er doch bei seiner Mutter noch einen solchen Raum. Neal Cassady wie auch die anderen waren für einige Zeit aus dem Gesichtskreis, und Kerouac konnte "The Town and the City" vollenden.

Im Mai schließlich war das Buch fertig, Jack sandte das Manuskript an 'Scribners', die Verleger von Thomas Wolfe. Im Juni kam die Absage. Der Weg führt nun weg vom "small town hero" zum "beaten young man in the city." "… überall an dieser Straße gab es Restaurants wie das ´Public`, ausschließlich aufgesucht von den Pennern unter den Schwarzen, Wermutbrüdern ohne einen Penny, denen vom zusammengeschnorrten Weingeld 21 Cents übrig blieben und dann kamen sie hereingestolpert, um vielleicht drei- oder viermal in der Woche etwas zwischen die Zähne zu kriegen, und oft aßen sie überhaupt nichts und dann konntest du sehen, wie sie in einer Ecke hingen und eine weiße Flüssigkeit erbrachen, ein paar Liter eines widerlich miesen Sauterne oder süßen weißen Sherry und sie hatten nichts im Magen, die meisten von ihnen hatten nur noch ein Bein oder gingen an Krücken und hatten Bandagen um die Füße, litten gleichzeitig an Nikotin- und Alkoholvergiftung..." (OtR)

Allen Ginsberg war von einer Afrika-Reise zurück und wieder Student am Columbia. Er tat, was er konnte für den Freund Jack und sein erstes Machwerk und war auch echt aufgeregt bei den tausend Seiten mit den mehr als 380.000 Worten. Das war es doch, was der junge Schriftsteller in den späten Vierzigern unter einer Sache verstand und das war schon was. Ginsberg legte es einem seiner Professoren, van Doren, vor, um für diese "große amerikanische Erzählung" einen Verleger zu finden. Als das auch nichts brachte, zirkulierte das Manuskript in Teilen. "Und so wird mir klar, dass ich ein meschuggener Dichter bin, der in Amerika mit einer unzufriedenen Mutter in Armut und Schande gefangen ist." (DA)
Der Literaturkritiker Norman Podhoretz bemängelte seinerzeit in brillanter Böswilligkeit: "Einfache Unfähigkeit, irgendetwas in Worten auszudrücken" oder: "Diese Generation ist tatsächlich so schwer zu entdecken, dass man kaum weiß, wo man suchen soll, und sie daher auch kaum als Generation betrachtet. Und die Tatsache, dass ihre Vertreter bis heute nicht genügend Selbstgefühl aufgebracht haben, um als bewußte Gruppe aufzutreten, läßt manchmal den Argwohn zu, dass unter uns vielleicht gar keine "junge Generation" aufgestanden ist - vielleicht gibt es nur ein Angebinde diskreter Individuen ohne kollektive Identität - sozusagen eine "Un-Generation"."

Neal Cassady beschrieb aus San Francisco, wie er vergeblich versucht hatte, sich umzubringen, dass er dies schon als Kind von Brücken versucht hätte, sich jetzt eine Pistole geklaut habe, die ihm Carolyn wieder abgenommen hätte. Dann durchbrach er in Höchstgeschwindigkeit Barrieren, fuhr ohne Unterlaß 2.894 Meilen in 33 Stunden, und 7 Stunden am Wegesrand, um Selbstmord zu begehen. In bitterster Kälte schaltete er den Motor aus, um zu erfrieren; Ergebnis auch eines 3-Tages-Benzedrin-Gelages, wie Neal im nachhinein eingestand.

Endlich offerierte die Southern Pacific einen Job als Bremser, was so ein besonderer Menschenschlag war wie Trucker oder Matrose. Von halb neun bis sieben Uhr abends wurde gearbeitet, in Waggons geschlafen und in kahlen Schnellküchen entlang der Schiene gegessen. Das hielt Neal zwei Wochen durch, genug Zeit, etwas Geld zu haben, um zu schreiben, zu rauchen - eine Lebenseinstellung, wie sie ganz der Kerouacs entsprach. "How a hip, organic style could capture the essence of their travels and spiritual longings." (JKLe)

Besonders bekannt wurde der "Joan Anderson Letter": Jack fand dieses Schreiben auf den Stufen zum Haus, als er am 17. Dezember 1950 seine Wohnung in Richmond Hills verließ. Er las auf dem Weg zur Arbeit, in der U-Bahn. Weitere 2 Stunden beschäftigte ihn der Brief in einer Cafeteria. Um 18 Uhr kehrte er nach Queens zurück, und auch Ehefrau Joan war ob dieser Zeilen angetan, so dass sich das Abendessen um eine ganz Stunde verzögerte. "Von allerfeinster Prosa", Kerouac erklärte Neal Cassady zum "literarischen Löwen" von Denver: "Joe motzt den alten Ford auf und braust auf einige Bierchen davon." (OtR)

Allen Ginsberg geriet lärmig extrovertiert und versuchte seinen Unmut über Neal loszuwerden wie auch die Sorgen um seine Mutter Naomi, die im Pilgrim State Mental Hospital lag. Auf einer Einladung bemühte sich die Ehefrau Herbert Golds mit ihm um small talk zu seiner Afrika-Fahrt. Allen unternahm überhaupt nicht erst den Versuch einer Konversation, und als sie darauf bestand zu erfahren, wo er gewesen war und was er getrieben hätte, schmiß Ginsberg sein Glas auf eine Wandkarte Afrikas, dass der Wein über das dunkle Frauenhaar spritzte.

Bei dieser Party lernte Jack einen anderen Schriftsteller kennen: John Clellon Holmes. Dessen "The Horn" fängt die Atmosphäre des Jazz besonders dicht ein, indem er nach Chorussen mit dazwischengeschalteten "Riffs" gliedert. Die Anlage seines Buches ist somit strukturell einem Jazzstück nachempfunden: Jeder Solist (Walden, Wing, Junius, Geordie, Curny) improvisiert seinen Part zum musikalischen Thema: Edgar Pool nennt sich der im Titel genannte Saxophonist.

Zwanzig Jahre später äußerte sich Holmes zur Begegnung mit Kerouac: "Die Avenues der Kleinstadt, geleert durch die Ferien und die Hitze, machten den Gitarren Platz, den gefüllten Hallen, den durchnäßten Unterhemden und den schnellen Ängsten derjenigen, die sich noch schnell in die Straßen drängten (in der Hetze ihrer gefrorenen Bohnen), so dass kein Entrinnen möglich war, schon weil es so heiß war und wir verfolgten unseren Weg über das bemalte Pflaster eines besonderen Blocks und fragten uns, ob wir am richtigen waren. "Dies muß er sein, alles klar", sagte Alan Harrington, "da ist Kerouac." Ich wusste schon einiges von Kerouac. Er hatte eine tausendseitige Geschichte verfaßt, die in einer abgegriffenen Doktoren-Tasche in "unserer" Menge die Runde machte… Ich beobachtete die Leute, wie sie in den schmuddeligen Lebensmittelladen ein- und ausgingen (dunkle, gutaussehende Männer in Sport-Hemden, die meisten von ihnen mit Taschen voller Bier), sah aber keinen, den ich als Verfasser einer Erzählung hätte identifizieren können… Aber Kerouac war einer dieser Männer - der, der so aussah wie der ernstzunehmende tee-shirted Bruder der anderen… Er laufe nach mehr Bier, sagte er mit einem zögerlichen Lächeln, während Harrington dicke, braune Viertel anschleppte und ich dort an der Kerbe sprach."

John Clellon Holmes kam in direkten Kontakt mit Kerouac als einem weiteren dieser Fummelschreiber, immer auf der Schwelle, zu Ende zu bringen, zu publizieren. Ende des Sommers waren sie gut genug befreundet, dass ihm Kerouac sein Manuskript überließ. In Stunden las Holmes es durch und war angetan von der eilenden Energie als auch der genauen Wortwahl zu den forschen Berichten. Nicht minder dürften ihn Wortschöpfungen, wie "Nähkränzchengericht", "crockarshit", "Kaltwasserbude", "Strumpfbandnattern", "Wachalbträume", "Ständerziepen" oder Wortzusammensetzungen: "vestigitabbibles" = vestibules, tables, vegetables, bibles oder cognizing als Kombination von recognizing und cognizant begeistert haben.

Doch vergingen die Wochen, und Jack Kerouacs Vertrauen in sich gelangte auf einen Tiefpunkt. Er sandte "The Town and the City" an 'Little, Brown', die es, gelesen oder ungelesen, verwarfen wie zuvor 'Scribners'.

Schon entstand ein neues Werk: "Eine Novelle von Kindern und dem Bösen" nannte Kerouac seine Notizen, die zu "Doctor Sax" werden sollten. Eine Fortsetzung von Goethes "Faust", eine auf einem "großen sächsischen Drama" beruhende poetische Malerei. Aus dem Ersttitel wurde "Der Mythos der regnerischen Nacht", Kerouac legte beiseite und machte sich an Gerüste für eine andere Story, die mit Titelüberlegungen wie: "Hit the Road"/"Look out for Your Boy"/"Love on the Road"/"Lost on the Road" als schlicht: "On the Road" zehn Jahre später zu seinem Bestseller wurde.

Einige amerikanische Autoren verbinden die Schönheit ihres Landes mit dem Konzept einer sonnigen Zukunft. Diese Dichter lassen wissen, dass das Land sehr groß ist und von je einem Ozean begrenzt. Über diesen Flächen geht die Sonne an einem Tag auf und unter. In deren Mitte erstrecken sich unendliche Prärien mit erbarmungslos kraftvoll emporschießenden Städten.

Aus dem Eindringen in wilde Landschaft und unbesiedeltes Terrain (New York City, via Chicago und Denver nach New Orleans und Kalifornien) wird bei Jack Kerouac das Durchrasen dichtbevölkerter Gegenden, als würde eine Schallplatte zu immer höherer Geschwindigkeit aufgedreht. Der Erzähler Sal Paradise begleitet im Tempo des modernen Lebens eine Mehrzahl Personen quer durch den Kontinent bis Mexiko; ruheloses Unterwegssein als grundlegende Lebenserfahrung. Pittoresker Hintergrund für Neuverfilmungen mit Jungstars, die sich Drogen nehmend und Sex habend profilieren können, bei der Kritik aber schlecht wegkommen, da sie dabei so aussehen, als ob sie Werbung für eine Billig-Modekette machen wollten.

In seiner äußerst gelungen geschilderten Vorstellung schlängelt sich die lange, ohne Unterbrechung durchgezogene Linie der No 6-Route bis Kalifornien, die Siedler-Spur von vor hundert Jahren; Neal Cassady war als Abkömmling des letzten Jahrhunderts ein weiterer Jedediah Smith, der als erster weißer Mann durch Utah gezogen war, die Südzipfel des Death Valley durchquert hatte und den der Pfeil eines Cheyenne durchbohrt hatte.

Mit diesen Bestandteilen - kreative Brillanz und persönliches Chaos - entstand in den Zauberwörtern der Beat Generation das Lebensgefühl einer modernen Romantik, das literarische Manifest einer Jugend, ständig auf der Suche nach Intensiverem. Jack Kerouac kristallisierte sich nicht zuletzt wegen eines völlig neuen Schreibstils zum "leader of the gang", the "queer one". Unter "Glaube und Technik moderner Prosa" fixierte Jack Kerouac einige seiner Schreib-Grundsätze:

1. Schreibe durch, ohne Unterbrechung, ohne bestimmte Absicht, ohne Berichtigungen, aus dem Stegreif, unbewußt, rein
2. Vollgekritzelte, heimliche Notizen und drauflosgetippte Schreibmaschinen-Seiten, es soll dir Spaß machen
3. Geh auf alles ein, offen, interessiert
4. Liebe dein Leben, jede Einzelheit
5. Was du empfindest wird die entsprechende Form finden
6. Sei ganz du selbst
7. Steige soweit herab, wie du es selber möchtest
8. Schreib ohne Fundament, aus der Tiefe des Gehirns
9. Die nicht in Worte zu kleidenden Vorstellungen des Einzelnen
10. Ohne Zeit für Nebulöses, bleib' bei den Fakten
11. Verrückte Ticks, die dich schütteln
12. Laß dich von den Dingen vor dir umgarnen

13. Wirf alle Hemmungen literarischer, grammatikalischer oder satztechnischer Art über Bord

14. Sei Proust und ruhig ein Spinner

15. Erzähl dir auch selber im Gespräch nach innen, was draußen vorgeht

16. Schöpfe vom Sehen, vom Juwel deines Interesses, ergehe dich in den Weiten der Sprache

17. Nimm Niederlagen hin

18. Glaub an Notwendigkeiten

19. Texte ganz in Besinnung auf dich und in Erstaunen

20. Quäl dich mit dem Stift, um den Fluß der Gedanken, die schon in dir stecken, herauszukitzeln

Bis Punkt Nummer 27: Keine Furcht oder Scheu, was deine Versuche anbelangt, die Sprache und deine Kenntnisse. Andere sollen dich lesen und deine Bilder erkennen. Komponiere ungezügelt, anstandslos, sauber, möglichst ausgefallen. Du bist alle Zeit dein Genie.

Schreib-Direktheit, irdische Himmelsformen: "Fixierung auf das Ich als Ausdruck der Intensität der Ich-Suche vermittelt sich einerseits in Schilderungen persönlicher Geschichten und andererseits in physisch-psychischer Steigerung der Wirklichkeitserfahrung." (Gertrude Betz) Das Umherziehen erfolgt durch Aufspringen auf Güterzüge, per Anhalter, auf Lkw-Pritschen, über Mitfahr-Agenturen. Die Beobachtungsperspektive erstreckt sich auf die Abenteurer, deren Erlebnisse mit Land und Leuten, die Besonderheiten und das Alltägliche.

Die früheste Version zu "On the Road" datiert aus dem Jahre 1948, eine nicht veröffentlichte Bearbeitung. In drei Wochen hämmerte der damals 29-Jährige das "On the Road" des Jahres 1951 in seine Schreibmaschine. Dieses erfuhr weitere Änderungen, Glättungen und sah schließlich die Publikationsversion im Jahre 1957. Der am "schönsten geschriebene, klarste und wichtigste Text seiner Generation", schwärmte die 'New York Times'.

"Ich war ein echter Tramp ohne jede Hoffnung bis auf jene verborgene ewige Hoffnung, die man hegt, wenn man in leeren Güterwagen schläft und in der heißen Januarsonne voll Goldener Ewigkeit das Salinas Valley hinauf San José entgegenfliegt, wo finster aussehende alte Trampveteranen dich misslaunig ansehen und dir etwas zu essen und auch zu trinken anbieten - unten beim Bahndamm oder im Bachbett des Guadelupe." (OtR) Zwei Jahre etwa feilte der Autor, bis er schließlich die Form der Urfassung mit dem Ausdruck einer durchgängig gelassenen Redeweise gefunden hatte, den Beat eines neuen literarischen Rhythmus.

"Zehn Minuten später pickte sie ein großer roter Truck auf. Sie lachten dem Fahrer begeistert ins Gesicht. "Bis wohin geht's, Kumpel? " fragte Wesley. "Boston! " röhrte der Fahrer und während der nächsten 120 Meilen, die sie durch nasse Felder neben glitzernden Straßen brausten, dampfendes Weideland und kleine Städte hinter sich lassend, direkt auf Boston zu und sich der Himmel immer weiter senkte, sagte der Mann nichts weiter." (TSB)

Der Kerouacsche Kontinent vermittelt auf packende Art ein tolles Land mit super Menschen in einer Zeit wie jeder anderen. Da kann man für einen Nickel Kaffee aus Pappbechern trinken, aber auch in protzigen Restaurants dinieren, eine Pulle Fusel saufen oder Edelwein köstigen, alles prima finden oder der fade Typ sein. Da wird über Sand gewatet und durch Gestrüpp gestolpert, man ist Landstreicher aus freien Stücken, Viehtreiber oder Erntehelfer, Nachtwächter in Jeans oder Ölarbeiter. An der Chili-Bude stehen vielleicht schon Indianerhäuptlinge mit dem steinernen Blick oder einige Weiber im Cowgirl-Kostüm. In der Prärie finden sich Eisdielen wie auch an der Schule, den Milchshake gibt es mit viel oder gar keiner Sahne. Der Seesack muß als Kopfkissen herhalten, vorbei brausen brandneue Autos, alte Kisten, Kleinwagen, 35er Fords und Trolley-Busse. An Raststätten halten Geschäftsmänner und lassen sich Bohnensuppe mit Frankfurtern schmecken, lecker ist auch die Serviererin. Der Liliputaner und die Hinkefüßige sind erwähnenswerte Ausnahmen, die Luft ist zum Küssen, Liebe ein Duell. Neal schrubbt die Kiste in einem Rutsch bis Iowa, derjenige welcher kann sich den Arsch zusammennähen lassen. Die Frage lautet:

"Wozu hast du den Knaller am Arsch baumeln", die Antwort könnte sein: "Du kannst dem alten Maestro keine neue Melodie beibringen." Immer wieder locken Apfelkuchen mit Eiscrème und reißen Löcher in die Reisekasse wie auch die Tortillas mit Bohnenpüree und Chili.

Die Miete beträgt 55 Dollar die Woche oder der Abwasch wird erledigt. Oft ist kein Cent im Hause, in heißfrisierten Kisten tut es eine schnelle Cola. Traubenpflücker, Vertreter und College-Boys haben keinen Blick für Cottonwoods und Eukalyptusbäume. Liebe wird gemacht, der Film sechsmal gesehen. In Drive-ins rollt der Chevrolet, Baujahr 39, Sirenen jaulen auch durch den nächtlichen Dschungel Los Angeles`. Hotdogs, Kartoffelchips und Käse-Cracker sind Kraftnahrung auch für Highschool-Punks. Aus der Jukebox dröhnt Blues, Bebop oder Jive, genächtigt wird - wenn überhaupt - in Scheunen, Wohnwagen, Zelten, Motels oder Bordellen. Baumwollfelder und Weinberge oder Maisfelder, die Landschaften werden gelesen. Geld wird als Wanderarbeiter, bei der Weinlese, als Tellerwäscher, Apfel- oder Baumwollpflücker bzw. auf dem Großmarkt gemacht.

Acht Kilometer beträgt der Fußmarsch raus aus der Stadt, lange Zeit gibt es nur Apfelschnittchen, oft nur das klebrige Hustenbonbon von vor Wochen. Der Apfel-Laster oder der Trailer-Truck blockieren die Überholspur, die Schnittgeschwindigkeit liegt bei 110 Kilometern in der Stunde.

Das irre Mädchen möchte Butter auf ihre Pfannkuchen. Wohlfahrtsasyle, das Rote Kreuz oder die Pfadfinderheime haben ihre eigenen Vorschriften. Der Tippelbruder nächtigt an traurigen Flüssen, den Sack voll Knochen wuchtet der Langstreckler vom Fahrersitz. Schlaffe Puppen oder geknickte Latten, Gott, wie ich das Leben satt habe.

Nicht selten geht es über den Times Square, 13.000 Kilometer übers Land. Der Hudson, Baujahr 49, ist keine schlaffe Möhre oder ein Tunten-Mobil. 400 Dollar bringt der Monat bei der Eisenbahn. Nach 10 Stunden Vögelei zuckt noch immer jeder Muskel vor Tatendrang. Der Wagen, ein Superschiff, streichelt gerade und treu den Mittelstreifen oder holpert sich als Wrack aus. Der Bassist schrammt den

Beat, seine große Zeit hatte der Pianist, bevor er cool und kommerziell wurde.

Das Leben ist wie es ist, und jeder lebt es auf seine Weise. Gehört wird nicht der Mainstream, sondern die jeweils neueste Variante. Für die Reinheit der Landstraße wird den Trampern Benzingeld abgeluchst, die Mitfahrzentrale bietet eine Cadillac-Überführung an. Mit flinker Hand werden drei Stangen Zigaretten geklemmt.

Im Dauertempo bleiben gaffende Gesichter und offene Münder zurück. Dean hat mit neun Jahren erste Weibergeschichten, oh, wie ich die Frauen liebe, liebe, liebe! Dean treibt es mit drei Frauen gleichzeitig. Der Hass gilt der Bürokratie, der Politik und der Polizei, vor der viele auf der Flucht zu sein scheinen; Übergriffe finden statt. Auch mit gestohlenen Autos will Kerouac nichts zu tun haben, ihn interessiert das Studium der Dinge auf den Straßen des Lebens und in der Nacht. Stumpfsinnigste Kneipen und jämmerlich von Stichen durchlöcherte Arme; ein Mädchen versucht, eine Orange zu klauen.

Jack kauft Brot und Käse, Dean kümmert sich fachmännisch um die Oktanzahl und den Ölstand. Dem Biker klebt die Braut wie ein Indianerbaby im Wickeltuch am Rücken. Feldarbeiter beackern lieber Kneipen, und auf dem Boden des Wagens kullern die Flaschen. Die Uhr landet für 1 Dollar im Pfandhaus, das ein oder andere wird kostenlos besorgt.

Die Liebenden schwärmen wie Zugvögel ein. An der Westküste sieht jeder aus wie ein abgebrannter, flotter, etwas dekadenter Schauspieler, verblühte Starlets kommen angestöckelt. Die Dose Bohnen wird mit der Bügeleisenplatte heiß gemacht. Der Tabak von Kippen vor U-Bahn-Schächten kommt in die Pfeife.

In Fischrestaurants schmecken sogar die Körbchen zum Anknabbern, die Semmeln kommen warm aus dem Ofen. Krabben gibt es von der Fisherman`s Wharf, Lendensteaks rotieren am Spieß in der Filmore Street. Verkauft werden mehrbändige Lexika, man würde sich nie wieder sehen, doch war es egal...

Immer wieder wurden Unterbrechungen notwendig, um sich den Stand des Werkes klarzumachen. Bisweilen zwang sich Kerouac zu 1.500 Worten pro Tag, verschmolz mit einem anderen Vorhaben, dem zeitweiligen "Visions of Neal", das nach Kerouacs Tod zu "Visions of Cody" werden sollte.

"Sergej Jessenin war ein großer Tramp, der die Russische Revolution dazu nutzte, in den rückständigen Dörfern Rußlands herumzurennen und Kartoffelsaft zu trinken (sein berühmtestes Gedicht nennt sich "Bekenntnisse eines Stromers"), der in dem Moment, wo sie dem Zar auf den Leib rückten, nur sagte: "Im Augenblick würde ich am liebsten durch das Fenster auf den Mond pissen." (OtR)

Mitte Dezember brach Kerouac über seinem Prosa-Protokoll fast zusammen. Doch alles, was er tun konnte, war irgendwie die hundsmäßige Arbeit zu verrichten, sich hinter die Maschine zu klemmen, seine Ergebnisse überprüfen, fragmentarische Anfänge zu streichen, den Stuhl zurechtzurücken und sich ein Bier aus dem Eisschrank zu holen.

Einzeilig, ohne Absätze und Satzzeichen bleibt der Schreibfluß ununterbrochen, es entsteht eine fast vierzig Meter lange, zusammengeklebte Rolle. "I went to pains to make it smooth and beautiful and mad." "Er nahm das eine Ende der Rolle und warf sie schwungvoll durch mein Büro", klagte es der Verleger Robert Giroux. Der Lowell National Historical Park und die Universität von Massuchesetts stellten im Jahr 2007 dieses Unikum der Öffentlichkeit aus, das ansonsten mit anderen Kerouac-Manuskripten in der Berg Collection der New York Public Library in Verwahrung gehalten wird. Hier sind denn auch Biographien entstanden, etwa die von Nancy M. Grace, die mit einem 1-Jahres-Stipendium versehen durch den Direktor Isaac Gerwitz oder den Bibliothekar Stephen Brooks erwähnenswerte Unterstützung erhielt.

Jack stand immer in Kontakt mit William Burroughs, dem hageren, eleganten Gewohnheitskokser, der gleichgültig und herausfordernd am Rande der Gesellschaft leben konnte, war er doch als Fabrikbesitzersohn in ihr vornehmes Zentrum hineingeboren. Und für einige Momente hoffte Kerouac, dass ihn dieser aus der Ecke herausholen konnte, in die er sich geschrieben hatte.

Burroughs war ja bekannt für seine "Cut-up-Technik", wobei "cut", der Schnitzel, die Kurznotiz bedeutete, so dass Romane in Teile geschnitten und beliebig zusammengefügt immer neue Interpretationsmöglichkeiten bieten. Kerouac hatte er von seinem neuen Schreibstil erzählt, dem "Faktualismus". Jack legte wieder los, und Allen Ginsberg mußte präzisieren, dass mit "Faktualismus" keine Wunder oder Naturalismus gemeint seien, sondern der schlichte Umstand, dass er wie jeder sterben müsse, womit er wohl zu gelassener Geduld mahnen wollte.

Nennt die Urfassung des poetisierten Protokolls die Akteure noch bei ihren richtigen Namen, so bekommen diese ab der ersten Buchfassung, jedem erkennbar, ihre romanesken Bezeichnungen: "Carlo Marx" steht für Allen Ginsberg wie "Elmo Hassel" für Herbert Huncke und "Tom Saybrook" ist John Clellon Holmes. Letzterer hätte nur allzu gerne so schreiben können mögen, doch hatte er erstmal richtig gelegen, ein Verleger war nicht aufzutreiben.

Jack lebte noch immer bei seiner Mutter, war von dieser abhängig, brauchte ihr Geld, wollte er sich einen Drink leisten oder einen Block für die täglichen Eintragungen besorgen. Cassady hörte die Verzweiflung Jacks heraus, als dieser ihm schrieb, er müsse Dampkochtöpfe auf Dinner-Parties vorführen, an einer Tankstelle arbeiten. Neal überredete ihn stattdessen, nach San Francisco zu kommen, da bei der Eisenbahn mehr zu verdienen war. Doch fehlte Kerouac jegliche Barschaft für Kalifornien. Neal machte Mut und prahlte, schon die einfachsten Handwerksburschen kassierten 1 Dollar 40 die Stunde. Doch war Neal einfach zu weit weg, und bei Allen stiegen auch kaum noch Fêten, immer weniger Nächte zum Theoretisieren und Trinken. Burroughs lebte in New Orleans und hegte

Ginsberg gegenüber so seine Zweifel, ob Kerouac sich je von Ozone Park würde lösen können.

Schließlich war es Neal Cassady, der den Alptraum beendete. Per R-Gespräch rief er aus San Francisco an und erreichte Jack über die Nummer des Ladens unten im Haus, da sich die Mutter kein Telefon leisten konnte. Jack hechtete herunter, und Neal bat mit aufgeregt zittriger Stimme - um fünfzig Dollar für Carolyn und ihr neues Baby. Er, Neal, wolle nach New York kommen und Jack auflesen. Dann würden sie erst nach San Francisco düsen und anschließend zurück nach Arizona, wo Bahnarbeiten in Aussicht stünden.

Jack war alles recht, und eines Dezember Nachmittags stand Neal - im T-Shirt, unrasiert, rotäugig - mit Luanne (auch Louanne oder Luan) und Ed Hinckle vorm Haus.

Der Schwager Jacks ließ sie herein, und schon füllte Cassadys Energie die Atmosphäre. Ganz er selbst, ständig auf den Beinen, schritt er gewichtig auf und ab, hörte zu, sah hin. Auf die Bemerkung Mémêres, dass sie einige Möbel zu transportieren hätte, war er gleich für den nächsten Tag zu haben.

Nun war nichts mehr zu grübeln, Jacks Nebel aus Tristesse und Alkohol löste sich auf, man würde wieder entfliehen, gemeinsam die Straße teilen, "into action as one". In eineinhalb Stunden waren sie in New York, dann hoch nach Nord Karolina, und Neal redete, redete und redete: "Diese gottverdammten Polypen werden mir keine Fliege auf den Arsch setzen", mit einer Stimme, die etwas Hypnotisches hatte.

Mémêre mußte für ein Geschwindigkeits-Strafmandat aufkommen, um ihren Sohn aus dem Gefängnis herauszuhalten, und sogar Neal gestand Momente der Benommenheit zu dem, was er tat. Den Hudson, seine neueste Karre, wollte er in New York abstoßen, seine zweite Frau, die er mit dem zweiten Kind schwanger zurückgelassen hatte, die mit der Neuen an Neals Seite in Konkurrenz trat, die ihn zurückgewann und und und.

Über Neujahr hetzte Neal Cassady in einem Party-Rausch durch Jacks neue New York-Bekanntschaften, wurde mit John Clellon Holmes ebenso bekannt gemacht wie mit Alan Harrington, wobei Neals muskulöse, überspannte Erscheinung nervöse Verwirrung hervorrief. Von seiner Stimme hieß es, sie könne allein durch die Überzeugungskraft des Timbres wie auch die schnoddrige Wortwahl alle Mädchen flachlegen: "Hör mal, du Schlamper, du zupfst ´nen Bullerbass." Jack entsann sich, dass Neal nur auf eine Frage ohne Antwort blieb: "Was soll das hier in New York?" Neal schwieg, weil es ihm unklar schien. "Wir saßen und wussten nicht, was wir sagen sollten; es gab nichts mehr zu bereden."

Da sich der Wagen als unverkäuflich erwies, kam man auf "unsere eine und einzige noble Funktion" zurück: move. Reisen, ziellos oder mit der Absicht, kurz irgendwo Freunde zu treffen, irgendwo anwesend zu sein, immer im Aufbruch: "Wir fahren und fahren, wir leben." Neal klemmte wieder hinterm Steuer, rockte über den Highway, Musik krachte klar und laut aus dem Radio. "Personen begleiten ein Wegstück, einen Song lang, eine Stunde, eine Nacht, eine Woche, sie verschwinden, tauchen wieder auf..." Es ging im Affenzahn vorwärts, exaltiertes Unterwegssein lautete das dröhnende Credo: "Wir schwingen und dröhnen und fliegen über diese Schienen wie verdammte Idioten, und der Heizer hält keineswegs seine weiße Mütze fest sondern hat seine Hand auf dem Reglerhebel und läßt die Augen nicht von Ventilen und Skalen und Dampfgebrodel und wirft auch Blicke nach draußen auf die Schienen, und der Wind weht ihm die Nase zurück, aber er hüpft bei Gott auf seinem Sitz wie ein Jockey, der ein wildes Pferd reitet...-, ssomm, ssomm, wir donnern durch die Nacht... und die ganze Erde steht unter Strom und hebt das Organo zur Blume, das Entfalten, die Sterne beugen sich zu ihr herab, und nun kommt die ganze Welt, während die große Lok vorbeirauscht und vorbeidonnert und darin die Verrückten, die weiße Mütze und California und wow der ganze Wein geht einfach nicht zu Ende." (OtR)

Am 29. März 1949, zwei Monate nachdem er mit Luanne und Neal aus dessen Hudson gekrochen war, schrieb Kerouac seinem Denver Freund Ed White, dass er "The Town and the City" an 'Harcourt-Brace Corporation' für einen 1.000 Dollar-Vorschuß vermacht habe. Es gefiel ihm, dass der Verleger, Robert Giroux, fünfunddreißig Jahre alt war, also nicht ganz unverständig sein konnte. Auf Drängen Ginsbergs hatte Mark van Doren das Manuskript gelesen, es weitergereicht, und Giroux, auch Lektor bei 'Harcourt-Brace' war beeindruckt und hatte einen Vertrag angeboten.

Der originelle Künstler Kerouac bleibt vielschichtig, weitet seine Erlebnisfähigkeit. Mit neuem Ansporn greift Kerouac "On the Road" und "Doctor Sax" auf, arbeitet an beiden Manuskripten. Sein feiner Instinkt für Freunde und Frauen basiert genauso auf Erlernbarem wie bloß animalischem Bedürfnis: "Sie sind hip, aber nicht raffiniert, sie sind intellektuell, aber nicht sentimental, sie sind verflucht intellektuell und wissen alles über Pound, aber sie sind nicht anmaßend und reden nicht dauernd darüber, sie sind sehr still, sie sind Christus sehr ähnlich." (TS)
Zwei Dinge machen den Schriftsteller aus: Das eine ist die magische Fähigkeit, Charaktere und Situationen hervorzubringen und ihnen aus dem scheinbaren Nichts heraus Gestalt zu verleihen. Das andere ist das Material, jenes Etwas, aus dem die Gestalten geformt werden. Dieses Etwas ist die Menge der Erfahrungen, die ein Schriftsteller hat oder erlangt. Jack Kerouac dehnte sich nach allen Richtungen, indem er zu dieser Zeit neben "seinen amerikanischen Kunsthandwerkern" Blake, Rimbaud, Dostojewski, Joyce, Baudelaire, Céline, die Buddhisten las und mit Ginsbergs enthusiastischer Ermutigung Lyrik zu schreiben begann.

Allen Ginsberg hatte Herbert Huncke, einen talentierten Schreiber und guten Geschichten-Erzähler, bei sich aufgenommen. Huncke war allerdings ein Fixer und bezahlte seine Sucht mit Diebereien, machte dabei sogar vorm

Bettvorleger auf der Burroughs-Farm nicht halt. Bald stapelte sich in Ginsbergs Appartement zur Hehlerei bestimmte Beute.

Allen, der gerade bei einer Zeitungsagentur jobbte, machte sich weiter keinen Kopf und fuhr am 22. April 1949 mit zwei aus Hunckes Gruppe, Priscilla Arminger und Jack Melody, los, was die Zeitung so abdruckte: "Das Befahren einer Einbahnstraße in Queens mit einem gestohlenen Wagen endete für drei junge Männer und ein Mädchen mit Anklagen wegen Diebstahls, Einbruchs und versuchter Körperverletzung. Einer der Angeklagten, Allen Ginsberg, 21 Jahre alt, erzählte der Polizei, er habe sich mit der Gang eingelassen, um den Realismus für eine Story hereinzubekommen."

Um vier Uhr nachmittags war Melody falsch abgebogen. Als eine Streife das Auto stoppen wollte, war er in Panik geraten und mit 65 Meilen um die engen Kurven der Blocks geflüchtet, bis sich der Wagen schließlich zweimal überschlagen hatte und auf dem Dach liegen geblieben war. Ein Polizist hatte sich als Zielscheibe gesehen. Es gelang Ginsberg, eine Türe zu öffnen und zu flüchten. Neben Priscilla Arminger und Jack Melody ging Diebesgut, Juwelen und Pelze, im Werte von einigen tausend Dollar ins Netz. Außerdem stieß man auf die Adresse Ginsbergs in der New York Avenue, wo dieser und Huncke verhaftet wurden. Ginsberg hatte noch bei sich angerufen, um Huncke zu warnen, er solle ja die Wohnung "säubern". Als Allen eintraf, wischte Huncke den Fußboden.

Herbert Huncke, Priscilla Arminger und Jack Melody waren schon mehrfach wegen Drogendelikten belangt worden, doch konnte Allen Ginsberg trotz der Offensichtlichkeit seiner "Räuberhöhle" keine Beteiligung an den kriminellen Aktivitäten nachgewiesen werden.

Im Mai begab sich dieser ins ´Columbia University Hospital` und unterzog sich einer psychiatrischen Behandlung, wie er solche auch künftig wegen der Probleme mit seiner Homosexualität in Anspruch nehmen sollte.

***

KAPITEL FÜNF
(Action Writing)

"Eine Art lyrischer Ekstase überkommt manchen jungen Amerikaner im Frühjahr; dieses Gefühl, an keinen bestimmten Ort und in keine bestimmte Zeit zu gehören, ein heftiges, nervöses Verlangen, anderswo, irgendwo zu sein, jetzt sofort! Die Luft ist mild und frühlingshaft, erfüllt von soviel Musik von überall her, alles scheint schwindelige Kreise zu beschreiben, grenzenlose Gedanken erfüllen lange Räume und Reisen..." (TTatC)

Der Sommer des Jahres 1951 in Rocky Mount verlief ruhig, die Wochen schleppten sich im trägen Sommertrott. Zwar hatte Jack Kerouac Manuskripte mit, begab sich aber nur sporadisch an deren Bearbeitung. Inständig erforschte er das Milieu um sich herum und setzte zu einem neuen Thema an, das aber bis ins letzte Jahr seines Lebens, im Süden lebend, weggelegt wurde. Neben anderem erschienen diese Aufzeichnungen 1971 unter "Pic".

Auch Kerouacs zweite Ehe war in die Brüche gegangen. Cassady hatte von Anfang an vor einem Ehe-Desaster gewarnt und war strikt gegen die Heirat Jacks mit Joan. Doch qualifizierten Neals eigene Unzulänglichkeiten als Ehemann nicht gerade zum Eheberater. Als Jack und Joan geheiratet hatten, war die Mutter aus dem alten Appartement in ein kleineres im selben Gebäude umgezogen. Mit Unwillen bekam Mémêre mit, wie Neuankömmlinge die Zimmer in Beschlag nahmen, in denen sie mit ihrem Ehemann Leo zuletzt gelebt hatte.

Aus dem Sommer zurück, empfanden Mémêre, gleichfalls Jack, die neuen Mieter oben als ziemlich unerträglich. "Den ganzen Abend dem Krach der Neumieter zuzuhören, als müsse man den höheren Geräuschen der Hölle lauschen."

Mémêre hielt dies nicht länger aus und sah sich genötigt, ihr Leben in die eigene Hand zu nehmen. Jahre hatte sie an der Werkbank gestanden, während ihr Sohn, wie ein Irrer, 100 Worte in der Minute, seine Erzählungen tippte - noch immer war nicht genügend Geld da. Caroline, die Schwester, deren zweiter Ehemann, Paul Blake, beim Militär war, hatte der Mutter ein Zimmer im Rocky Mount-Haus versprochen, und nun würde sie es nehmen. Das tägliche Einerlei in der Fabrik war sie leid, Jack würde für sich selber sorgen müssen.

Diesen traf der mütterliche Entschluß wie ein Schock. Er war jetzt bald dreißig, aber immer noch hoffnungslos auf Leute angewiesen, die ihn aufnahmen, ihm zu essen und einen Tisch zur Verfügung stellten, so manche Zigarette mußte geschnorrt werden. Kerouacs erste Eingebung war, nach San Francisco zurückzukehren, um mit Neal im neuen Haus der Cassadys an der Liberty Street zu wohnen. Auf ein Schreiben gab Neal keine Antwort.

Viele Möglichkeiten eröffneten sich nicht: Ginsberg stand noch immer unter klinischer Beobachtung und lebte ansonsten mit seinem Vater in Paterson. Burroughs hielt sich mit Joane und den beiden Kindern in Mexico City auf, aber Jack wusste, dass er sie nicht ohne zumindest das Reisegeld aufsuchen konnte.

Der allseits geschätzte amerikanische Autor Sherwood Anderson (1871-1941) hegte den Menschen gegenüber viel von Whitmans nachsichtigen Gefühlen. Seine Abkehr vom Geschäftlichen, seine Hingabe an die Schriftstellerei waren gleichbedeutend mit seinem Wunsch, den Menschen näher zu kommen. 1925 hatte er ein kleines Buch herausgegeben, "The Modern Writer", in dem er allen jungen Schreiberlingen riet, wie er das Land zu durchwandern, gelegentlich kurze Zeit zu arbeiten, um das nötige Geld zu verdienen, und im übrigen zu schreiben. Sie würden dann zwar kein allzu leichtes Leben haben, aber die in Amerika verhältnismäßig hohen Löhne würden es ihnen ermöglichen, es so zu fristen.

In solchem Sinne hatte der alte Freund Henri Cru eine Lösung parat. Cru war auf dem Frachter S.S. Harding beschäftigt, und er ließ Jack wissen, dass dieser ebenfalls auf dem Schiff arbeiten könnte. Auf dem Wege nach Panama und Kalifornien käme man in New York vorbei.

Also packte Kerouac seinen Seesack inklusive einem Paar neuer Kreppsohlenschuhe (Schuhe, immer wieder Schuhe), mit denen er eigentlich seine Mutter ins Kino in die 'Radio Music Hall' begleiten wollte, seiner Lesebrille, einem blauen Eversharp Stift, neuer Notizblocks für die Journals, einem Bündel Briefe und Papiere, seinem gebrauchten Französisch-Wörterbuch mit dem roten Umschlag und einer winzigen Bibel, die er - der Ansicht, der Ladeninhaber habe ihn beim Buchtausch betrogen - von einem Ständer der Fourth Avenue abgegriffen hatte.

Am Nachmittag des Folgetages sollte Henri Cru aus Jamaica in Brooklyn, dann in Staten Island eintreffen; um acht wollte Cru von Bord gehen. Um neun Uhr riefen er und Jack - sich einen freien Deckplatz erhoffend - bei der ´Marine Cooks and Stewards Union` an. Doch war dem nicht so. Jack konnte es nicht fassen und rannte ganz durcheinander zwischen Amtsstuben, Rampen, Sozialstellen, Fundbüros und Stationen hin und her. Letztlich legte die Harding ohne Jack ab, und man änderte die Pläne.

In Kalifornien, San Pedro, könnte sich eine neue Möglichkeit auftun, aufs Schiff zu kommen, was Jack einen weiteren Versuch wert schien. Cru half mit sechzig Dollars, und dreißig Dollars steuerte Mémêre bei. Jack hatte genug Geld, um sich ohne Lifts an die Westküste durchzuschlagen.

Sofort brach Jack auf, damit er noch einige Tage bei den Cassadys zubringen konnte: "... und die Ölraffinerien in dieser feuchten nebligen Weihnachtsnacht 1951 stinken wie brennender Gummi und die aus den Tiefen kommenden Geheimnisse der Meereshexe Pazifik, wo sich gleich links von mir die ölige Brühe des alten Hafenwassers heranwälzt und die schaumbedeckten Pfähle umspült, und weiter draußen vor dem schützenden Hafen sieht man das Zucken der Leuchtfeuer in den heranrollenden Wellen und auch das Auf und Ab von Lichtern an Schiffen und Bumbooten, die sich nähern und sich entfernen und diesen letz-

ten Streifen des amerikanischen Festlandes verlassen.-"
(LT)

Als Kerouac am Pier auf den Freund wartete, begann das Hickhack von neuem. Cru bat ihn, einen Revolver mit an Bord zu bringen, so dass er einen Disput mit einem der Mannschaft austragen könnte.

Mit Waffen, so einem Ding am Gürtel, wollte Jack nichts zu tun haben, "... den Rest seines Lebens gelähmt sein und einen Schuhspanner im Genick tragen und sich von irgendwelchen Leuten die Bettschüssel unterschieben lassen... in dem verfluchten stinkenden Stahlgefängnis." Cru war eingeschnappt, doch überstand die lange Freundschaft: "Alter Ti Jean, wir gehen überall hin und folgen jedem im Abenteuer." Zusammen verließen sie die Docks. "Ohne Revolver, vermummt gegen die schreckliche Winterfeuchte in Pedro und Long Beach, bei Nacht, vorbei an der 'Puss-n' Boots'-Fabrik an einer Ecke und davor ein kleiner Rasen und amerikanischen Fahnenstangen und eine große Thunfischanzeige, im Innern desselben Gebäudes produzieren sie Fisch für Mensch und Katz - vorbei an den Matson-Pieren..." (LT) Sie verpaßten den roten Pendel-Bus rein nach Los Angeles, jagten vergebens einem Taxi hinterher, kauften sich Sechserpack Dosenbier und harrten auf dem harten Pflaster. Es war Heilig Abend, sie froren, krochen auf den Bus hoffend in eine Bar, gaben es schließlich auf, Los Angeles vor dem ersten Weihnachtstag erreichen zu können. Sie wankten aufs Schiff zurück, torkelten herum und nächtigten im Maschinenraum.

Nach den Feiertagen hieß es aus der 'Maritime Union Hall`, dass nicht genug Kojen zur Verfügung stünden, weshalb Kerouac seinen Kumpel auch jetzt nicht auf dem Schiff begleiten konnte. "Und da ich fit bin und wieder mal auf Achse & sowieso nichts anderes zu tun habe als mit langem Gesicht das wirkliche Amerika mit meinem unwirklichen Herzen zu durchstreifen, bin ich scharf und begierig darauf, als vorlauter Küchenjunge oder Teller-wäscher auf dem alten Kahn mitzufahren und mir die Nase einschlagen zu lassen, Hauptsache ich kann mir mein nächstes Seidenhemd in Hongkong schneidern lassen oder in irgendeiner alten Bar in Singapur einen Poloschläger schwingen oder bei Pferderennen auf australisch wetten, mir kommt alles zupaß, es muß nur was los sein und um die Welt gehen." (LT)

Jack tauchte in San Francisco auf und überredete die Cassadys, ihn in Neals Absteige zu lassen. Er wäre nun bereit, ebenso wie dieser als Bremser zu arbeiten. "Heart Beat", Carolyn Cassadys Wiedergabe der Kerouac-Cassady ménage à trois war 1979 mit Sissy Spacek als Carolyn, Nick Nolte als Neal und John Heard als Jack auf Zelluloid erschienen.

"Da lag es, frisch - lange, öde Straßen mit Oberleitungs-drähten, alles in Nebel und weißen Dunst gehüllt. Ich stolperte durch ein paar Straßen. Unheimliche abgerissene Gestalten (in der Missions- und 3. Straße) bettelten mich am frühen Morgen an. Irgendwo hörte ich Musik. "Junge, werde ich mich später überall reinschaffen!" (OtR)

Im Januar 1952 begann Jack Kerouac mit seiner Lehrzeit bei der ´Southern Pacific Railroad` in den Oakland Yards, deren glitzerndes Emblem ihn schon beim Trampen so fasziniert hatte.

Den nebligen und verregneten San Francisco-Winter über blieb er bei den Cassadys, bis er im Mai wieder auf-brach. "Es regnete den ganzen Tag, und ich hatte Wein, Haschisch und ab und zu kam Neals Frau herein." Dies war Neals Idee, immer wollte er seine Frauen an den Mann bringen, es war schon ein Ritual und keiner Freundschaft hinderlich. "Aber Jack war sehr moralisch, seltsam genug, und so bestimmt, was die Frauen anderer Männer anbelangte." (Carolyn Cassady) Solche Living-Arrange-ments, ja Frauentausch in gegenseitigem Einverständnis passten Kerouac mitunter auch in den Kram. Es machte ihm überhaupt nichts aus, zwischen den ledrigen Hand-schuhen Neals, den Kitteln, der festen Unterwäsche, den groben Hemden, Socken und den vergilbten und besudelten Eisenbahn-Papieren zu hausen. "Ich war gar nicht so großartig, was Sex anbelangte, auch war da bei Beiden nichts Außergewöhnliches. Doch so machte das Zuhause etwas Freude, und wir konnten einiges zusammen machen, bevor sie wieder alleine loszogen." (Carolyn Cassady)

War Neal und Jack nicht nach Strapaze, kurvten sie in Neals Klapperkiste, dem Green Hornet, um die Ecken, an den Strand, parkten auf dem Marktplatz, holten Wein und nahmen ihre Gespräche auf Band auf.

Kerouac mochte nun zwar wissen, was ein brakeman zu tun hat, doch blieb er beim Schreiben. Im Frühjahr 1952 lagen drei Meilensteine in unterschiedlichen Stadien vor: "On the Road", "Visions of Cody" und das vier Jahre zuvor begonnene "Doctor Sax".

Bei den Cassadys sah Jack "Unterwegs" noch einmal durch und schickte es dann einem bekannten Verleger, namens Carl Solomon, den Ginsberg im´Columbia Psychiatric Institute` kennengelernt hatte und für den er sein "Howl" aufsetzen sollte.

Allen war im Hospital auf Solomon zugegangen und hatte sich als Prinz Myshkin vorgestellt. Auf einer Wellenlänge antwortete Solomon: "Ich bin Kirilov", eine Dostojewski-Figur. Carl Solomons Onkel, A. A. Wynn, war Eigner von 'Ace Books', einem auf drugstore-fiction spezialisierten Pocket-Geschäft. Nach seinem Krankenhausaufenthalt wurde C. Solomon Herausgeber im Hause seines Onkels. 'Ace Books' nahm sich Burroughs "Junkie" an und bekundete auch Interesse für Jack Kerouac.

Dieser hatte unterdes seinen neuartigen Schreibstil bezeichnet: "Writing soul at last", die Methode spontaner Komposition. Der Gedanke dazu kam ihm bei der Rückkehr von Rocky Mount.

Beklagt wird, daß die Beats wie sie keinen moralischen Unwert scheuen, so auch keine ästhetischen wahrhaben wollen, anerkennen aber mußte man, daß Jack Kerouac mit seinen Inhalten und der Form einen völlig neuartigen (Prosa-) Stil kreiert hatte. Theoretische Ausführungen bleiben die Ausnahme bei Kerouac, auf Drängen der Kollegen fixierte der stilistische Neuerer einige Grundsätze, wurde auch nicht müde, in Interviews, Skizzen, Aufsätzen seine sprachlichen Innovationen in freier Assoziation und Improvisation zu vermitteln, "to explore new territory with the novel."

Unter Nr. 1 seines 1958 publizierten Regelkatalogs "Essentials of Spontaneous Prose", der zurückgeht auf Veröffentlichungen aus dem Frühjahr 1951 ("Belief & Technique for modern prose") setzt Jack Kerouac das set-up, womit er das Objekt der Darstellung verstanden wissen will. Mit Rückgriffen auf die Avantgarde früherer Epochen sieht Kerouac hier eine wichtige Gelenkstelle zwischen der beat generation und ihrer schriftstellerischen Vergangenheit: "Geheime Notizbücher und lose Manuskriptseiten, die du zu deinem eigenen Vergnügen vollgekritzelt hast. "

Den Gedankenfluß, die Nr. 2 ("Procedure") erklärt Jack mit Aufsetzen ohne Reflexionspausen, denn die gedankliche Durchdringung des Gegenstandes ist kein Hilfsmittel, sondern ein störendes Moment. "Gib dich jedem Eindruck hin! Öffne dich! Lausche! No time for poetry but exactly what it is." Die Sprache soll so klar bis auf die Knochen entblößt und so gleichsam vom Tonband kopiertes Sprechen sein.

Method, Nr. 3, beinhaltet den Inhalt, die Form und die Vorgehensweise: Jeder Punkt, Doppelpunkt, jedes Komma werden im als lebend empfundenen klanglichen Medium Sprache wie ein Fremdkörper gefühlt. Im Englischen ist die Interpunktion weniger das die Logik des Gemeinten hervorhebende Mittel, sondern ein graphisches Instrument zur Markierung von Atem-Einheiten. Ähnlichkeiten hinsichtlich der Auffassungen von natürlichem Rhythmus der (gesprochenen) Sprache in der direkten Rede bei Hemingway und Kerouac sind erkennbar. Die Funktion des Satzes als Sinnträger und musikalisches Gebilde unter Zerschlagung bzw. Außerachtlassung hergebrachter Begrenzungen im Bereich des Satzaufbaus und der Wortbedeutungslehre.

Nr. 4, Scoping, bezeichnet die Form des Komponierens und Kompilierens. Ohne Disziplinierung durch höhere geistige Kontrolleure sinkt der Schreibende zurück in einen traumhaften Erlebnisfluß. Die Zufriedenheit des Produzenten mit seinem Produkt soll sich so auf den Rezipienten (Hörer, Leser) übertragen. Ähnliche Anmerkungen wie es sie zum Surrealismus gibt: Es wird auf eine magische Wirkung abgezielt; zwischen Werk und Betrachter muß ein Funke überspringen, ein Schock soll ausgelöst werden, ein Strom, der wirkt und verwandelt.

Nummer 5, Lag in Procedure, ist das Bekenntnis zum Automatismus, der ein Nachspüren zum "proper word" verbietet. Das "mot juste" wird ersetzt durch eine Kompilation oder Kumulation einer Reihe von Wörtern. Begriffliches Einkreisen, ein kindliches Herumtappen ohne einer Wortökonomie verpflichtet zu sein – dies auch sollte die treffende Bezeichnung eventuell bereits vorgekommen sein. Anders als die Jünger der exakten Formulierung, die nur ein Endprodukt ihres Bemühens präsentieren, gibt Kerouac bereitwilligst Einblick in sein Tun, indem er dem Leser auch den "Abfall" des auf dem Weg zum Werk verwendeten Materials und dessen Abrieb anbietet. Der Leser wird hier sozusagen miteinbezogen, als Dialogpartner Zeuge des literarischen Vorgangs.

Kerouacs These Nr. 6, Timing, führt in seiner konsequentesten Ausdeutung zur absoluten Deckung von Erzählzeit und erlebter Zeit.

Unter Punkt 7, Center of Interest, wendet sich Jack Kerouac an den Sensualismus des Textherstellers, der von einem Organisieren und Arrangieren im gedanklichen Vorfeld als auch beim Sprechen/Schreiben absehen soll.

Der Folgegedanke, Structure of Work (Nr. 8), meint die Ablehnung von bizarren Strukturen, also wissenschaftlichen Texten, abgehobenen Zeitschriftencodes, akademischen Geschwulsts, die Anhäufung längst toten Materials; marodes Sprach- und Sprechmaterial bringt keine lebendigen Gedankengebilde hervor.

In der ekstatischen, orgastischen Unmittelbarkeit fließen für Jack Kerouac alle Dinge zusammen, die Literatur und/oder Leben ausmachen: Unreflektiertheit und Unbekümmertheit in der Form und Konfession im Inhalt. Trance Writing eröffnet die Möglichkeit 100prozentiger Ehrlichkeit beim Sprechen/Schreiben.

"I mean/as solid as anything/Is this reality of images/In the imageless essence/Neither of them 11 quit/-So tho I am wise/I have to wait like/Anyotherfool… Sag' ich doch/unumstößlich wie nur irgendwas/Steht diese Bildergalerie/Mit ihren bilderlosen Wesen/Keiner dieser 11 gibt auf/So halte ich mich ans Warten wie/Der Spinner Jedermann." (JK "Canto Dos")

Modern prose als Präsentation gesprochener Sprache, speech ist dabei speed und damit Spontaneität; Regeln, die auf Prosa wie gleichermaßen auf Lyrik bezogen sind. Als Kerouacsche Lyrik gelten "Mexico City Blues" (1959), "Scattered Poems" (1971), "Old Angel Midnight" (1973) sowie "Book of Haiku" und "Book of Sketches". Erst nannte Kerouac diesen Stil "sketching", die Erregung, sich selbst aufs Papier zu bannen, wie es ja auch die Musiker tun, die Riff auf Riff blasen, dem ein Solo, in welcher Richtung auch immer, Emotion hervorrufend, folgt.

Im Pamphlet "The Origins of Joy in Poetry" setzt er die sog. "San Francisco Renaissance" "(also: Ginsberg, ich, Rexroth , Ferlinghetti, McClure, Corso, Gary Snyder, Philip Lamantia, Philip Whalen, denke ich mal)" von der Schule der akademischen Lyriker ab. "Der Jazz hat sich selbst getötet, laßt dies nicht auch für die Poesie zu." (JK)

Dabei schrieb Kerouac "mit hundertprozentiger Eingebung", bisweilen war er so inspiriert, dass er nahe der Bewußtlosigkeit schwebte, "trance-writing": Clellon Holmes offenbarte er, dass er um die Aufgabe der erzählerischen Prosa fürchte, weil dies das Ende seines Lebens als Schriftsteller bedeutet hätte.

Mit diesem seinem "sketching" glaubte Jack die ihm gemäße Stimme gefunden zu haben. Seine neue Schreibart nahm ihn derart in Anspruch, dass er auf einen Vorschuß, wie ihn Holmes im Dezember für "Go" erhalten hatte, verzichtete.

1957 erschien die erste Originalfassung ohne kommerzielles Potential zu "On the Road", die später von Verlegerseite, Malcolm Cowley, dergestalt bearbeitet wurde, dass auch 'Viking Press' akzeptieren konnte.

Cowley sagte, dass 'Viking Press' noch ein Buch wollten, das nicht allzu persönlich sein und die Freunde einbeziehen solle. Seiner Mutter vermachte Jack ein in Leder gebundenes Exemplar von "The Dharma Bums". "Ein weiteres Abenteuer neben der Miete, dem Katzenfutter, dem Brandy und gesundem Schlaf.

Ebenso handelt das im Oktober 1951 begonnene "Visions of Cody" von Kerouacs Mitmenschen, dem Umfeld, gibt einen Sound wieder und dessen Erregungen, entwirft Rahmen und benutzt andere als Projizierung seiner Überzeugungen, eine hoffnungsvolle Dichtung: Wenn die stille Generation sich einem gefühlskargen, von der Überlegung und der Erwägung geleiteten Leben verschrieben hatte, dann suchen Kerouacs Akteure die Welt allein per Gefühl und Instinkt zu erfassen, sich aller Vernunft zu entschlagen. "His sound is a life sound." (Warren Tallmann) Wenn die analytische Generation einer bürgerlichen Wohlanständigkeit huldigte, dann bekannte sich die "Beat Generation" mit Stolz und Trotz zu allerlei Exzessen, die manchmal ins Verbrecherische abglitten. "Wir fanden eine Stelle, wo Landstreicher Kisten zusammengeholt hatten, um an Feuern zu sitzen. Dort setzten wir uns auch hin und tranken den Wein. Links waren die Güterwagen, trüb und rußig unter dem Mond; geradeaus vor uns die Lichter und die Flughafenstrahler… und der Streifenwagen kam vorbei, und der Polizist stieg aus, um auszutreten; aber die meiste Zeit waren wir allein und woben unsere Seelen immer mehr ineinander und immer mehr, bis es furchtbar schwer sein würde, Lebewohl zu sagen. Um Mitternacht standen wir auf und strauchelten der Landstraße zu." (OtR)

Kern- und Angelpunkt vieler Ekstasen ist die Jazzmusik: die härtere Form des Bebop, deren Rhythmus die einzige Disziplin bildet, der sich die Jünger einer zügellosen Bewegung unterwerfen. Aus dem Jazz ergeben sich rauschartige Zustände, die man sucht, weil man darin das höhere Leben vermutet. Trunkenheit, Rauschgiftgenuß, Geschlechtlichkeiten jeder normalen und anormalen Schattierung, Übergriffe wider Besitz und Eigentum, gekoppelt mit dem Rausch von space und speed. Die Bop-Sprache und die Musik des Bebop werden aufgenommen und in Prosa umgesetzt, eine Melodie geht in Improvisation auf, welche die Oberhand übernimmt. Ein Handlungsstrang wird durch, auch unzusammenhängende, Einschübe unterbrochen und in andere Richtungen gelenkt.

"Es war schon Abend, und die kleine Straße des Mexikanerviertels war eine einzige flammende Glühbirne: Kinoreklamen, Obststände, Andenken-Basare, Einheitspreisläden und Hunderte von wackligen Lkw's und schlammbespritzten, klapprigen Pkw's, die da parkten. Ganze Familien mexikanischer Obstpflücker zogen umher und knabberten Popcorn." (OtR) Ein plätscherndes Dahinerzählen bekommt in der Kombination von Thema und Variation durch die neuartige Schreibweise unvorhersehbare Akzente.

Was 'New Directions' im Jahre 1960 als das in Cassadys San Francisco-Mansarde beendete "Visions of Cody" herausbrachte, war die Überfeinerung eines 512 Schreibmaschinenseiten umfassenden Manuskripts, das aus vielen Mitschnitten auf Band bestand, denen durch örtliche Bestimmungen Zusammenhang und Festigkeit verliehen werden sollten. Wie in allen publizierten Büchern Jack Kerouacs ging es auch hier um eine Bildfolge, die Reihung von Begebenheiten, Erleben und Selbstoffenbarung, das wilde, süße Amerika, eine ans Animalische grenzende Lebensweise. Den Wert eines Gehirns macht seine Spontaneität aus, wobei Spontaneität auch als Synonym für "confessional" und als Antonym zu "crafted" zu verstehen ist. Eine Charakterentwicklung findet nicht statt, die Variationen klammern sich ans Grundthema: Autobiographie, die Autor-Erzähler-Identität.

Kerouac wie Cassady oder Cody fühlten sich auf Erden nie heimisch und wurden von "den roten Neons unseres vordergründig plakatierten Lebens hinweggerafft", Modernität als die der Zeit angemessene Authentizität.

Der Jargon der Bop-Jünglinge und ihrer Mädels "mit schmutzigen Fingernägeln und Torerohosen, die in ihren Liebesaffären zwischen Männern und Frauen nicht unterschieden, aber männlich direkt auftreten", ist der Film- oder Musikszene entlehnt: gewissermaßen als Ausweis für die Tatsache, dass man Hipster ist, frei, anarchisch, erleuchtet, ober- und außerhalb bürgerlicher Gesetzmäßigkeit.

Einige Zeilen "Fie My Fum" - "ein Gedicht soll nicht aussagen, sondern sein" - gingen an Jay Landesmann, der es in seinem Szeneblättchen 'Neurotica' druckte: "Pull my Daisy Tip my Cup Cut my thoughts For coconuts." Die ersten Worte hielten später als Titel für den künstlerisch, historisch und ästhetisch als wertvoll eingestuften Schwarz-Weiß Film her:

Carolyn, Malerin und Ehefrau des Bremsers Milo erwartet für den Abend Gäste: Ein früher Morgen im Universum, genauer ein Loft in der Lower East Side, Bowery, New York. Die Malerin bringt das Wohn-Atelier in Ordnung, die Kinder müssen in die Schule, all die –ologien lernen und beschweren sich über die tägliche Mehlpampe zum Frühstück. Gregory Corso und Allen Ginsberg treffen ein und bringen Wein und Bier mit, für den Abend werden der Bischof mit Mutter und Schwester zum Essen erwartet. Die Dichter blättern in ihren kleinen Mondlicht-Seiten und tauschen Gedichte aus. Der Familienvater und Bremser, Milo, kommt von der Nachtschicht, da fährt auch der Bischof samt Anhang in der Cabrio-Limousine vor. Die Fragen drehen sich angemessen um die Heiligkeit gewisser Dinge, welche sind überhaupt heilig, auch die Spielsachen oder leere Räume? Man setzt sich behaglich um den Tisch, da trifft Mez McGillicuddy ein, der erstmal auf die Toilette verschwindet; später soll er dann mit Gregory, dem Helden vom Ofen und der Rohr-Butter Musik aus Blechinstrumenten machen. Zuvor hatte sich die Mutter des Bischofs ans Harmonium gesetzt, das ihr die Tochter aufpumpt und dabei die Notenseiten wechselt. Die Bischofs verabschieden sich, der Junge wird ins Bett gebracht. Bauchige Wein-Flaschen landen auf dem Tisch, und der Dame des Hauses wird es zu viel. Sie beschwert sich über ihren Mann, der dauernd diese Beatniks ins Haus schleppt, die sich doch nur betrinken. Der Haussegen hängt schief, der Abend ist damit zu Ende, die restlichen Gäste machen sich inklusive Hausherrn auf, um in der Bowery weiter zu feiern.

Kerouac hatte für seine Prosa gefunden, was Allen Ginsberg phantastisch treffend eine "spontane Bob-Prosodie" nannte und durch die Definition "panoramic consciousness" ergänzte. Ein Stil, weniger ein oberflächlicher Manierismus, sondern vielmehr elementarer Ausdruck eines abgerungenen Standpunktes, der sich auch sprachlich verdeutlichen mußte: Im benutzten Rhythmus und der legeren Zeichensetzung, die den ungestümen Schwung der Diktion nicht einengen sollte. Sätze ziehen sich über eine ganze Seite hin, wobei den Augen nichts entgeht, das Ohr ganz Ohr ist für die Umgangssprache, eigentümliche Sprachmuster, den Slang.

Aus dem Gedächtnis skizziert Kerouac dank seiner "court stenographer ability" ein bestimmtes Objekt, wie ein Maler ein Stilleben entwirft, er "sketcht". Doch ohne selektierendes Suchen nach bestimmten Ausdrücken, sondern vielmehr als freies Assoziieren hinein in endlose Meere der Erkenntnis: das im Bewußtsein von "scrivo ergo sum" gipfelnde "Action Writing" oder "spontaneous bop prosody" wie ebenso "Instant Literature". "Durch eine gleichzeitig sich ergebende Ursache erzeugt das Bewußtsein Individualität, während durch eine andere parallellaufende Ursache die Individualität Bewußtsein erzeugt. " (WU)

Ein gutes Gedächtnis und ausgefeilte Beobachtungsgabe befähigen Kerouac zum Schreiben mit tatsächlichen Dingen und wahren Menschen: Plots im traditionellen Sinne gibt es nicht, die Protagonisten machen auch keine Entwicklung durch, weshalb man Kerouac bei der verbissenen Übereinstimmung von Fakt und Fiktion auch weniger als Literaten denn als Faktualisten bezeichnet. Den Wandel von Sensibilität und Geisteshaltung, den er bei sich vollzieht, stellt Kerouac authentisch dar.

Die Story ereignet sich in der Form von Blitzen, Blinken, Flashes; vergleichbar den Jazzern der Zeit, etwa John Coltrane (1926-1967), der sich auch stets auf der Suche nach neuen Klängen befand. Kerouacs shifts away from the narrative line werden mit der Improvisation und Variation, wie sie im Jazz gebräuchlich sind, verglichen. Die Momente zählen, bei denen sich Visionen großartigen Ausdrucks ins Gehirn prasseln, tosen, donnern, toben.

Der jeweilige Erzählfluß diktiert die Form wie auch umgekehrt, was John Clellon Holmes zusammenfasst: Daß Kerouacs Werk nichts anderes sei als „die Gänze seines Daseins, und wenn man über seine Werke Zugang zum Menschen findet, so weil dieses Werk nicht so sehr mit dem was sich ereignet umgeht sondern mit der Bewußtheit, dass alle Ereignisse als existentielle Harmonie von Kunst und Leben wundersame Bilder sind. Vorbedachtes Komponieren weicht einer Bilderwelt lautmalerischer Farbigkeit im Telegrammstil:" "… picaresque narratives. That`s what my books are." (JK)

Zur Intention Kerouacs gehörte die Vereinheitlichung von Leben und Kunst; der true-to-life-Effekt kann nur erzielt werden, wenn die reale Chronologie der Zeit aufgebrochen wird.

Jack Kerouac ist auch als Ich-Erzähler der ruhigere Typ, mehr der introvertierte Zweifler. Action-Held bleibt Neal Cassady, alias Dean Moriarty, ein Subjekt, das jedes Menschen Bruder sein kann, dem die schmierigste Arbeitskluft besser zu Gesicht steht als anderen der schickste Maßanzug.

Aus der unkonventionellen, rebellischen Art des Sprechens hört man die Stimmen der Jugend-Gefährten zwischen den Mopeds und Wäscheleinen bespannten Wohnblocks oder dem ruhigeren Treppenleben des Nachmittags: Haltung und Stil des Homo Americanus.

Das Bild der Straße, der Wanderung läßt die Idee der offenen Räume auferstehen mit ihrer Assoziation des Direkten, Eigentlichen, Unverdorbenen. Kerouac unterscheidet zwischen der Komposition eines Kunstwerkes, also der vorbedachten Äußerung und dem schlichten Sprechen, etwa im Alltag. Als umgangssprachlich konzipierte, unlexikalische Artikulationen werden die Flucht der Außenseiter im Sinne einer Komposition eingesetzt, ohne crafted, mithin komponiert zu sein. Amerikanisch ist das Mißtrauen gegenüber jeglichem Intellektualismus, amerikanisch sind die Angst vor der Reife, der Bebop, der Horror of standing still; Folge: die Sucht nach dem Rausch der Narkotika oder raumfressender Geschwindigkeit. Amerikanisch ist auch die unüberbrückbare Einsamkeit des Helden, dem die selige Bäckerin Heilig Abend Brot und Kuchen schenkt, das er in seiner Mansarde knabbert.

Neal Cassady und seine Romanverkörperungen können sich nicht damit begnügen, passiv einer Szene beizuwohnen. Sogar am Steuer seiner Autos greift er die Hand seiner jeweiligen Gespielin und reibt sich oder macht Verrenkungen, hämmert auf den Armaturen rum, lehnt sich weit aus dem Fenster. Immer ist er Handelnder aber auch Leidender und muß im Genuß nach Begierde verschmachten, weil auch ihm der schnöde Augenblick zerrinnt und stets von neuem aufgespürt sein will. Die gemeinsamen Extasen sind ja nicht die Übereinkünfte eines literarischen Reiseclubs sondern Ausdruck undirigierbarer Erlebnisbereitschaft ohne durch Tabus gesetzte Schranken.

Geknüpft wird mit der paradoxen Einheit von Lebenshunger und einem Drang nach Selbstauflösung auch eine Verbindung zum Schauspieler James Dean etwa, dem Saxophonisten Charlie Parker oder dem Dichter Dylan Thomas.

Carl Solomon wirkte auf Cassady ein, er sei doch ein natürlicherer Geschichtenerzähler als Kerouac. Unbedingt müsse er Trumans Autobiographie "Mr. President" lesen, um die "große Geständnis-Welle" zu verstehen, und Mickey Spillane und die Gold Medal Original Paperbacks, da sie doch ganz neue Leser an Orten erreichten, wo Bücher zuvor gar nicht existiert hatten. Jack wurde wütend, dass man Neal zu so etwas riet, insbesondere wegen Spillane:

"Was glaubt der, was unser Junge ist, ein Idiot? Würde ich ein Buch über einen Doper schreiben?"

Daß Kerouac so lange bei ihnen verblieb, war mittlerweile auch für die Cassadys hart. Sie beabsichtigten, Geld für ein Häuschen in San José zu sparen. Man wäre dann näher bei der Bahn und hätte etwas Hof für die Kinder.

Plötzlich schien es Jack, als würde Neal nur schuften, den ganzen Tag, dann legte er sich ein paar Stunden hin, sagte nichts mehr außer: "Yeah, yeah". Die Tipperei sowie die Hantiererei mit dem Tonbandgerät, das stundenlange Lesen der Encyclopedia Britannica, die kleinen Freuden waren nichts mehr. Jack wollte nicht zur Eisenbahn, Rangiergleise und Billardhallen waren ihm über, er wollte sein Buch und einen Schreibplatz.

Die Sparmaßnahmen griffen auch auf die Lebenshaltungskosten über, es gab keinen Wein mehr, kein Cannabis, und Jack hatte keinen Nickel dafür. Er beklagte sich, wurde ungehalten, als es um das Rauchen ging, ohne das nichts zu Papier zu bringen war. "Die Musik wurde noch schneller. Der Bassist beugte sich vornüber, legte einen gewaltigen Beat hin, schneller und schneller - und es kam einem immer schneller vor, das ist alles. Shearing fing an, seine berühmten Blockackorde zu spielen, sie rollten und rollten wie die See. Die Leute schrien: "Los, schaff dich!" Dean schwitzte: der Schweiß rann ihm den Kragen hinunter. "Er ist da! Das ist er! Alter Gott! Alter Gott Shearing! Ja!Ja!Ja!" (OtR)

Sie besuchten in Berkeley einen Dichter, Philip Lamantia, der durch sein Wissen über Indianisches und seine Peyote-Erfahrungen aufgefallen war. Auf der Rückfahrt meinte Kerouac, dass Neal wie ein Lümmel wäre, der die lokalen Größen mit Bauerngeschwätz belästigte.

Neal wurde so zornig, dass er den Wunsch, ihn nochmals zu Lamantia zu kutschieren, um Peyote zu qualmen, ablehnte. Carolyn schlichtete und bewog Neal, Jack in sein chinesisches Lieblingsrestaurant einzuladen. "Carlo kam beim Morgengrauen zurück und zog sich den Schlafrock an. In jenen Tagen schlief er nicht mehr. "Ach!" kreischte er. Er war dabei, seinen Verstand zu verlieren in all dem Durcheinander von verkleckerter Marmelade, Hosen, hingeworfenen Kleidern, Zigarettenstummeln, schmutzigem Geschirr, offenen Büchern - es war eine großartige Szenerie. Jeden Tag sich ächzend die Erde, und wir studierten voller Schrecken und Entsetzen die Nacht. Marylou war blau und grün von einer Schlägerei mit Dean wegen irgendetwas; sein Gesicht war zerkratzt. Es war Zeit zu gehen." (OtR)

Einige Tage später packte Kerouac seine Tasche für den Süden, um mit Burroughs in Mexico City zu leben.

***

KAPITEL SECHS
(Mexiko; Mardou)

Aus alter Freundschaft und mit Unterstützung durch Carolyn bot Neal die Fahrt bis Nogales an, Jack neben Neal vorne, die Familie auf Kissen hinten. Dem 1950er Chevy-Kastenwagen wurden die Pritschen entnommen, so daß auch Komfort für Carolyn und die Kinder entstand. Guter Laune verließen sie San Francisco, die Stadt mit den verrückten "Jitney-Taxis", die für 15 Cents an jeder x-beliebigen Ecke anhalten, um die Fahrgäste noch ärger zu-sammenzudrängen.

Wollten sie erst gemächlich fahren, mit Picknicks am Stras-senrand, wurde es unterwegs übellaunig ("Take another look at me to get the story better"), und der Trip geriet zu einem weiteren nervigen Nonstop-Marathon.

Als sie sich im Mai 1952 voneinander verabschiedeten, hatte Kerouac nur noch Augen für die durch die Wüste und Berge führende Straße nach Mexico City. "Siehst du?" sagte er und zeigte auf die Gebirgsketten in der Ferne "Mehico!" -"making the mind the slave of the tongue."

"Hinter uns lag ganz Amerika und alles, was Dean und ich bisher vom Leben gewusst hatten und vom Leben auf der Straße. Schließlich hatten wir am Ende der Straße das zauberische Land gefunden; nie hatten wir uns träumen lassen, wie groß sein Zauber war." (OtR) Ein langes Rückgrat aus gerippten Bergen von Calexico und Shasta und Modoc und Pasco am Columbia River zog sich nach Süden und saß wuchtig gleich hinter der Ebene, an die diese Küste sich schmiegte. Neal schrieb "structured to the optimal situation" an Allen Ginsberg: "Jack war permanent mit den Indianern."

"Eine neue Ordnung, darauf aus, mit nur irgendwas unterwegs zu sein, damit das Auge sehen, das Ohr hören, das Gedächtnis sich erinnern, der Gedanke suchen kann, um irgendwann – ganz einfach – bei einer Wortfolge anzugelangen." (JKSL)

"Eine tausend Meilen lange unbefestigte Straße führte hierher - stille Busse, 1931 schlank und hoch gebaut, komisch mit altmodischen Kupplungsstangen, die zu Löchern im Boden führten, alte Seitenbänke als Sitze, einfach umgedreht, massiv Holz, ein Rütteln und Schütteln in endlosen Staubwolken südwärts vorbei an Navahos und Margaritas und endloser Wüstendürre Hütten mit Doctor-Pepper-Reklame und Schweinsaugen auf halb verbrannten Tortillas - Tortur der Straße - führte zu dieser Hauptstadt des Opiumkönigreichs der Welt." (LT)

In "Lonesome Traveler" sind Tagebucheintragungen aus USA, Mexiko, Marocko, England und Frankreich zusammengefaßt. Die wortgewaltigen Prosaskizzen überschütten den Leser förmlich mit Wahrnehmungen aus der Kerouac-schen Erlebnissphäre. Als hätte er in einem einzigen Satz die Welt beschreiben wollen, werden die Momentaufnahmen ("Mexican Fellaheen", "The Railroad Earth") zu hervorragenden Beispielen fürs Action Writing.

In dem verstaubten, zerbeulten, Zweite-Klasse-Bus ab Nogales traf Kerouac einen mexikanischen Jungen, genannt Enrique: Passagiere mit Halstüchern und Strohhüten stiegen mitsamt ihren Ziegen oder Schweinen oder Hühnern zu, während die Kinder auf dem Dach mitfuhren oder singend und kreischend an der hinteren Wagenklappe hingen. "Wir holperten und holperten tausend Meilen über die ungepflasterte Straße, und wenn wir an einen Fluß kamen, lenkte der Busfahrer sein Gefährt einfach durch das seichte Wasser, so daß der Staub abgewaschen wurde, und weiter ging das Geholper."

Sehr zum Amüsement der Einheimischen kritzelte Jack die ganze Zeit in sein Notizbuch. Jack stimmte mit ihnen überein: "La tierra está la nostre". Gleich wurde noch mehr Opium und Marihuana gekauft, schon sah sich Kerouac von Polizisten und Soldaten umstellt. Er geriet in Panik, Gedankenblitze an Burroughs und eklige mexikanische Zellen stiegen in ihm auf, doch forderten die Uniformierten nur etwas von seinem Rauschgift. Sie nahmen sich, was sie wollten und winkten good bye.

"- Fremdartige Städte wie Navajoa, wo ich allein herumwanderte und auf dem Markt unter freiem Himmel einen Metzger vor einem Haufen erbärmlichem von Fliegen umschwärmtem Hackfleisch sah, während sich räudige abgemagerte Fellachenhunde unter dem Tisch drängten - und Städte wie Los Mochos (Die Fliegen), wo wir uns wie die Fürsten an klebrige kleine Tische setzten und Orange Crush tranken, wo die Schlagzeile in der Lokalzeitung von einem mitternächtlichen Pistolenduell zwischen dem Polizeichef und dem Bürgermeister kündete - es war in der ganzen Stadt zu spüren, eine unbestimmte Erregung in den weißen Gassen - beide mit Pistolen an den Hüften, bäng, blämm, auf offener morastiger Straße direkt vor dem Wirtshaus." (LT)

William Burroughs hatte seine eigenen Sorgen und war froh, einen Freund wiederzusehen. Zwei Monate vor Jacks Ankunft hatte Bill versehentlich seiner Ehefrau durch den Kopf geschossen. Er und Joane hatten bei einem Bekannten mit einem Glas auf Joanes Kopf und einem Gewehr Wilhelm Tell gespielt. Burroughs hatte das Ziel verfehlt und seine Frau getötet. Er verbrachte zwei Wochen im Gefängnis, konnte sich aber einflußreiche Anwälte besorgen und kam auf Kaution frei, als Jack in Mexico City eintraf.

Da der Sohn, William Burroughs III, nach St. Louis zu Burroughs` Eltern gebracht wurde und Joanes ältere Tochter Julie zu ihrer Familie, war Bill alleine, als Jack für den Sommer kam.

Bills erste Erzählung "Junkie" war vor einem Monat von A. A. Wynn genommen worden, und er saß nun über einer Homosexuellen-Geschichte, "Oueer". Die beiden Bücher sollten zusammen veröffentlicht werden, schlug Jack vor, "Oueer" würde die Aufmerksamkeit der gleichgeschlechtlichen Ostküsten-Kritiker erregen.

"Mambo plärrte von überallher. Hunderte von Huren reihten sich längs der dunklen und engen Straßen, und ihre trauervollen Augen funkelten uns in der Nacht an. Wir wanderten aufgeputscht und wie im Traum herum." (OtR)

Da die mexikanische Polizei den Burroughs-Freund Keils Elvins (Rollins in "Junkie") und einige andere Amerikaner wegen Drogenbesitzes eingebuchtet hatte, gab sich die Mexico City-Szenerie ruhig. Wie es Bill lakonisch in "Junkie" ausdrückte, ein "easy life". So hingen sie im 'Bounty' herum, wo Zeitungen auslagen und sprachen mit G.I. 's, den "refugee hipsters" aus "Junkie".

Als "the top of the pot" der Romane mit den weit zurückreichenden Lebens-Skizzen gilt Kerouacs "Doctor Sax". Der beste Ort hierzu war die Toilette Burroughs`. Jack rauchte Shit, und Bill konnte den Geruch nicht ertragen, auch schon wegen der Dauerfurcht vor den Behörden. "Ich hatte keinen anderen Platz zum Schreiben." Jahre später, als der Herausgeber Malcolm Cowley "Doctor Sax" las, bemerkte dieser den wiederholten Gebrauch des Wortes Urin, was ja unter diesen Umständen nur natürlich schien. Burroughs stand physisch Pate für den Doktor Sax, wie er auch schon in "On The Road" beruflich den Lehrer gemimt hatte. Dort heißt es: "Er verbrachte seine Zeit damit, zu reden und anderen etwas beizubringen ... Wir hatten alle von ihm gelernt. Er war ein grauer, unscheinbar aussehender Kerl, den du draußen nicht bemerken würdest, es sei denn, du gucktest genauer hin und sähest seinen verrückten, knochigen Schädel mit der eigentümlichen Jugendlichkeit - ein Kansas Typ mit exotischen, phänomenalen Feuern und Mysterien."
Das "Doctor Sax"-Thema basierte auf einem 'The Shadow' -Artikel. Jack war neun Jahre alt, als das erste 'Shadow'-Heft herauskam; "The Shadow" wurde nachher ein populäres Radio-Programm. Belustigt beschrieb Kerouac in "Doctor Sax", daß es in diesen frühen Tagen möglich war, "auf einer guten Illustrierten-Story high zu werden."
Wie auch das als "Springtime Mary" entworfene Jugend-Thema "Maggie Cassidy" folgt "Doctor Sax" einer strikten Erzähler-Linie. Jack Kerouac hatte dabei vielleicht doch auch in commercial terms gedacht, vermutet Ann Charters. Sowohl "Doctor Sax" als auch "Maggie Cassidy" setzen bei

den Loweller Jugend-Geschichten an, wobei "Doctor Sax" ausgiebiger zwischen dream, vision and reality mischt als der eher Tagebuch-Bericht rund um seine Jugendliebe Mary Carney ("Maggie"). Obwohl ja die Zeiten der Freuden um die erste Liebe im Hintergrund stehen, werden Tage und Nächte übelster Wirrnis wiederbelebt. Das Fazit: "Love is bitter, death is sweet", der Tod als Erlösung aus einem Martyrium der Schuld des Angeklagten, der mit zu vielen Dingern herumgemacht hat, der sich von seiner Potenz übermannen ließ, dem der Sex diktierte, ist Kerouac gemäß. So viel er auch darüber schreibt, ist er denn auch nicht unzufrieden, wenn sich das Triebhafte aus dem Tagesgeschehen zurückzieht.

Mit dem Ende von "Doctor Sax" tauchte inmitten von Gerüchen nach Dumpfigkeit, Schmutz, Hühnern und Zitronenschalen Neal Cassady in Mexico City auf. Neal bestand darauf, daß Jack zwischen den wunderschönen alten spanischen Kirchen mit all ihren traurigen Maria Guadelupes und Kruzifixen und Rissen in der Wand Auto fahren lernen müsse. Doch blieb Kerouac mit seinem Fuß einfach auf dem Gaspedal stehen. Neal konnte nicht glauben, daß Jack an Autos so wenig fand, doch schwor dieser, dass es nicht aus Absicht geschehen war. Jack brüllte: "Ich kann nicht fahren, nur Schreibmaschine." Sobald Cassady wieder nach Kalifornien gebraust war, schrieb Jack in fünf Tagen ein nie veröffentlichtes Buch. Eine erdachte Begebenheit, die 1935 in Chinatown spielte, und zwar mit Uncle Bull Balloon (Burroughs), einem mexikanischen Wüstling und einem alten Model-T sowie einigen sexy Blonden.

In ihrem neuen, windschiefen Haus hatten die Cassadys für Kerouac ein Zimmer freigehalten, so daß er immer wieder hereinschauen konnte und bei der Eisenbahn ein paar Mäuse (abzüglich Steuern) einheimsen konnte. "Du hast nicht gelebt, bevor du dies in Kalifornien gemacht hast." (JKLe) Carolyn Cassady erinnerte sich, dass Kerouac bei dieser Arbeit übersensibel war. Insbesondere störte es Jack, daß einer der Bremser seinen Namen penetrant falsch aussprach: "Kerouay" anstelle von "Kerouac". Neal versuchte abzuwiegeln, aber Jack blieb standhaft. Die einzigen, mit denen Jack gut zu Rande kam, waren die Pomo Indianer, weil die immer ein Lächeln oder eine Handbewegung übrig hatten.

Doch war der nächste Kampf in New York auszustehen, wo sich Jack ein Jahr nicht hatte blicken lassen. Mit der Mutter – "sie ist mir Freund als auch Mutter" (JK) zog Jack in die 134ste Straße, Richmond Hill, weil diese mit der alten Nachbarschaft Krach bekommen hatte. Nun wurde Jacks Bett gemacht, und er hatte immer saubere Unterwäsche in der Kommode. Mémêre trottete wieder in die Schuhfabrik, Jack stapelte Manuskripte. John Clellon Holmes wurde von der New York Times hofiert; Artikel mußten her, was es denn nun eigentlich mit der Szene auf sich habe. "This is the Beat Generation" erschien am 16. November 1952, und Holmes jagte nur noch, Mantel überm Arm, Taxis hinterher. Chandler Brossard war mit "Who Walk in Darkness" übers Village und einen verstörten Schriftsteller herausgekommen, konventionell, gut getroffenes Bohemien-Dasein. Kerouac fand es unseriös, Kenneth Rexroth hielt es für das erste "Beat-Bewußtseins-Buch".

In Holmes` "Go" arbeitet Jack ("Gene Pasternak") immer an einer neuen Publikation, blättert Zeitschriften in Cafés durch und hebt den Kopf, kommt jemand. Allen wird zu "David Stofsky" und Neal "Hart Kennedy"; Hauptfigur ist Holmes als "Paul Hobbes". "Teddy-Boys sind das englische Gegenstück unserer Hipster und haben überhaupt nichts mit den 'Zornigen Jungen Männern' zu tun, denn die sind beileibe keine Typen, die an den Straßenecken stehen und Schlüsselketten kreisen lassen, sondern universitäts-gebildete intellektuelle Gentlemen gutbürgerlicher Herkunft, meist ohne viel Drive und wenn doch, dann eher politisch als künstlerisch." (OtR)

Die Sekundärliteratur nimmt sich des Kerouacschen Themas an, das bei ausgehöhlten Lehrinhalten ein neuer Gegenstand akademischer Betrachtung werden könnte. "Action painters" stellen ähnliche Überlegungen an: "Malerei ist Lebensstil." (Willem de Kooning) "Wenn ich in meinem Bild bin, merke ich nicht, was ich tue. Erst nach einer gewissen Zeitspanne des Bekanntwerdens sehe ich, was ich gemacht habe." (Jackson Pollock zu seinem "action painting") Die Ansicht kursiert, Pollocks Bilder seien gedankenlos gemalt, ganz und gar unkontrolliert und kunstlos. Tatsächlich legte Pollock Wert auf Klarheit, scheute aber nicht, was spontan beigesteuert wurde. Gleichermaßen bestätigt der Surrealismus die Gedanken über freie Assoziation und das Unbewußte als Quelle der Kunst. Wortmalerei schöpft Kerouac auch mit der Wiederholung von "I see"… remember… I see", als befände er sich mit seinem Ich in einem abgehobenen Zustand - wie der Maler, immer mit Skizzenblock zur Hand. Zu den Bilderstürmern der Zeit gehört auch der Photograph Robert Frank, nicht nur wegen seiner Mitarbeit bei "Pull My Daisy".

Die Umsetzung von Gesehenem und Erlebtem hält Kerouac im Rahmen seines Reiz-Reaktions-Schemas für möglich und auch für nötig, da er im "swimming in sea of language to peripheral and exhaustion"-Schreibstil einen Akt der Selbstbefreiung sieht, der bis an die Grenze physischer und psychischer Erschöpfung führen kann.

Mit seiner Frau Marion zeigte sich Holmes bemüht, Schritt zu halten, aber: "Wir sind nicht wie sie." Für Kerouac blieb er ein Außenseiter, der sich von der Beat-Bewegung Vorteile versprochen und diese genutzt hatte. Jack und seine Kumpane empfanden sich doch anders. Sie waren literarische Künstler, wohingegen die übrigen ihr Leben mit weniger essentiellen Dingen vertaten. Holmes war ohne Überzeugung, weil ohne Vision von sich, die Kunst war ihm nur Zweck, um berühmt und reich zu werden, nicht aber der hauptsächliche Lebensinhalt. Facts und Fiction scheinen nicht mehr streng getrennt werden zu können, nicht selten fühlten sich etwa Mitbürger gleichlautenden (Vor-)Namens ins falsche Licht gerückt. Die vielfältigen Namensänderungen erfolgen auch wegen Gründen, wie sie die Justiz mitbestimmte, an die klare Verwendung von Echtnamen war nicht zu denken.

Jack Kerouac blieb bei seinem Lebensstil, seinem Peter Martin, der schon als Junge bedauert hatte, nicht so glamourös zu sein wie Lamont Cranston`s, alias the Shadow, ein reich und elegant gekleideter Typ, der in den Yellow Cabs davonstob, um mit den Kräften des Verbrechens mitzuhalten. Kerouacs leidenschaftlichem Drang nach Selbstfindung kam diese Zivilisationsüberdruß-Atmosphäre nicht entgegen.

"Gegen Morgen, als die Party ihren Höhepunkt erreichte, war ich wieder in Larrys Schlafzimmer und bewunderte das rote Licht und dachte an die Nacht als wir zu dritt - Adam und Larry und ich - Micky in diesem Zimmer hatten und Bennies schluckten und eine tolle kaum zu beschreibende Sexparty hatten - als Larry hereinstürmte und sagte: "Mann, wie sieh`s aus, kriegst du sie rum heute nacht?" - "Ich möchte ja verdammt, aber ich weiß nicht -" -"Dann mach schon Mann, du hast nicht mehr viel Zeit, wasn los mit dir, wenn wir schon all die Leute herholen und ihnen Tee zum Rauchen geben und mein ganzes Bier aus dem Kühlschrank, Mann da muß was rauskommen für uns, wir müssen was tun -" "Ach so, du magst sie?" - "Klar Mann, ich mag alle - aber ich meine jetzt dich, Mann." Und so nahm ich widerwillig und lahm einen neuen Anlauf, ein flüchtiger Blick, eine Bemerkung, ich setzte mich zu ihr in die Ecke. Und dann gab ich auf und im Morgengrauen zog sie mit den anderen ab, um irgendwo Kaffee zu trinken und ich ging mit Adam hinunter, um sie wiederzusehen (fünf Minuten später gingen wir die Treppe hinunter, hinter der Gruppe her) und alle waren da nur sie nicht, in ihrer Unabhängigkeit war sie in düsteren Gedanken weggegangen, zu ihrer stickigen kleinen Bude an der Heavenly Lane auf dem Telegraphen Hill." (TS)

Einer der Gründe, warum Kerouac seine Frau Edie verließ, war, daß das Leben mit ihr zu komfortabel geworden wäre. Er wollte ein bester Schriftsteller sein wie Proust oder Shakespeare, das andere bedeutete ihm wenig, behinderte ihn nur: "Edna weinte, ihre Tränen kullerten Wesleys Handrücken herunter. Er drehte ihr Gesicht zu sich und sah sie an in dieser trüben Dunkelheit, ein blasses

Antlitz mit Tränen wie Diamanten benetzt, ein seltsames Gesicht, das sein Inneres mit einem tragischen unwiderruflichen Drang auf Veränderung aufwühlte… Sie hatte sich in den noch jungen Teil von ihm geknotet und lähmte ihn jetzt, sie hatte sich bei ihm eingeschlichen, ein Fremder, der in seinem Leben herumspukte…" (TSB)

In einer Stellungnahme zum Entstehen von "Doctor Sax" schickte Kerouac seinem norwegischen Verleger einen Brief: "Das Buch ist gemäß Dostojewskis "Notes from the underground" modelliert, ein Vollbekenntnis der nach einer Affäre, wie immer diese ausgesehen hat, schlummernden Agonien. Diese Prosa halte ich für die Prosa der Zukunft, sowohl vom bewußten Top des Geistes her als auch von der unbewußten Tiefe, begrenzt nur durch die Grenze der Zeit, vorbeifliegend und die Gedanken mit sich reißend. Jedes Wort dieses Buches wurde nach Fertigstellung in drei Sessions rund-um-die-Uhr auf der Maschine hergestellt, liegt auch als Band vor, wie ein längerer Brief an einen Freund. Dies ist, nach meinem Dafürhalten, die einzig mögliche Literatur der Zukunft…"

Ein weiteres Buch erschien: "Maggie Cassidy" beginnt wie "Doctor Sax" mit Jack und seinen boyhood friends, in Lowell. Der erste high school flirt heißt "Maggie Cassidy", die Kerouac ("Jack Duluoz" = Laus) an einem Silvesterabend kennenlernt und mit der er das Jahr durchlebt. "Der Sommer hatte in die Ecken des Frühlings gelangt und sie alle trocken gewischt - die unentbehrliche Grille würde von ihrem Felsen kriechen. Meine Geburtstagsparty war vorbei, ich begeisterte mich immer mehr für Maggie, nun, da sie sich immer weniger für mich begeisterte. Die Saison war an ihrem unsichtbaren Angelpunkt herumgeschwungen." (MC)
Wahre Confessio ist für Kerouac nur dann möglich, wenn der Berichtende sie ohne jedwede (Selbst-) Zensur in voller Ehrlichkeit und in einer Sprecherhaltung, die der mündlichen Kommunikation entspricht, ablegt. Wahr ist, was wirklich ist. "Ich wünschte, du wärest älter." "Warum." "Du wüsstest dann, was du mit mir machen sollst ... " "Wie"-

"Nein! Du weißt es nicht .... Die Sache war die - Maggie wollte, daß ich eindeutig Position bezog und mich vertragsmäßig als Ehegefährte ihres Herzens binden - sie wollte, daß ich aufhörte, mich wie ein Schuljunge zu benehmen und mich bereit machte, die Welt beim Schopf zu packen, daß ich einen Weg für sie und unsere Sprößlinge bahne." (MC)

Solomon hatte sich das Recht ausbedungen, drei Manuskripte ausschlagen zu dürfen. "Maggie Cassidy" war nun das dritte, und die Absprache war hinfällig. Eine Literatur-Agentin, Phyllis Jackson, übernahm es, die drei Romanvorlagen "On The Road", "Doctor Sax" und "Maggie Cassidy" bei einem Verlag unterzubringen.

Doch auch dies klappte nicht, anstatt wie Shakespeare und Proust empfand sich Jack jetzt als Melville, ausgebrannt nach "Moby Dick" und "Pierre". Es war Zeit, die Ostküste zu verlassen, es neuerlich an der Westküste zu versuchen; Jack bestieg den Greyhound.

"Ich hatte oft Sexfantasien der merkwürdigsten Art, nicht Sexszenen mit anderen Leuten sondern merkwürdige Situationen, die ich in Gedanken immer weiter ausbaute, während ich herumbummelte, und meine Orgasmen, die wenigen, die ich hatte, kamen nur, weil ich nie masturbierte und auch gar nicht wußte wie, wenn ich davon träumte, daß mich mein Vater oder sonstwer verließ, von mir weglief, dann wachte ich auf und hatte diese komischen Zuckungen und diese Nässe in mir, in meinen Schenkeln, und auf der Market Street war es so ähnlich aber anders, und auch Angstträume im Anschluss an die Filme, die ich sah ... " (TS)

In New York hatte Kerouac eine kurze Beziehung mit einem Mädchen, das in "The Subterraneans" Mardou Fox genannt wird. Eine Farbige, ein neues Gesicht um Ginsberg herum. "Und bald sollte ich erfahren, daß sie keinen Glauben besaß und nie ein Zuhause besessen hatte, das ihn ihr hätte vermitteln können - schwarze Mutter tot als Folge der Geburt - der fremde Vater ein Cherokee-Halbblut als Landstreicher mit zerschlissenen Schuhen über die graue Herbstprärie gekommen, schwarzer Sombrero und rotes Halstuch hockt am Feuer, warf leere Tokajerflaschen in die Nacht, Yaa Calexico!"

Die nach Brot und Liebe gierende Mardou war schön und erinnerte Jack Kerouac mit ihrer vibrierenden Sexualität an eine Indianerin "und in vielen meiner Wachträume, sie zwischen meinen Beinen auf dem Boden in der Toilette kniend, ich auf dem Sitz, mit ihren besonders kühlen Lippen und indianisch markanten hohlen, weichen Backenknochen".

Erst war Mardou, gerade aus der Psychiatrie entlassen, mit den Junkies, dann den Musikern zusammen gewesen, eine der "Village-Subterraneans", der "Unterirdischen": "... und an seiner Schulter ein verrücktes Isadora-Duncan-Mädchen. Sie rauchten Pot und redeten eindeutig in der Sprechweise der neuen Bebop-Generation über Pound und Peyote."

"Ich bin voll seltsamer Gefühle, durchlebe noch einmal manch alte Geschichte und gestalte sie neu - als sie 14 war oder vielleicht 13, schwänzte sie oft die Schule in Oakland und fuhr mit der Fähre zur Market Street und verbrachte den ganzen Tag in einem einzigen Kino, sie ging umher und hatte halluzinierte Fantasien, blickte in all die Augen, ein kleines Negermädchen durchstreifte die zwielichtigen rastlosen Straßen der Wermutbrüder, Raufbolde, Schnüffler, Bullen, Zeitungsverkäufer, der irre Wirrwarr dort und alle starren und sehen überall hin eine sexbesessene Menge und das alles im grauen Regen geschwänzter Schultage - arme Mardou -."

Kerouacs Bilder und Erscheinungen sind vom Umstand bestimmt, daß er als in der Tradition Amerikas Stehender von den in der amerikanischen Verfassung dargestellten und garantierten Rechten auf Freiheit und Gleichheit aller Bürger überzeugt ist. Dennoch stiegen Zweifel auf, weil sie eine Negerin war und wegen ihres halluzinatorischen Wahns. Sein Schwager war Südstaatler, und es gäbe keine Möglichkeit mehr, im Süden zu leben. "Was würden sie sagen, wenn die Dame des Hauses, meine Frau, eine schwarze Cherokee-Indianerin wäre, ich würde mein Leben halbieren und all die anderen schrecklichen amerikanischen Redensarten."

"Aber dieses 'meistern', dieses alte psychoanalytische 'meistern', sie redet wie all die andern, die Stadt dekadent in einer intellektuellen Sackgasse mit der Analyse von Ursache-und-Wirkung und der Lösung sogenannter Probleme anstatt der großen FREUDE DES SEINS und des WILLENS DER FURCHTLOSIGKEIT - die Dinge zu zerstückeln bereitet ihnen Entzücken - das ist es, Mardous Problem, sie ist genau wie Adam, wie Julien, all die andern, fürchtet den Wahnsinn, die Furcht vor dem Wahnsinn verfolgt sie - nicht MICH, NICHT MICH bei Gott -." Mardous Bedeutung hatte die seiner Schriftstellertätigkeit ersetzt "und tiefer drin dann wirklich die beste, die prächtigste, fruchtbarste feuchte Wärme und voll verborgener weicher gleitender Gebirge und das Ziehen und Zupacken der Muskeln ist so kraftvoll..." Kerouac war plötzlich verschwunden, und Mardou war mit ihm verloren. In Momenten der geistigen Klarheit, der Vernunft sagt er sich insgeheim: "Meine Arbeit ist wichtiger als Mardou."

Zugleich mit seiner Ankunft in der Stadt der Freiheitsstatue wurde der Korea Krieg beendet, Kerouac ist natürlich froh darüber, das Bedauern über einen weiteren sinnlosen Krieg überwiegt.

Noch ein Freund Allen Ginsbergs kehrte nach New York zurück, der Schreiber Gregory Corso. "Gregory Corso wird mit Lorbeerkranz im Haar um sich tänzeln und ein Dichter sein..." (JK "Heaven") Als dieser 1953 in die Stadt kam, zählte er dreiundzwanzig Jahre, dunkelhaarig mit starken Augen, in der Bleecker Street geborener Italiener. Doch war die Mutter verstorben, und sein Vater hatte ihn verlassen. Die meiste Zeit seines Lebens hatte er in Einrichtungen oder dem Gefängnis verbracht, wo er auch zu schreiben angefangen hatte. Er hockte nach neuerlicher Entlassung gerade in einer Village Bar, als Allen Ginsberg ihn sah und ein Gespräch begann.

Gregory gewährte Allen Einblick in sein Geschriebenes, und Allen hieß ihn freudig in der kleinen Gruppierung willkommen. "Mit meinen Gefängnis-Sachen lernte ich Allen Ginsberg kennen. Durch ihn erfuhr ich mehr von der zeitgenössischen Dichtung." (Gregory Corso)

Das Verhältnis zu Jack Kerouac gestaltete sich schwieriger, doch nahm Corso Anteil an allem, was Kerouac von seinen Erfahrungen mit Güterzügen, Hitchhiken und Bergwanderungen zu Papier brachte. Corso hielt sich für etwas bevormundet, da Jack der ältere, erfahrenere Schreiber war, der Gregory, dem Erziehungsanstalts-Italiener, "einige Worte" beibringen könnte. Einmal ging er rüber zu Jack, um auf ihn zu warten. Mardou Fox insistierte, daß er sich aufs Bett lege und mit ihr ringe. "Sie war ungehobelt und ich kam gerade aus dem Knast und sie vergewaltigte mich. Ich erzählte es Jack und er brüllte und ich sagte: "Oh shit"."
Corso behielt an diese Szenen ein ungutes Gefühl zurück. Kerouacs Buch zu dieser Affäre entstand in drei langen Nächten ununterbrochenen Tippens. Bleich wie ein Blatt Papier und abgemagert hatte er sich der Sprechweise des Mädchens, ihrer Syntax und ihrem Stil angepasst, was ihm eine dauerhaftere Befriedigung verschaffte, als das, was zwischen ihm und Mardou vorgefallen war.
"The Subterraneans" ("Bebop, Bars und weißes Pulver"), war einer Henry Miller-Erzählung nicht unähnlich. Später verfaßte dieser auch ein Vorwort, in dem es hieß, daß Kerouacs Prosa von seiner Überzeugung nicht weit entfernt wäre. Kerouac hatte die Regeln gebrochen, er hatte eine neue Art Buch aufgesetzt, was bedeutete, daß der Jemand im Verlag seine Vorstellungskraft einsetzen müsse anstelle seines Verkaufszahlengehirns.
Irgendjemand hatte immer irgendein Buch dabei, das an die Kumpel weitergereicht wurde, der es irgendwo gefunden zu haben schien. Roy, der Chauffeur aus "On the Road" vertreibt sich die Wartezeit mit Schmökern, Anhalter-Passagiere lesen lieber als die Landschaft zu bestaunen...

Neal Cassady lag mit einer Fuß-Verletzung im Krankenhaus. Beim Rangieren war ein Güterwagen auf ein falsches Gleis geraten, Neal war aufgesprungen und hatte einen Stop mit der Handbremse versucht, als der Zug gegen einen Höcker prallte und ihn zu Boden schleuderte. Dieser schwerwiegende Vorfall, der ihn beinahe ein Bein gekostet hätte, wurde als Arbeitsunfall von der Bahngesellschaft entschädigt. Eine Summe, die vor allem in einen Hauskauf in San José, 40 Meilen südlich von Frisco investiert werden konnte.

Die enge Beziehung zu Allen und William lockerte sich. Allen plante eine Reise nach Südamerika, Bill wollte nach Nordafrika, Jack Kerouac trat in eine melancholisch zu nennende Phase. "Ach, was für leere Worte. Ich habe nicht mehr Erinnerungen als Tränen in meinen leeren, weinenden Augen. Ich weine ohne Tränen, gerade jetzt, ich weine, Herr Tagebuch, wofür? Frag' mich nicht. Ich weiß es nicht. Laßt uns so weitermachen. Diese Leere hat keinen Inhalt und ist deshalb endlos. Laßt uns deshalb durch die Zeit schreiten, durch den hohlen Raum der Unendlichkeit, so daß wir nie das Ende von Nirgendwo erreichen..." (hier Abbruch der Tagebuch Notiz JKs)

***

KAPITEL SIEBEN
(Buddhismus; "Visions of Gerard")

Kalifornien schaut gen Orient, seine jungen Intellektuellen sind für untraditionelle und experimentelle Konzeptionen weit aufgeschlossener als ihre Gegenstücke in den eigensinnigen Festungen New York oder New England, und es war wohl kein Zufall, daß der Streit- und Triumphwagen der Beats Ende der fünfziger Jahre von Westen nach Osten rollte, und nicht in umgekehrter Richtung. Die Westküste, besonders von Frisco nordwärts zu den hohen Bergen im Staat Washington, ermöglichte, wegen ihres Klimas und der geographischen Lage, eine natürliche, freiluftige Lebensweise mit den buddhistischen Lehren und Spekulationen zu verbinden. "Sich nicht durch das Liegen auf einem Nagelbrett quälen, sondern in tiefer Versenkung über die Eitelkeit des Irdischen meditieren, die Unbeständigkeit des Daseins durch ständige Gewahrwerdung erkennen." (WU)

Begonnen hatte Kerouac solche Überlegungen in Korrespondenz mit Ginsberg, die bis zu entsprechenden Veröffentlichungen gedieh: "Some of the Dharma", "The Scripture of the Golden Eternity." Kerouac ersetzt hier den Begriff der Leere durch den der "Goldenen Ewigkeit", mit dem er eines seiner persönlichen Erweckungserlebnisse beschreibt. "Ein Mann geboren in der Welt, gelangt durch rechtes Denken zu Freude an der Einsamkeit des Guten, erkennt die Vergänglichkeit des Goldes und der Schönheit, er sieht die Religion als seine größte Zierde." (WU)

Neben einer Anzahl gleichgesinnter, neobuddhistischer, anarchistischer antimaterialistischer, junger Amerikaner diskutierte Jack Kerouac und sinnierte über Philosophie, Religion, was, - weg vom wissenschaftlichen System, dem geschlossenen Weltbild -, existentiellere Sehweise ankündigte: "The medium is the message", wobei Kerouac auf den Doppeleffekt Stil und Aussage anspielt. Soll nicht heißen, Kerouac wäre der System-Denker irgendeines technisch philosophischen Gebildes; seine Originalität lag in seiner instinktiven Fähigkeit, dorthin zu führen, wo sprühendes Leben, "bubbles and balloons", wo Aktion war, wo er als Seelenreporter seiner selbst mittun konnte und wollte. "He hurried along thinking and burning" – "toward a worldwide utopia."

Das Leben fand Kerouac mindestens ebenso wahrhaftig und bedeutungsvoll wie die religiösen Formen, in denen die Menschen dieses zu ordnen suchten und das mehr oder weniger lautstark bis heute tun: "Consciousness of the mind is the source of all." "Die Ewigkeit und das Hier und Jetzt sind ein und dasselbe."

Ab Januar 1954, da er sich schon monatelang völlig verloren und alleine vorgekommen war, entdeckte Jack Kerouac den Buddhismus, vertiefte sich in das Studium Mahayana-buddhistischer Texte und verfaßte auch eine nicht veröffentlichte Buddha-Monographie "Wake up" sowie andere Schriften zum Thema. Die zwischen dem 2. und 6. Jahrhundert in Lehrerreden transkribierten neuen Ideen des Mahayana erwecken den Anschein, als seien sie noch zu Lebzeiten des Buddha (ca. 5. Jh. v. Chr.) verkündet worden. Den relativ ausschmückenden Stil weiß Kerouac vorlagengetreu wiederzugeben, so daß sich "Wake Up" wie ein Mahayana-Sutra liest. Die vier Gebote, um Nirwana zu erreichen, faßt Kerouac zusammen: 1. Wacht auf, und laßt ab von der sexuellen Lust, sie führt zu Vermehrung, Streit und Leiden. 2. Wacht auf, und laßt ab von der Neigung, andere herzlos zu behandeln. Herzlosigkeit ist der Tod des weisen Lebens. 3. Wacht auf, und laßt ab von der Gier und vom Diebstahl. Ihr sollt euren Leib nicht als euer Eigentum ansehen, sondern als eins mit allen anderen fühlenden Wesen. 4. Wacht auf, und laßt ab von heimlicher Unaufrichtigkeit und Lüge. Es soll keine Falschheit in eurem Leben sein. In einem zerplatzenden Tautropfen vermag sich nichts zu verbergen." (WU)

"… The reason why there are so many things/Is because the mind breaks it up/The shapes are empty/That sprung into come/But the mind wont know this/Till a Buddha with golden/Lighter finger, hath pointed/To the thumb, & made an aphorism/In a robe on the street/That you'll know what it means/For where to be too many things/In a world of nothing/One no-thing-equals/All things…"(JK "Brown Poem", wie es auch weitere Gedichte in anderen Farben gibt: Rose -, Black -, Gray -, Blue -, Green -, Red -, White Poem).

Kerouacs Auseinandersetzung mit dem Gedankengut muß auch aus der persönlichen Konfliktsituation heraus gesehen werden; mit 31 Jahren lebte er noch immer bei seiner Mutter, war noch ohne Verlagsverlag und hatte Unterhaltszahlungen zu leisten. "Ein Musiker, Könner auf seinem Gebiet, probiert ein neues Instrument, den Zen Buddhismus und trägt dessen Töne in sein amerikanisches Leben..." ('Newsweek')
"Die Menschen waren weltlich gesinnt und auf Vergnügungen erpicht. Wenngleich sie die Fähigkeit zu religiöser Erkenntnis und Tugend besaßen und die wahre Natur der Dinge zu verstehen vermochten, hasteten sie zu anderen Dingen und verstrickten sich in den trügerischen Gedanken im Netz der Unwissenheit, wie Marionetten, die man nach törichten, widersprüchlichen und willkürlichen Vorstellungen zappeln ließ..." (WU)
Jack Kerouac war durch die Begegnung mit Gary Snyder erst in den Zen-Buddhismus eingeführt worden und hatte nicht - wie die drei anderen Dichter - Originalschriften gelesen oder Studium im fernen Osten für die buddhistischen Lehren betreiben können. Seine Auseinandersetzungen mit den Lehren ist andererseits als Ergebnis enger persönlicher Bindung an Snyder verstanden worden. "Dies spielt auch besonders für die Zen-buddhistischen Lehren eine Rolle, da diese grundsätzlich an erfahrungsgemäße Erkenntnis-Vermittlung und damit eine Lehrer-Schüler-Beziehung gebunden sind." (Gertrude Betz)
Jack Kerouac war als Katholik geboren und erzogen worden, aber auf der Suche nach einer Verschmelzung seines Glaubens mit anderen Überzeugungen geblieben. Aussagen wie "Jedes Leben bedeutet Leid" schienen ihm eher zutreffend, eine gemäßere Zeitbeschreibung als die biblische Rhetorik des Christentums. Solche Sätze waren wie für ihn geschrieben, und er fand sie auf seinen Bummeleien durch nächtliche Straßenzüge, in Zeitungen, in Biblio-

theken, wo immer er des Schriftlichen habhaft werden konnte. Wer das Ewige preist als ein Leben nach dem Tode, dem gilt das Hier und Jetzt nichts, er gehört damit zu den Weltzerstörern, wie sie beispielsweise auch der Faschismus gebar.

Wie bei allem waren Allen und Neal in das miteinbezogen, was Kerouac tat, und zehn Jahre später ging Allen Ginsberg nach Indien. Meist sprachen sie über die Unsterblichkeit; Wiedergeburt wurde indes als Überheblichkeit bewertet. "Ja, es geht also um den Versuch, Nirwana zu erreichen, wenn du schon dort bist, den Gipfel eines Berges zu erreichen... Ich beschloss, daß ich nach meiner Rückkehr in der Welt dort unten versuchen würde, ein klares Bewußtsein zu behalten inmitten all der trüben menschlichen Vorstellungen, die wie Fabrikschlote am Horizont rauchen, und ich würde mitten hindurch meinen Weg gehen, vorwärts." (LT)

Jack Kerouacs Generation wußte um Amerikas neue und höchst unbequeme Rolle als führende "Macht der freien Welt", wußte um die Fragwürdigkeit dessen, der eine aufgezwungene Macht ausüben muß. Die moralische Bürde der Atombomben, die aus amerikanischen Flugzeugen auf bevölkerte Städte, auch die eigenen, fallen konnten, und das mit dieser Vernichtungskraft einhergehende "neue Zeitalter" waren bewusst, den Amerikanern und damit natürlich den Europäern - wie auch sonst jedermann.

Sicherlich liegt es an diesem Wissen, daß man sich nicht zur hellen Begeisterung, zum übertriebenen Gefühl und zu hohlen Worten berufen fühlte. Als Generation hatte man den überwältigenden Erlebnissen des Krieges und der literarischen Revolte der zwanziger Jahre (Hemingway, Pound, Eliot, Stein) wenig bis nichts entgegenzustellen. "Wahrheit ist nur ein Begriff, den die Buddhas verwenden, um die Fesseln an und die Befreiung von dem Begriff 'Dasein' zu verwenden. Die Wahrheit ist so umfassend, daß man sagen kann, es gebe keine Wahrheit. Es gibt weder Wahrheit noch Nicht-Wahrheit, es gibt nur die Essenz. Und wenn wir Einsicht erhalten in diese Essenz, so nennen wir sie den Essentiellen Geist". (WU) Wie die weisen Männer in Hermann Hesses "Glasperlenspiel" bemühen sie sich um Sammlung und Wahrheit mehr noch als um neue Wege. John D. Salingers (1919-2010) Roman "Catcher in the Rye" aus dem Jahr 1951 bewies nur, daß auch die einsame Stimme für viele sprechen kann, Ausdruck hat: "Falls jemand jemanden trifft, der durch den Roggen geht. "

Selten finden sich, im Gegensatz zu den Erzählungen früherer Perioden, "positive" Helden, als sieghaftes Gebilde optimistischer Zeitalter, sondern meist ist es gerade der "negative Held", der versagt, weil sein Charakter, seine Courage, seine Vitalität dem äußeren Geschehen nicht gewachsen sind.

Man erkennt, daß eine Art literarischer Generation den Durchbruch ins öffentliche und bewußte Leben der amerikanischen Nation vollzieht, die sich 'Beat Generation', das heißt, die geschlagene, am Boden liegende und dort zerstörte Generation nennt und alles bisher Erreichte und sorglich Gehütete auf den Kopf stellt. Der Versuch, durch Bildung bzw. Kultur eine allgemeingültige Wertordnung zu errichten, stößt immer wieder auf Widerstand.

Beat als geschlagen, weil man gegenüber der Welt keine Chance hat, sich ohne Hoffnung auf eine Zukunft freiwillig in die Verbannung begibt. Die "erlaubte" Welt ist gemäß dieser Sehweise in monströsem Ausmaß verbrecherisch geworden.

In einem Pamphlet hielt Kenneth Rexroth den Ausweg fest: "Wie die Säulen des Herkules, wie die zerspellten Titanen, die den Eingang zu einem von Dantes Höllenkreisen hüten, stehen zwei große, tote, jugendliche Verbrecher - die Helden der Nachkriegsgeneration: der große Saxophonbläser Charlie Parker und Dylan Thomas. Wenn das Wort 'wissentlich' überhaupt etwas bedeutet, dann haben sich diese beiden wissentlich selbst zerstört. Beide haben den einen Gedanken zum Leitsatz erhoben: Gegen den Untergang der Welt gibt es nur eine einzige Abwehr: den schöpferischen Akt."

Jack Kerouac und seine Darsteller werden mit jenem legendären Holzfäller Paul Bunyan verglichen, der mit seinen blauen Ochsen und seinen riesigen Werkzeugen in den ungeheuren Waldungen des amerikanischen Nordens hauste und Übermenschliches leistete.

Gary Snyder und Philip Whalen sind Schüler und Mönche der Zen-buddhistischen Lehre in der Prägung Hui-Nengs geworden, die sich in den japanischen Zen-Schulen Rinzai und Soto fortentwickelte und von dort aus auch westlichen Adepten zugänglich wurde. Alan Watts (1915-1973) soll gesagt haben, Kerouac hätte vielleicht "ein bißchen Zenfleisch, aber keine Zenknochen", womit er auf den Titel des Buches "Zen flesh, Zen Bones" ("Ohne Worte - ohne Schweigen") von Paul Reps anspielte. (Ursula Gräfe)

Wegen der Bezahlung von Marihuana kam es zu einer Auseinandersetzung zwischen Neal und Jack ("Ja, ja ist mein Bruder klar, klar Mann, ist mein Bruder, und jetzt verpiß dich."), so dass Kerouac ins Cameo-Hotel, auf der Third Street in San Francisco zog.

Wieder griff er zur Feder, diesmal Gedichte, die Kerouac "San Francisco Blues" nannte und in einem Lehnstuhl schrieb, während unten die Nutten und Polizeiautos kurvten. In mehreren Manuskripten konzentrierte Kerouac alle seine Gedanken auf diese zu uns aus Indien, über Japan und China gedrungenen Heilslehren. Diese Zeilen waren anders, von Jacks Buddhismus-Interessen inspiriert, als das zwei Jahre zuvor entstandene "October in the Railroad Earth -- Rhetorical Third Street / Grasping at racket / Groans and stinky / I've no time / To dally hassel / In your heart's house / It's too gray / I'm too cold - / I wanta go to Golden / That's my home …"

Zurück, im Elternhaus mit Mémêre, führte er ein entsprechend zurückgezogenes, kontemplatives Dasein und wartete noch immer auf eine Nachricht von 'Little, Brown' zu "On the Road", das er unterdes mal in "Beat Generation" umbenannt hatte. "Beat" meinte dann ja auch wieder "beatitude" oder "beatific" (seligmachend), was Kerouac eine göttliche Erscheinung bedeutete: "Glücklich! Nichts auf dem Leib als die Badehose, barfuss, die Haare wild durcheinander, in der feurig roten Dunkelheit, singen, einen ordentlichen Schluck Wein zu sich nehmen, spucken, springen, laufen - so muß man leben. Ganz allein und frei im weichen Sand am Strand, während das Meer draußen stöhnt und sich, weit vom Ufer entfernt, die Sterne der Jungfrau warm und mütterlich im flüssigen Bauch des Wassers spiegeln. Und wenn deine Konservendosen glühendheiß sind und du sie nicht mehr mit den bloßen Händen anfassen kannst, zieh dir einfach gute alte Eisenbahnhandschuhe an; das ist das ganze Geheimnis." (DB)

Kerouac traf sich mit alten Freunden, Henri Cru und Jerry Newman, die eine Schallplatten-Firma gegründet hatten, "Esoteric". Sie hätten Jack auch gerne miteinbezogen, doch der fühlte sich derzeit mehr als Tao-Texte-Student.
'Little, Brown' lehnten "On the Road" nach sechs Monaten ab.

Demut gegenüber einem leidenden Dasein ist zwar in Kerouacs Wesen als Mensch enthalten, doch gänzlich unamerikanisch. Eine Büßer- oder Demutshaltung kommt einem Menschen, der schuftet, lebt und das Richtige tut, nicht an. Wenn der Jack des wirklichen Lebens, er war ja als "mental schwierig" abgestempelt nicht ganz frei in seinen Bewegungen, und der Held seiner Bücher von der Lebenspraxis bis zum Unerträglichen gewürgt werden, kommt der unterschwellige Priester und "Buddha" (auch Spitzname für Allen Ginsberg) zum Vorschein. "Ein geläutertes Wesen, das auf dem Weg des Gesetzes nicht säumt, erwartet diese Wandlungen, befreit sich von Verpflichtungen, gibt sich nicht in die Kümmernisse des Lebens, betreibt kein Geschäft, sucht keine Freundschaft, schlägt keine gelehrte Laufbahn ein, hält sich jedoch auch nicht gänzlich von derselben fern, denn seine Gelehrsamkeit ist die Weisheit, Weisheit nicht wahrzunehmen, und dennoch zu erkennen, was diese ihn über seine eigene Vergänglichkeit lehrt." (WU)

Im Januar des Jahres 1955 zerrte ihn seine zweite Ehefrau Joan Haverty vor Gericht, damit er für die Tochter aufkomme. Das Kind, Janet, Michelle Kerouac, hatte er nie gesehen und leugnete auch die Vaterschaft, obwohl ihm das Mädchen etwas ähnlich sah. Kurz nach seiner Entlassung aus dem Kingsbridge Hospital in der Bronx wegen Durchblutungsstörungen in den Beinen und Armen hielten mitternächtlich zwei Polizeiwagen vor dem mütterlichen Appartement in Richmond Hill. Jack Kerouac wurden Unterhaltsvergehen zur Last gelegt, weshalb man ihn mitnahm. Mit anderen ähnlich zahlungsunwilligen hispanic men saß Kerouac erstmal ein, bevor er sich dann bereiterklärte, nicht über das Gericht, pro Woche 5 Dollar zu bezahlen.

In einer heißen August-Nacht dieses Jahres konnte Jack keinen Schlaf finden, weil die Kinder der mexikanischen Familie unten so laut waren. Bei Kerzenlicht begann er eine Kurzgeschichte über ein mexikanisches Mädchen, welche ein Jahr darauf in Mexico City als "Tristessa" veröffentlicht wurde.

Kerouac hatte Tristessa, deren wirklicher Name Esperanza Villanueva lautete, schon länger gekannt, als sie noch die Gespielin des ältlichen Dave Terceros war, des Mannes, der sie von der Straße geholt hatte, um ihr "das wahre Leben" zu zeigen.

Der erste Eindruck war wie der von Mardou: Feste, schwarze, unverdorbene Sexualität. Jack war von ihren sexy Klamotten, ihrer dunklen Brille und ihrem provozierenden Gang fasziniert. Tristessa war noch exotischer als Mardou. Ganz instinktiv schien sie die Lehren Buddhas auszuleben, obwohl sie gläubige Katholikin war, also eine Langweilerin, die einen schon ihren Anblick bereuen läßt, was ihr eine unbestimmbare Traurigkeit verlieh.

"Die gewichtige Aufgeregtheit der Männer, die noch immer wie Azteken aussehen und mit der 'El Diario Universal' auf den Circumvalacion-Bus warten. Obwohl dieser Sitz- und vielerlei Stellplätze hat, ist er gerammelt voll, und die liebe alte Indianerin tat gut daran, mit dem kleinen Mädchen, das sie an der Hand hält, in die pastelería nach leuchtend bunten Törtchen zu gehen." (T)

Die Geschichte endet damit, daß er Tristessa als Mädchen ("kitten") wegschickt, obwohl er sie sehr gerne hatte. Sie war dann doch nur ein "junkie" und eine "prostitute".

Die Poetry "Old Angel Midnight" und "Mexico City Blues" setzt sich aus Gesprächen mit Bill Garver zusammen, den Tristessa mit Morphium versorgte, "...kindhafte grauhaarige Homers, die in der Straße singend die Geschichte Amerikas erzählen. Keine Worte vonnöten, den Klang der Beschränktheit zu beschreiben. Sie schlendern ihrem Sterben zu, beglotzen die Abbilder der Hölle, schlabbern dabei Eiscrème, in ihrer Unwissenheit von hölzernen Stöckchen, die einstmals ernstzunehmend in Bäumen hingen. Aber ich bin der Poesie nicht fähig, nur zur Prosa..." (JK)

Im 33. Chorus von "Mexico City Blues" spricht Kerouac von William Burroughs wie auch von sich: "I'm an idealist/who has outgrown/my idealism/I have nothing to do/the rest of my life/but do it/and the rest of my life to do it."

"Bull Gaines leistet zwischendurch unten in einem trüben Zimmer Gesellschaft. Auch er lebte friedlich. Immer langsam mit allem, steht er da, bucklig und dürr, ewig auf langwieriger Suche in Jacke, Schublade, Koffer, unter Läufern und Zeitungen nach seinen nie anders als versteckten Koksvorräten - Sagt er zu mir: "Jawohl mein Lieber, auch ich lebe gern friedlich –" Sein Hm-m-m-m- ist bloß seine Art, sein Sagen zu singen, so wie das der Hindu-Sänger zum Rhythmus von Kürbisflaschen tut... Und schließlich der traurige Pinkeleimer, der jeden Tag die Treppen rauf entleert werden muß. Dabei kann man an die Worte des wunderbaren Buddha denken, dazu bestellt, zu dulden und zu leiden... "Wer bist du Arschloch?" fragen sich schizoide bon vivants... Dabei schreibe ich doch einfach nur im

Wohnzimmer Gedichte, im Benzedrin-Rausch, und ich nenne sie "Washington D.C. Blues" –. (DA)

Kurz nach Weihnachten mußte die Mutter unerwartet nach New York. Mit der Schwester, dem Schwager und dem kleinen Neffen alleine, warf sich Jack Kerouac in einen neuen Roman: "Meine Schwester und ihr Mann waren nicht interessiert. Sie gingen schlafen, und ich besorgte die Küche, kochte Tee und nahm Benzedrin. Ich setzte sie handschriftlich am Küchentisch auf. Meine Schwester wollte nicht, daß ich Kerzen benutze, so nahm ich die Küchenlampe. Du mußt mit deiner Familie leben, verstehst du. Mémêre war nicht da. Sie ging zur Beisetzung ihrer Stiefmutter in Brooklyn. Wäre sie da gewesen, hätte ich es nicht geschrieben. Wir hätten mehr geredet. Aber diese Beerdigung erinnerte mich an Beerdigungen, die meines Bruders ..."

Diese Abfolge wurde "Visions of Gerard" betitelt und handelte vom Tode des älteren Bruders Gerard, der 1926 mit neun Jahren an rheumatischem Fieber gestorben war. Es war dies das erste Buch der Duluoz-Legende, mit den frühesten Erinnerung an die Kindheit. "Das Leben ist ein Traum, der schon lange vorüber ist", Traumszenen und Wirklichkeit werden ineinander übergehend vermischt. Dies Buch gehört zum Lowell-Leben wie etwa "Maggie Cassidy", "Dr. Sax" oder "Visions of Gerard", zur sentimentalen Seite des Autors. Der um vier Jahre jüngere Jack wetteifert mit dem älteren Bruder und eifert diesem nach, bewundert ihn wie das alle jüngeren Brüder tun. In kurzen Kapiteln wird gefragt why suffering exists. Auch kommt die Armut der "les blancs nègres" genannten Einwanderer zur Sprache, zumal sich Lowell nach einer Flußüberschwemmung mit Schliessung der Mühlen im wirtschaftlichen Abstieg befand.

"Visions of Gerard" gibt eine viel ausgeglichenere Seelenhaltung wieder als die Begebenheiten aus "Doctor Sax". Spiegelt Gerards Tod, Traurigkeit und Leiden, so Tristessa mit ihren ungelösten Problemen Elend und Krankheit. Hier die rheumatische Herzkrankheit und Schmerzen in Brust und Beinen, dort die Drogensucht und die unliebsamen

Bekannten. Auch in "Mexico City Blues" sammelt Jack Kerouac aus seiner Jugend, wohingegen "Tristessa" auf spätere Jahre Bezug nimmt.

Der Begriff "Duluoz-Legende" ist Jack Kerouac, in Absprache mit seinen Freunden, Gedanken- und Gesinnungsgenossen gekommen, nachdem er eine Reihe Manuskripte fertig gestellt hatte. Urplötzlich meinte er, seine Schreibereien in eine Art Gesamtkunstwerk einzustellen, wie er das ja von den ganz Großen der Literatur-Geschichte her kannte: Diderot, Marx, Christentum und solcherlei vielbändigem Buchwissen.

Als sog. Schlüsselroman, der über die Hauptgestalten der Beatgeneration Auskunft gibt, deren literarischer Schöpfer und Interpret Kerouac ist, gilt "Desolation Angels" ("Bebop, Kif und neue Länder").

Reisen durch Mexiko, New York, Tanger, London und Paris bilden den Hintergrund zur Empfindungswelt einer Generation, für die Leben eine Kette von Zufälligkeiten bedeutet und das nur noch in der Flucht, im Rausch, in der Hektik zu ertragen ist. Welch Fügung, daß Jack Kerouac einen Sprachrhythmus entwickelte, der den Jazz, die Aktion, das Bewußtsein dieser Jahre spüren läßt. Es wurde ihm damit möglich, die Umwelt und sein Eingehen in diese so zu schildern, wie auch wir sie tatsächlich erleben oder besser noch: erleben möchten.

Jack Kerouac hat eine Lebenshaltung geschaffen - die Beat Generation, dies bisweilen in ganz bestimmtem Ton. In Briefen an die Freunde gibt er Anweisungen, nennt die Dinge beim Namen, wird zum von Ginsberg gestützten Sprecher. Wenn auch Allen Ginsberg, Gregory Corso und William Burroughs, gleichfalls in "Desolation Angels", ihre ganz eigenen Verrücktheiten zum Phänomen beisteuern (man findet sie unter den Namen "Irwin Garden", "Raphael Urso" und "Bull Hubbard"), so steckte Jack Kerouac doch (s)ein ihm eigenes Terrain mit seinen Erlebnismöglichkeiten ab, die ihn immer wieder zu ekstatischen, meist verzweifelten Ausformungen tiefster persönlicher Erfahrungen reizen.

"Überall wächst Gras aus Felsen und Geröll heraus. Man kann sehen, wie in der Ferne Schübe von Schutt die Hänge herunterkollern. Seine Augen leuchten vor Freude. Er ist auf dem Weg. Seine Helden sind John Muir und Han Shan und Shih-te und Li Po und John Burroughs und Paul Bunyan und Kropotkin. Er ist klein, und sein Bauch wölbt sich über seine Nase." (DA)

Kerouacs Mystizismus und seine religiöse Sehnsucht gehören zu seinem (Gesamt-) Werk und solchen Betrachtungen gibt er in "Desolation Angels" freien Spielraum. Die Stimmung ist elegisch unter gelegentlichem Liebäugeln mit Rührseligkeit und romantischem Verdammtsein, dreht sich aber immer um das essentielle Isoliertsein und Sichplagen, womit unvollkommene Wesen wie wir Tag um Tag fertigwerden müssen. Aber das ist es ja, was das Dasein so lebenswert macht. Das "Go, go", die wilde Jagd vom Up zum Down. "Hey, du da, mach` mal den Dreck da weg." Seine Aufschreie haben dabei nichts, was nicht echt empfunden wäre. Seine Verwendung der Romanform wird zum Vermittler seiner Nöte und nimmt als unmittelbarer Ausdruck der Begebenheiten seines Lebens die Intimität eines Privatbriefes an.
Die Szene und ihre Stellung innerhalb der Duluoz-Kerouac-Autobiographie von "Desolation Angels" sind auf Anhieb wiederzuerkennen. Das Leitmotiv ist das eines "unglücklichen Friedens", eines sanften und wohlwollenden "Hindurchs" durch die Leere dieser Welt. "Eine webende Masse von Schatten in der halbdunklen Bar, als wir hereinkamen und uns auf drei Schemel setzten." "Und nichts als Elvis Presley in Blue-Jeans auf der Straße." "Portwein war eine ungewöhnliche Bestellung in diesem Whiskyland der Jäger, aber der Mann an der Bar stöberte irgendwo noch eine Flasche Christi an Brothers Port auf und goß uns zwei große Weingläser voll ..." Mittels der autobiographischen Notizen erfolgt die Sozialkritik, hier an einer amerikanischen Mittelklasse-Haltung, bei der Konventionalität, Konformität und Uniformität die Anpassung beschreiben. Während dieser Gedankengänge, vor und nach

den Szenen der Verherrlichung, Selbstverstümmelung, Verzweiflung oder auch bloßen Sprudelns und Schäumens, immer ist Verlangen nach Rückzug und Kontemplation da; und wenn dies erfolgt, tritt eine tragische Note der Resignation hinzu - mannhaft, welterfahren, beruhend auf dem genauen Wissen um andere historische Pilgerfahrten, erahnt oder gelesen von diesem amerikanischen Märtyrer oder beides zusammen. "Er fühlte, daß keine absolute Weisheit zu erringen war, sondern nur Lichtschimmer solcher Wahrheiten." (DA)

"They talk me about our crime. / What crime? / Well, ours. / Our only crime is our innocence."(TSB) "Und vielleicht konnte man es ihnen nicht mal übelnehmen, denn wie ich da so durch den Nebel von Chelsea spazierte und nach einer Bude mit Fisch und Kartoffelchips Ausschau hielt und ein Bobby einen halben Häuserblock lang vor mir herlief und ich undeutlich seinen Rücken und seinen hohen Helm sehen konnte, kam mir das Schauergedicht ein: "Wer erdrosselt den Bobby in der Nacht?" (aus irgendeinem Grund, ich weiß nicht, warum, einfach weil es neblig war und er mir seinen Rücken zukehrte und meine Schuhe weichsohlige Wüstenstiefel waren wie die Schuhe von Schleichdieben) - Und an der Grenze, das heißt beim Zoll am Englischen Kanal (Newhaven) hatten sie mich alle so merkwürdig angesehen, als kannten sie mich, und da ich nur fünfzehn Shilling in der Tasche hatte (2 Dollar) wollten sie mich beinahe überhaupt nicht nach England reinlassen und erklärten sich erst bereit, nachdem ich mich als amerikanischer Schriftsteller ausgewiesen hatte. Und selbst dann noch standen die Bobbies da und beobachteten mich mit jenem bösen Halblächeln, rieben sich mit wissender Miene das Kinn ... " (DA)

****

KAPITEL ACHT
(Berkeley; Six Gallery-Reading)

Schon früh im September des Jahres 1955, als Jack "Mexico City Blues" und den ersten Teil von "Tristessa" beendet hatte, fühlte er, daß es Zeit war, sich wieder auf die Socken zu machen, Allen Ginsberg und die Szenerie in Berkeley zu sehen und zu erleben.

"Es ist alles in Kalifornien, es ist alles ein Meer, ich schwimme nachmittags in meinen Jeans von allem weg in sonnenheißer Meditation, den Kopf auf einem Taschentuch, auf der Bremslaterne oder (wenn ich nicht arbeite) auf Büchern, ich blicke in einen blauen Himmel von vollkommen verlorener Reinheit und spüre das vertrocknete Holz das eines älteren Amerikas unter mir und führe irre Gespräche mit Negern in Fenstern etliche Etagen über mir und alles strömt herein, die rangierenden Güterwagen in dieser kleinen Gasse, die den Gassen in Lowell so ähnlich ist und ich höre weit weg im Gefühl, daß der Abend heraufzieht die Lokomotive, die unseren Bergen ruft ... und keiner wußte oder wollte auch nur wissen, wer ich mein ganzes Leben war, fünftausend Kilometer vom Ort meiner Geburt ging es mir auf und gehörte endlich mir im Großen Laden." (LT)

Allen Ginsberg hatte Ablichtungen seiner Gedichte geschickt, darunter ein längeres. Jack antwortete: "Ich erhielt dein "Geheul"." Allen Ginsberg nannte dann den Gedichtband insgesamt "Howl", der zusammen mit William Seward Burroughs "Naked Lunch" und Neal Cassidys "The First Third" das kreischende Startzeichen für die Renaissance San Franciscos bedeuten sollte. "Howl" besteht aus drei Teilen und einer Fußnote, wobei der erste Teil der längste ist und eingeleitet wird mit: "Ich sah die besten Köpfe meiner Generation zerstört vom Wahnsinn, ausgemergelt hysterisch nackt, wie sie sich im Morgengrauen durch die Negerstraßen schleppten auf der Suche nach einer wütenden Spritze..."

"Ich glaube, daß die Enthüllungen der "Beat Generation" von vielen Leuten, denen die notorische Ehrbarkeit und Reife der Nachkriegsliteratur ein Dorn im Auge war, mit einer gewissen Erleichterung begrüßt wurde. Das ließ sich hören - unstete, rebellische, verworrene Jugend, die Leben in die Bude brachte statt dürrer, kahlköpfiger, zugeknöpfter Dozenten der englischen Literatur, die mit einer Hand ironische Verse verfaßten, während sie mit der anderen dem Kind die Windel wechselten." (Allen Ginsberg)

Kerouac machte sich keine genaueren Vorstellungen von dem, was ihn in Berkeley erwartete. Früher schon mal hatte er Pläne, dort zu drehen: Einen W.C. Fields-Film mit Burroughs, wie er auf dem Kabelkasten hockt und im Gummi-Trench, wässrigen Auges, über seine Schulter blickt, ein "book-movie". Aber nach dem Erhalt der Gedichte kam Jack davon ab: "LAß UNS IN DEN SAN FRANCISO-STRAßEN UNSERE GEDICHTE RAUSBRÜLLEN - ERDSTÖßE VORHERSAGEN!"

Jack Kerouac lebt sein Leben, ist seine Philosophie, saugt glückliche wie unglückliche Momente in sich auf; hinzu kam noch die Faszination der Bergwelt und des Kletterns auf dem Dach Kaliforniens: "Wir waren jetzt ungefähr in 3.500 Metern Höhe, und es war kalt, und es lag viel Schnee, und im Osten konnten wir endlose schneebedeckte Gebirgsketten sehen und darunter die allergewaltigsten Talstrecken ... Ich habe eine Vision von einer großen Rucksackrevolution, Tausende und sogar Millionen junger Amerikaner, die mit Rucksäcken rumwandern, auf Berge gehen, um zu beten, Kinder zum Lachen zu bringen und alte Männer froh machen, junge Mädchen glücklich machen und alte Mädchen noch glücklicher, alles Zen-Besessene, die rumlaufen und Gedichte schreiben, die ihnen zufällig und ohne besonderen Anlaß einfallen." (DB)

Berkeley hob sich ab von der US-Mittelmäßigkeit mit Fernsehen in jedem Wohnzimmer, wo sich jeder zur gleichen Zeit dasselbe ansah und Gleiches dachte und unterschied sich von dem, was Kerouac bisher in Kalifornien erlebt hatte. 1955 war Berkeley noch ein lockerer Uni-

fleck mit stark frequentierter Bibliothek; Blumen und Frucht-
bäume vermittelten den Eindruck von Frieden und Privat-
heit. Nach der Schule spielten saubere Kinder in den
ruhigen Nebenstraßen oder unter den Eukalyptus-Bäumen
in den Parks. "So konnte Francis an Berkeley denken und
wirkliche Intellektuelle in großer Zahl dort versammelt
sehen, wie sie abends in Gruppen und Horden über den
Campus zockelten und mühelos mit all den magischen
Wörtern und all den magischen Namen umgingen, mit einer
gelassenen, fast gleichgültigen Selbstsicherheit, aber auch
mit einer Art sanften Ernsthaftigkeit - eine ganz neue
exotische Welt, plötzlich entdeckt inmitten des weiten,
auseinanderlaufenden, stammelnden, rohen Amerika."
(TTatC)

Noch vor Kerouacs Ankunft machte Ginsberg John Allen
Ryan brieflich die Unabhängigkeit und das leichte Leben,
wie er es in Berkeley führte, klar: "Ich habe hier ein Haus
für monatliche 35, hinten eine Laube, einen eigenen
Garten, ganz schön groß, voller Gemüse und Blumen. Die
ideale Camden Whitman Hütte, ich schreibe viel, Depres-
sion, Einsamkeit, letztens abends eine rare halbe Stunde
Ekstase und Wischerei im Garten, der Wein steht mit
seinen Blättern wie am Tage, wenn die Sonne draufsteht,
der Vater zeigt sich gnädig; ich hatte eine Vision, wie seit
sieben Jahren nicht; eine Erleichterung, ein Tropfen Süße.
Ich habe etwas geschrieben & es schaut aus wie Chrs.
Smart."
Diese Gedichte, wie das folgende "A Strange New
Cottage in Berkeley" wurden später unter "Howl and Reality
Sandwiches" zusammengefaßt: "An afternoon cutting
bramble blackberries off a tottering brown fence / Under a
low branch with its rotten old apricots miscellaneous under
the leaves, / Fixing the drip in the intricate gut machinery of
a new toilet; / Found good coffeepot in the vines by the
porch, rolled a big tire out of the scarlet bushes, hid my
marijuana; / Wet the flowers, playing the sunlit water each
to each, returning for godly extra drops for the stringbeams
and daisies; / Three times walked round the grass and

sighed absently; / My reward, when the garden fed me its plums form the form of a small tree in the corner, / An angel thoughtful of my stomach, and my dry and lovelurn tongue." Auch diese Verse reimen sich nicht, werden aber durch den Klang der Worte zusammengehalten.

Allen Ginsberg lebte nun schon über ein Jahr in Kalifornien und hatte so manche Stadien durchschritten. Ursprünglich war er hier, "die Whitmansche Selbsteinschätzung" zu finden. Seine Homosexualität und seine literarischen Neigungen bereiteten ihm Probleme, weshalb er Seelenklempner aufsuchte, die ihm rieten, doch einfach beides zu akzeptieren.

Ginsberg traf auf den San Francisco-Maler Robert La Vigne, den Allens Wissen zu Cézanne "und die Schulen New Yorks um De Kooning" beeindruckte. La Vigne zeigte Ginsberg seine Arbeiten. Das erste, was beim Eintreten ins Auge fiel, war der Riesenakt eines Jungen, wie er auf einer weißen Decke hockt, die über ein Sofa vor einer roten Wand geworfen war. Das Portrait eines jungen Freundes La Vignes, Peter Orlovsky. Allen "schaute in dessen Augen und war vor Liebe wie angewurzelt."

Einige Wochen später zog er zu La Vigne und Orlovsky in die Goug Street, um diese kurz darauf mit Peter zu verlassen. Sie lebten ihrer Liebe im 'Hotel Wentley'. Mit Peter Orlovsky (1933-2010) war Ginsberg glücklich und ausgeglichen und begann seinen Gedichtband.

Die ersten Worte, die er Jack bei dessen Ankunft entgegenrief, waren: "Weißt du, was ich morgen mache? Ich schmeiße Mark Schorer eine neue Theorie zur Silbenmessungslehre auf den Tisch! Zum daktylischen Versmaß Ovids!"

Die "Poetry Renaissance of San Francisco" wurde zu einem Journalisten-Begriff. Poesie brauchte hier nicht eigentlich neu erfunden oder geboren zu werden, da sie immer vorhanden war: In der Person Kenneth Rexroths zum Beispiel, dessen Übersetzungen, Gedichte und Essays in New York gut ankamen. Einmal pro Woche stand sein Haus allen offen. Ginsberg wurde Robert Duncan vorgestellt, neben Jack Spicer einer der aktivsten Jungpoeten der Stadt; Kenneth Patchen traf er im 'City Lights Bookshop'; mit Duncan studierten Philip Lamantia und Michael McClure.

Gary Snyder wollte bei sich zu Hause bleiben, anstatt die langhaarigen Angora-Ziegen der State Fair mitzumachen und befestigte gerade sein Fahrrad hinter seinem Cottage in der Hillegass Street, als Allen plötzlich erschien: Allen Ginsberg war so angetan, daß er dies gleich seinem Freund Allen Ryan mitteilen mußte: "… ein bärtiger interessanter Berkeley-Kater names Snyder, den ich gestern traf (auf Rexroths Empfehlung), der Orientalisches studiert und sich in wenigen Monaten aufmachen wird, um (ein richtiger) Zen-Mönch zu werden… Interessante Person."

Gary Snyder hatte im 'New World Writing' Jacks "Jazz of the Beat Generation" gelesen und war vom Stil und der Aussage beeindruckt. Er wollte den Autor näher kennenlernen, den er bald "Jean-Louis" nennen sollte, und Allen brachte diesen mit zu Snyder.

Verglichen mit Allens Häuschen war die nur mit Strohmatten ausgelegte Snyder-Hütte eher mönchisch karg. Doch in den Bücherregalen fand sich die beste Sammlung orientalischer Studien, die Jack Kerouac je gefunden hatte. Seit drei Jahren betrieb Snyder Japan-Studien und fertigte gerade eine Übersetzung des chinesischen Dichters Han-Shan.

Kerouac gab sich ganz als der romantische Wanderer und erwähnte, daß er auf Snyders Abhandlungen zum Buddhismus beim Hitchhiken in kleinen Buchläden gestossen war.

Nachdem man zu Snyder Kontakt gewoben hatte, kam Ginsberg wieder der Gedanke an eine Dichter-Lesung in der adäquaten Kunst-Galerie, '6 Gallery'. Es würde dies "eine große soziale Gelegenheit", bedeutete er John Allen Ryan und beschäftigte sich intensivst mit dem Programmablauf.

Rexroth erklärte sich einverstanden, jeden der Dichter vorzustellen, und Allen bat Michael McClure, Philip

Lamantia, Gary Snyder und den Snyder Bekannten vom Reed College, Philip Whalen, mit ihm zu lesen. Die Sache lief auf vollen Touren, als Jack in Berkeley eintraf. In Eröffnungs-Versen ging Ginsberg in derb unflätigem Vokabular darauf ein, wie die meisten der Freunde durch Heroin, Marihuana, Terpentin, Alkohol, Peyote, Wein, Benzedrin und Bier zugrunde gerichtet werden.

Kerouac steuerte in seiner unnachahmlichen Art anwesend zu sein bei, indem er jedem der angestrengt Lauschenden einen Schluck aus dem gluckernden Krug aufnötigte. "Neal lacked the confidence to appear in public." (Steve Turner) "Scheiße! sang Coyote und lief davon, las Japhy dem anspruchsvollen Publikum vor, und alles brüllte vor Freude. Es war etwas Reines, daß ein schmutziges Wort wie Scheiße so sauber herauskam. Und er trug seine zarten, lyrischen Verse vor, aus denen man seine Tierliebe erkennen kann, wie die von den Bären, die Früchte essen, und er sprach seine gewaltigen, geheimnisvollen Verse von den Ochsen auf den Straßen der Mongolei, aus denen man seine Kenntnis der orientalischen Literatur entnehmen konnte, die weit reicht bis hin zu Hsuan Tsung, dem großen chinesischen Mönch, der von China nach Tibet, von Lanchow nach Kashgar und in die Mongolei wanderte und dabei einen Weihrauchstab in der Hand trug.

Dann ließ Japhy plötzlich seinem Kneipenhumor freien Lauf, und er las Verse vor, wie der Coyote Bonbons mitbringt. Und dann verbreitete er seine anarchistischen Ideen, in denen es darum geht, daß die Amerikaner nicht wissen, wie man leben soll. Seine Stimme war tief und hallend und irgendwie mutig, wie die Stimmen von Helden und Rednern aus Amerikas Vergangenheit. Er hatte etwas Ernstes und Starkes und etwas hoffnungsvoll Menschliches, und das mochte ich an ihm... " (DB)

Diese Readings der 'Six Gallery', die Werke der Bay Area-Maler ausstellte, waren schon seit längerem gang und gäbe. Vor Gingsbergs Oktober-Abend hatte etwa Robert Duncan sein Stück "Faust Foutu" vorgetragen. Eine kleine Sammlung für den Wein und die Postkarten mit den Dichterköpfen rundeten diese "remarkable collection of angels" jeweils ab. An Kerouacs Gestik wurde abgelesen, daß Haschisch, gepaart mit Alkohol, nicht gerade sinnstiftende Beiträge gebiert.

Auf drei Seiten findet das Ereignis in "The Dharma Bums" ("Gammler, Zen und hohe Berge") Eingang; "Ich folgte jedenfalls an diesem Abend dem ganzen Haufen wild durcheinander schreiender Dichter in die 'Galerie Sechs', wo sie ihre neuen Werke vorlesen wollten. Das war die Nacht, in der, neben anderen wichtigen Dingen, in San Francisco die Lyrik-Renaissance ins Leben gerufen wurde. Alle waren sie da. Es war eine irre Nacht. Und ich war derjenige, der die ganze Sache in Gang brachte, indem ich herumging und sammelte und mir vom ziemlich steifen Publikum, das in der Galerie herumstand, Halbe- und Vierteldollars geben ließ, und der dann mit drei großen Vierliter-Krügen voll kalifornischen Burgunders wiederkam und alle besoffen machte, so daß gegen elf, als Alvah Goldbook sich betrunken und mit ausgebreiteten Armen an seinem Gedicht "Die große Schaffe" beim Lesen selber schaffte, alles "Go, go, go" rief, wie bei einer Jam Session, und der gute alte Reinhold Cacoethes, der Vater der Dichterbewegung von Frisco, sich vor Freude die Tränen aus dem Gesicht wischte. Japhy selbst las sein schönes Gedicht von Coyote, dem Gott der nordamerikanischen Bergindianer, wenn ich mich recht erinnere, oder jedenfalls doch von Kwakiuti, dem Gott der Indianer aus dem Nordwesten und was sonst nicht noch alles.

Auch im 'Youth Settlement Community Center' fanden solche Lesungen statt; mit Kerouac, Ginsberg und Cassady kam dort nie eine zustande. Vielleicht, weil sich der Hausmeister jegliches Trinken verbat, vielleicht auch, weil Kerouac mit Kenneth Rexroth nicht so richtig klar kam. Allen Ginsberg hatte gedacht, daß beide bezüglich Buddhismus und Literatur auf einer Wellenlänge lägen, doch kehrten sich sofort die Gegensätze hervor. Jack spürte, daß Rexroth mehr aus Gründen der Exotik als aus überzeugtem Glauben Gefallen fand, und Rexroth hielt

Kerouac für einen Aufschneider. Bei einer Einladung soll sich Jack als Buddhismus-Kenner aufgespielt haben, doch als er erfuhr, daß jeder der Geladenen mindestens eine orientalische Sprache auch sprechen konnte, sofort den Mund gehalten haben.

Sterile Intellektualität ließ Kerouac stets abschalten, auch im engsten Freundeskreis stach er des öfteren durch sein betontes Anderssein, eine gewollte Isoliertheit ab. "Der Abhängigkeit von einer Gruppe mißtraue ich, weil es erst einmal bedeutet, daß du deine Meinung einem dogmatischen Verein beugst... es sollte auch keine spirituellen Gruppierungen geben, jeder hat seinen eigenen Kopf, jeder seine eigene Seele." (TSB) Gesellschaftliches Ausgegrenztsein, die bewußte Absonderung des schöpferischen Menschen, künstlerische Integrität, freiwillige Armut - das waren dem Hipster in einer Welt, die sich "in einen einzigen gigantischen Luftkrieg oder Gasofen verwandelte" (Kenneth Rexroth) charakterisierende Eigenschaften, ja wichtige Tugenden.

Gary Snyder erinnerte sich, daß sie sich vor diesen Abenden alle isoliert gefühlt hatten, doch nun schien sich ein neues Feeling Bahn zu brechen. "Es sah so aus, als wäre die gesamte Künstler-Gemeinschaft aus San Francisco, Marin County und der East Bay auf den Beinen. Skurrile Typen aus der Stalin-Ära, Quäker-Pazifisten des Zweiten Weltkriegs, Nachkriegs-Bohème. Heute sind es mehr. Ich erinnere mich noch an die Zeit, als wir glaubten, es wäre der Lebensstil von nur drei Leuten."

Mittlerweile hatte sich der "hero in space" als feststehender Begriff zum "moving wandering American Charakter" in Äußerungen, wie: "Steig' ruhig ein, Kumpel, bin früher selber viel getrampt" manifestiert.

Die gewünschte Hereinnahme des Jazz-Faktors, die primitive Vitalität der Musik, soll die "unreadable un-novels" konsumierbar machen; Vokabeln zu den jazz poets und jazz writers, wie „spontaneous bop prosody" werden in die Diktionäre aufgenommen.

Die Kritik greift das Synonymbündel spontaneous, confessional, honest auf: "Der Bohèmianismus der fünfziger Jahre ist ein ganz anderes Gewächs. Er ist der Zivilisation feindlich; er huldigt der Primitivität, dem Instinkt, der Energie, dem Blut. Soweit er überhaupt intellektuelle Interessen bekundet, beschränken sich diese auf mystische Lehren, irrationale Weltanschauungen und einen linksgerichteten Reichianismus. Die einzige Kunst, die überhaupt Gnade vor den Augen seiner Vertreter findet, ist Jazz - meist von der "kühlen" Art. Die Vorliebe für die BopSprache soll ihre Solidarität mit der primitiven Vitalität und Spontaneität bekunden, die sie im Jazz zu entdecken glaubt, und außerdem die Verachtung für eine zusammenhängende und rationelle Gedankenführung ausdrükken, die ein Produkt des Geistes und daher, nach ihrer Ansicht, eine Form des Todes ist. Die artikulierte Äußerung gilt als Geständnis, daß man aller Gefühle bar ist (denn wie soll man echte Gefühle in eine syntaktisch korrekte Sprache zwängen?), daß man keiner Reaktion fähig (Kerouac reagiert auf alles mit dem Ausruf "Wow!") und wahrscheinlich zu allem übrigen noch impotent ist." (Norman Podhoretz)

Schreibtechnisch wird das Novum Kerouac analysiert als everyday conversation, ein Sound Kerouacs, der zwischen der Sprache der Beats einerseits sowie hip talk und Jazz andererseits siedelt. Die hohe Schreibgeschwindigkeit, Jack tätschelt sein Elektro-Gerät, die discipline, intelligence, das kribblige Aufbruchsmotiv, wie es ja auch in den Beinen anderer schlummert, können nicht länger ignoriert sein. Keiner blieb talentierter und sensitiver den Nuancen und Horizonten der Worte gegenüber, weniger Sprache denn Sprachkunst.

***

KAPITEL NEUN
("Dharma Bums")

"Der Trend geht zu ‚True Meaning', ‚Dharma'." ('Newsweek') Die heute geläufigen östlichen Philosophien, die ihren Weg von Indien nach China, Japan und Europa fanden, wurden damals "entdeckt" und zu Leben erweckt.

"Du bist die Goldene Ewigkeit, denn es gibt kein Ich und kein Du, nur eine Goldene Ewigkeit." (JK) Zur Freiheit der Identitätssuche gehören alle Formen der Selbstpräsentation, wobei sich Kerouacs Äußerungen immer an jemanden richten, und sei es der unbekannte Leser, Gott, Thathagata… Eine Verbindung zu anderen bleibt in der Serie unzusammenhängender Episoden "Dharma Bums" hergestellt, wo aus den Treffen mit Snyder, Ginsberg und Whalen beschauliche Stunden bei Teeschlürfen und Gedichtelesen entstehen. Die Charaktere aus "The Dharma Bums" nennen sich: Alvah Goldbook, George, Ray Smith oder Rosie Buchanan. "Das neue Buch lebt, atmet und blüht. In ihm sind die Berge und Obstgärten von Kalifornien, die Wälder des Nordwestens, die mondänen Viertel von San Francisco wirklich lebendig geworden. Durch dieses Buch gammeln auch die liebenswürdigsten, bedientesten Irren von ganz Amerika. Dieser moderne Zen ist einfach die protestierende junge Stimme des urwüchsig gebliebenen Abenteuer-Amerikas." ('Welt und Wort', Tübingen) Das nachdenkliche Gespräch umfaßt jedwede Art Religion, die, dem "joyous life without much money" nicht hinderlich, den Alltag meistern will, christliche Lehre nicht minder als östliche Philosophie.

In modernen Gewändern durchwandert der Ich-Erzähler die Welt, "um das Rad vom wahren Sinn aller Dinge, vom Dharma, dem Gesetz zu drehen und um mir für meine Zukunft als Buddha… Verdienste zu erwerben." "Gott befindet sich nicht außerhalb von uns, sondern er besteht aus uns – aus den Lebenden und den Toten und aus Jenen, die niemals leben und niemals sterben werden. Daß wir das erst jetzt erfahren, ist höchste Realität, die vor langer Zeit in den Archiven des universellen Geistes aufgezeichnet

wurde. Es ist bereits vollbracht, es gibt nichts mehr zu tun."
(JK)

Auch fanden lautere Abende statt, mit Spodiodi, dem Portwein unter Whiskyzusatz, auch in der Variante mit Wein, Wein-Spodiodi, und athletischem Liebemachen mit einem von Snyders girls, "Princess" genannt, der momentanen Ehefrau eines Anglistik-Studenten in Berkeley.

"Dharma Bums" ist die Geschichte eines Freundes, Gary Snyder ("Japhy Ryder"), wieder das Aufzeigen eines alternativen Lebensstils, jenseits der Konformität, "frontier", Neuland also. Eine radikalere soziale Bewegung, eine Gegenkultur, im Grenzgebiet als Gratwanderung auf der Spitze des Eisbergs, wobei sich "Dharma" auf den wahren Lebenssinn bezieht, die noblen Tätigkeiten des Geistes, des Körpers, der Sprache. Damit wird auch den "Dharma-Bums"-Sequenzen von vornherein eine Bedeutung beigemessen, die nur im Zusammenhang der persönlichen Erkenntnisveränderung Rays durch den Initiator Japhy voll erfaßt werden kann. "Wie er so winzig und zusammengekauert dalag, war er das einzige, was ich in der meilenweit sich erstreckenden Dunkelheit sehen konnte, und er hatte nur den einen konzentrierten Wunsch: gut zu sein. Welch seltsames Wesen ist der Mensch ... Unergründlich ist seine Seele, wie schon in der Bibel geschrieben steht."
"Dieser arme Kerl, der zehn Jahre jünger ist als ich, bringt es fertig, daß ich mir wie ein Narr vorkomme, der in ein paar ausschweifenden, von Enttäuschungen angefüllten Jahren alle Ideale und Freuden besserer Zeiten vergessen hat. Was macht es ihm aus, wenn er kein Geld hat? Er braucht kein Geld, er braucht nur seinen Rucksack mit den kleinen Plastikbehältern für getrocknete Lebensmittel und ein Paar gute Schuhe, und er macht sich auf den Weg und dieser führt in eine herrliche Gegend und wie dieser führt er hier oben das Leben eines Millionärs.
Und welcher Millionär, den die Gicht plagt, würde denn überhaupt auf diesen Berg hinaufkommen? Sogar wir haben ja einen ganzen Tag dazu gebraucht ... Und ich gelobte, ein neues Leben zu beginnen: Durch den ganzen

Westen und die Berge des Ostens und die Wüste will ich mit meinem Rucksack trampen, und ich will meine Reinheit nicht verlieren." (DB)

Wieder macht sich Kerouac ("Ray Smith") zum Sprecher des Gedankenguts seiner Freunde, verleibt sich deren Überzeugungen ein, seinen Lesern bleibt er mit der "Rucksack-Revolution" verbunden. "Doch diese Männer hatten sich erhoben, hatten sich wie stets die heiligen Männer in der langen Tradition Indiens aufgeschwungen zu den unvergleichlichen Höhen der Erkenntnis, daß es Schlimmeres gibt als Stechmücken, kriechende Schlangen, kalten Winterregen oder glühenden Sommerwind." (WU) Dem um acht Jahre jüngeren Snyder ist Kerouac nicht so eine Leitfigur wie er dies für Gregory Corso, Allens New York-Freund, darstellte. Gary dringt auch mit abwegigen Argumenten zum Buddhismus oder zur Schreibweise durch, was Kerouac toleriert: "Geselligkeit ist ein breites Lächeln, und ein breites Lächeln beinhaltet nichts als Zähne. Sei ruhig und gütig." (JK)

In einer Gesellschaft, in welcher der Organisationsapparat nicht nur die gesellschaftlichen Haltungen, sondern auch die Bedürfnisse und Wünsche des Einzelnen determiniert, heben sich individuelle Lebensformen ab. Personifiziert wird das Lebensziel der Dharma Bums außerdem in Sean Monahan, einem Tischler, seiner Frau und den zwei kleinen Kindern, eine Oase des Glücks, der Einfachheit und Anspruchslosigkeit für die noch Suchenden, Ruhelosen der Städte.
Japhy lebt und arbeitet mit Sean in Sausalito, unterdessen ist Ray der bewundernde Zuschauer und Lernende, der sich Japhys Lebensweise assoziiert, ohne sie wirklich für sich übernehmen zu können - etwa in der Anstrengung des langen Arbeitstages und der anschliessenden Lektüre und Meditation.

Ein Besuch im Japhy-Cottage versetzt den Leser so richtig in Japhys Gedanken-Horizont. Er übersetzt gerade

Gedichte von Han Shan, ein Dialog entfaltet Informationen zur Tee-Zeremonie, Han Shan, Shih-te, chinesischen Dichtung (fünf Zeichen für jede Zeile, spielt auf die Gedichtform chüe-chü, Kurzgedicht, an) schließlich ihre Übersetzungsprobleme, tibetanische Tempelzeremonien und den Ryoanji-Garten… "Ich fragte mich, warum Han Shan bei Japhy die Hauptrolle spielte", denkt Ray --- Japhy antwortet: "Weil er ein Dichter war, ein Mann der Berge, ein Buddhist, dem Prinzip der Meditation zum Wesen aller Dinge ergeben, und er war ein Mann der Einsamkeit, der mit sich sein konnte, nur für sich und aus sich heraus leben konnte… "Das hört sich ganz nach dir an." "Und auch nach dir… Ich habe nicht vergessen, was du mir über deine einsamen Waldzeiten in Nord Karolina und all das erzählt hast."
"Plötzlich wurde mir klar, daß ich noch einiges beibringen konnte." (TDB)

Das Lehrer-Schüler-Verhältnis findet in "Gammler, Zen und hohe Berge" romanesken Ausdruck, wo Japhy die Rolle Kerouacs, des Erfahreneren, übernimmt. Möglichst verständliche Erläuterungen sollen den Leser zu einem Nachvollzug der Gedankengänge befähigen. Die Strukturierung des Erkenntnismaterials dient dem Zweck der Belehrung. Ray ist der "Erleuchter" durch Worte, Japhy glaubt an die Beseeligung mittels Taten. In diesem Zusammenhang werden wiederum "mondos" zitiert, deren Unzugänglichkeit Ray in verschachtelter Weise klargemacht wird: Sprachlich: er reagiert in Worten mit Aussagen wie "simple shit", gedanklich: "No goes, no thoughts", Reden erübrigt sich; schließlich in parodierender Handlung: "Ich aß die Banane, schälte sie, schmiß die Schale weg, ohne ein Wort zu sagen. That's the banana Sermon."

Bestand Kerouacs Buddhismus aus einem "Do Nothing" (das chinesische "Wu Wei"), einem "Gelübde der Freundlichkeit" (einsam im Wald abgelegt), so Snyders in "Activity". "Es gibt kein System der Lehre und keinen Lohn für das Lehren der goldenen Ewigkeit, denn nichts ist geschehen. In der goldenen Ewigkeit sind die Lehre und der Lohn noch nicht einmal verschwunden, geschweige denn erschienen. Die Goldene Ewigkeit muß noch nicht einmal vollkommen sein. Es ist sehr dumm von mir, über sie zu sprechen. Ich spreche über sie, weil es kein Gebot und keine Warnung irgendwelcher Art und auch keinen Segen oder Lohn gibt. Ich spreche einfach über sie, weil ich mich hier befinde und den Traum träume, daß ich über sie in einem Traum spreche, der schon vor Ewigkeiten zu Ende ging, aus dem ich schon längst erwacht bin. Es war nur ein leeres Träumen, ja, nichts geschah überhaupt, es war gar nichts. Die Schönheit beim Erreichen der goldenen Ewigkeit ist, daß man endlich nichts erlangt."

Gegensätze, die im Sinne der strittigen Themen abgehakt werden und oft mit einem Wochenendtrip in die High Sierras zum Miteinander auf Obstkisten ihre Fortsetzung finden.

Die Rucksack-Revolution war auf dem Vormarsch: Welle auf Welle legte ihr Gelübde zur Beat Generation-Haltung ab, zu Armut und Einfachheit. Die Rezeption identifizierte diese Inhalte zunächst in der gleichen Weise mit der Beat Generation wie bei der vorangegangenen Veröffentlichung von "On The Road". Dadurch wird im öffentlichen Verständnis die Behauptung, die Beat Generation sei auch eine "religiöse Bewegung", verfestigt.

Daß Kerouac diesen eigenen Gott suchte, hat er auch in öffentlichen Bekenntnissen und Interviews nie geleugnet. Es ist nebensächlich, daß der christliche Gott als "spiritual spirit", nicht Buddha oder Avalokitesvara, wieder in den eigenen Bezug aufgenommen wird.

Die persönliche Beziehung zu Japhy erfährt eine mystisch-religiöse Überhöhung im Zusammenhang eines christlichen Bekenntnisses, sie war Medium religiöser Lehre und Erfahrung in Relation zu buddhistischen Bekenntnissen. Japhys Funktion kann demnach darin gesehen werden, Rays Identität bezüglich Gott zu bestimmen. Rays Dankbarkeit gegenüber Japhy wird jedoch noch in anderer Weise begründet: "Ich werde alles über das Rucksack-Packen lernen und was zu tun ist und wie man sich in diesen Bergen verstecken kann, wenn mir die Zivilisation über ist."

Schon Huck Finn sah sich veranlaßt "to light out for the territory", neuerlich entsteht eine "Beat World" als eine weitere Version alternativen Lebens in der amerikanischen Gesellschaft, die einerseits an das Vorbild Thoreau anknüpft, andererseits aber - vertreten von identischen Personen - einen Widerspruch zu den physisch-psychischen 'drives' in "On the Road" und allen folgenden "Road Novels" darstellt.

In einer Zeit, in welcher der Einzelne weder die Fähigkeiten noch die Möglichkeiten hatte, die Psyche gegen die öffentliche Macht, das Private als etwas Lebenswertes aufrechtzuerhalten, begannen die Beats und Hippies, sich mit ihren Vorbildern als legendären Vorkämpfern für ein Alternativ-Dasein zu identifizieren. Die Hippies lebten die dargestellten Erfahrungen der Beats nach und versuchten diese als praktikable Verhaltensweise zu etablieren. Die Beschäftigung mit der "open road" hatte zwangsläufig die Erweiterung des Bewußtseins durch egal welche Möglichkeiten zur Folge. Als bewusstseinsverändernde, erfahrungsintensivierende Mittel galten die Meditation bis hin zu immer neuen Drogen. Bruce Cook spricht auch von einer Art Revolution, bei der indes kein einziger Tropfen Blut vergossen wurde, "mostly a revolution in poetry."

Was er sucht, was er zu finden hofft, nennt Jack Kerouac auch „IT" oder „ES". Bruce Cook etwa unterscheidet Kerouacs Romane in weniger sentimentale "Road Novels" (Reiseberichte) und "Lowell Novels" (Entwicklungsromane) ohne deren drive und Intensität. Schon den ganzen letzten Winter hatte Jack davon geschwärmt, wie er, als religiöser Eremit lebend, seine Matte in Wüsten oder Flußbetten ausrollen würde. Ganz im Zeichen der "rucksack revolution" lieh sich Kerouac also ein Paar Tennisschuhe, den Schlaf- und einen Rucksack, Snyder besorgte Getrocknetes aus dem Spezialitäten-Shop, Schokoladen-Pudding, Käse, Tee, keinen Wein, da der zu schwer war. Da saßen sie dann in friedvoller Armut nebeneinander auf den harten Felsbrocken: "Denk mal, was für eine große Weltrevolution stattfinden wird, wenn Ost und West sich schließlich begegnen, und wir sind die Leute, die das anstoßen können. Denk an Millionen von Leuten auf der ganzen Welt, die mit ihren Rucksäcken in den Hinterwäldern herumwandern und trampen und allen die Botschaft bringen."

Die Vorstellung gerät zur idealisierten Übersteigerung der romantisch-jugendbewegten, buddhistischen, insbesondere Thoreauschen Geschichte.

Eine realistische Einschätzung sozialer Beziehungen und Bedingungen findet weniger statt, weil das Interesse der Beats als kollektives von den Bedürfnissen des 'Ich' ausgeht und die Weigerung etwa im Bereich des Konsumverhaltens, des Profits, der Arbeitsleistung immer individuell realisiert wurde.

Die Rucksack Revolution ist auch das Hervorkehren einer Solidarisierung in eben jenen Zielen, die im Osten, in New York ihre erste Artikulation fanden; die Transformation der städtischen Erfahrungen in eine heile romantisierte Natur. Der veränderte Hintergrund evoziert veränderte Problemlösungen, und die Rolle des Zen-Buddhismus muß dabei ebenfalls in Abhängigkeit von den natürlichen Lebensbedingungen in Kalifornien gesehen werden.

Die Kontroversen zwischen Kerouac und seinen Verlegern nahmen teils die Form höchst trickreicher Auseinandersetzungen an. So berichtet Alfred Aronowitz am 10. März 1959 über die gerade erfolgte Publikationsgeschichte zu "The Dharma Bums" und dem Aufbegehren Kerouacs: "Sie wissen ja, dass mich Dharma Bums 500 Dollar gekostet hat - um die Story wieder in den ursprünglichen Zustand zurückzuversetzen. Bedenken Sie, nachdem "On the Road" herausgekommen war - 20.000 Hard Cover wurden verkauft, 500.000 Pockets - nun gut, sagte ich zu 'Viking', ich mache euch ein anderes Buch. Und sie meinten: Schreib doch bitte so was wie "On the Road" mit Abenteuern und diesen Leuten, nicht zu viel von deiner Herkunft. Also habe ich "Dharma Bums" geschrieben, sie nahmen es, und - setzten 3.000 Kommas und solches Duden-Grammatik-Synthax --- Ich habe sofort alles rückgängig gemacht --- so wie ich es geschrieben hatte, was mich 500 Dollar kostete. Aber was für eine herrliche Summe!"

In "Satori in Paris" (1965) wird der Begriff der Erleuchtung (satori) noch einmal gebraucht. Das wahre innere Licht bedarf keiner rationaler Gedanken, sondern erfolgt durch Intuition, mystisches Insichgehen. Satori beschreibt die intensive emotionale Befreiung, die in einem exaltierten Erkennen der Einheit, des Ganzen mündet. Kerouac hat den Buddhismus - möglicherweise unbewußt - als Therapie empfohlen. Seine Abhängigkeit von verbaler Vermittlung und Bestätigung müssen als ein Grund für den Mißerfolg solchen Tuns angesehen werden, denn nur in dem Maße konnte Kerouc weiterleben,- schreiben, als seine "Legend of Duluoz" nicht in einem Dharma, einem satori, einem Buddha-Schweigen abschließbar wurde:
"Das ist ähnlich wie in den frühen Tagen der Kreuzzüge, als Walter der Verarmte und Peter der Eremit zerlumpte Scharen von Gläubigen ins Heilige Land führten." "Ja, aber das war alles so europäischer Kram, finster und mies; meine Dharma-Gammler sollen den Frühling im Herzen tragen, wenn die Knospen sprießen und die Vögel etwas Kleines, Frisches fallen lassen, zur großen Überraschung der Katzen, die sie gerade eben noch fressen wollten..." (DB)
Vorüber ziehen in Weißwein sautierte Hühnerbrüstchen, pfannenfrittiertes Chow Mein, zehn Cent zuviel für eine Mahlzeit waren der Grund zum Hungern: "Ich war mein ganzes Leben ein armer Schlucker gewesen, und ich konnte mich an einige Dinge nicht gewöhnen."(DB)

Die Beat Generation kommt aus dem Osten, die "Dharma Bums" sind eine westliche Variante, deren Lokalkolorit sich in der 'Hippie-Bewegung' auch zu den Buntautos der 'Merry Pranksters' fortentwickelte... daß das unmittelbare Jetzt, was immer seine Beschaffenheit sein mag, Ziel und

Erfüllung allen Lebens ist. Mit dieser Einstellung gehen eine emotionale Ekstase, ein Gefühl unbeschreiblicher Erleichterung, Freiheit und Leichtigkeit des Seins und oft eine überwältigende Lebenslust einher, ein Gefühl für die Welt.

Für weitere solche Ausflüge war es, Oktober 1955, zu spät im Jahr, Berkeley brachte nichts mehr, und Jack beschloß, Neal Cassady in San Francisco mit dem gutgepackten Rucksack, seinem extravaganten Poncho und den weiteren Accessoires zu imponieren.

Neal, der Mann mit den vielen Beziehungen, verkehrte gerade mit Natalie Jackson, die sich, vom Ehemann getrennt, samt Kind durchschlug. In der 'Six Gallery' kehrten Neal und Natalie ihr Glück hervor, indem sie – beide Arme um die Hüften – posierten und ganz ineinander verknallt dreinblickten.

Mittlerweile wurde die Affäre zur bitterbösen Pille: Natalie hatte Carolyns Unterschrift auf einem Scheck gefälscht, und Neal hatte all sein Geld beim Pferdewetten verloren. Natalie schluckte Aufputsch-Tabletten, wurde zum Skelett mit schreckgeweiteten Augen.

Da sie gerade versucht hatte, sich umzubringen, sollte Jack ein bißchen auf sie achtgeben, während Neal auf der Arbeit war. Jack versuchte auch, beruhigend auf sie einzuwirken, doch vergebens. In den frühen Morgenstunden stürzte sich Natalie von der Feuertreppe. "Aber als Cody die Nacht nach Hause kam, und ich weg war, ging sie auf das Dach hinauf, während er schlief, und zerbrach das Dachfenster, um sich mit den zackigen Glasscherben die Pulsadern aufzuschneiden, und saß in der Morgendämmerung blutend da, als ein Nachbar die Polizei rief, und als die Polizisten raus aufs Dach liefen, um ihr zu helfen, da passierte es: Sie erkannte große Polizisten, die uns alle verhaften wollten, und rannte an die Dachkante. Der junge irische Polizist stürzte ihr nach und kriegte gerade noch ihren Bademantel zu fassen, und sie fiel nackt auf den Bürgersteig sechs Stockwerke tiefer.

Die Musiker waren um einen Beat reicher. Die ganze Nacht waren sie in ihrem Kellerloch aufgewesen, als hätten sie auf so etwas gewartet, hörten den dumpfen Schlag. Sie guckten aus dem Kellerfenster und sahen den fürchterlichen Anblick ... Und mir selbst sagte ich das: "Ich bin jetzt auf dem Weg zum Himmel." (DA)

Die Berkeley-Wochen kamen mit diesem "bohemian suicide", wie es in den Schlagzeilen der San Franciscoer Zeitungen hieß, zu einem unschönen Ende.

Jack Kerouac zog seine persönlichen Schlüsse, wollte dem "main highway of American life" Adieu sagen und ganz auf sich bezogen, nach seinem Gutdünken als "regelrechter Don Quichote der Zartheit" leben. Die Mutter würde ja doch nicht verstehen, wenn Jack seine Freunde "Zen Lunatics" und "Dharma Bums" nannte oder sie in Holzhütten auf Strohmatten bei grünem Tee und chinesischer Dichtung saßen.

Eins jedoch verstand die Familie: Es stand ein Sommerjob als Waldhüter und Brandwache in den Bergen in Aussicht, "Sixty-day sojourn as a fire lookout." Das wollte Jack machen und dabei Veränderungen zu "On The Road" anbringen, wie sie der Kerouac-Förderer Malcolm Cowley für 'Viking Press' wünschte. Jack wollte ein Wanderer sein, ein bhikku, ein Dharma Bum, was nicht unmöglich schien, hatte Snyder ihn doch "einen großen Helden und noblen Buddhisten der Literatur auf der Straße" genannt. Er freute sich auf ungetrübte Monate in Rocky Mount und die Stimmung für Lyrik: "Ich roch Blumen im Hof, und als ich mich erhob und einen tiefen Atemzug nahm und mir das Blut ins Gehirn strömte, fand ich mich auf dem Rücken im Gras wieder; offensichtlich war ich sechzig Sekunden in Ohnmacht gefallen oder gestorben. Mein Nachbar hatte mich zwar gesehen, aber gedacht, ich hätte mich aus freien Stücken ins Gras geworfen, um die Sonne zu genießen. Während dieses zeitlosen Moments wurde ich der Goldenen Ewigkeit gewahr, ich sah den Himmel… Das "goldene" kam von der Sonne her und kroch mir unter die Augenbrauen und die "Ewigkeit" entstammte meinen plötzlichen Eingebungen beim Aufstehen, daß ich da gewesen war, wo alles herkommt und wohin alles zurückfließt… Als ich mein Bewußtsein zurückerlangte, bedauerte ich es, Körper und Geist zu haben, es wäre mir lieber gewesen, ohne Körper und Geist zu verbleiben, es hätte sich nichts weiter ereignet und alles wäre für immer und für immer und für immer in Ordnung gewesen…" (JKSL)

Es kam auch zu weniger beschaulichen Begebenheiten, etwa als Kerouac aus Kenneth Rexroths Haus flog, weil er vor der achtjährigen Tochter aggressiv betrunken war. "He's too drrronk all the time." (Gary Snyder)

Neue Aufregung brachte der Buchladen 'City Lights' mit einer vom Schriftsteller und Buchhändler Lawrence Ferlinghetti ins Leben gerufenen "Pocket Poets Series". 'City Lights' sollte dabei Buchgeschäft wie Pariser Café sein, wo man an zierlichen Wackeltischen sitzen und reden konnte. In diesem im Nu auch sehr beliebten Treffpunkt auf der Columbus Avenue zwischen North Beach und Chinatown waren von zehn bis Mitternacht fast ausschließlich preiswerte Taschenbücher und Alternativ-Zeitschriften zu finden. Machte Ferlinghetti den Anfang mit "Pictures of the Gone World" folgten Kenneth Patchen und "Poems of Humour & Protest" und "Thirty Spanish Poems of Love and Exile" (Ferlinghetti und Rexroth).

GEDICHT: Seht ihr / so war es als / wir in die Kneipe walzten / ein paar scharfe Ischen / tanzen aztekischen Two-step / Und ich sage / Alter riskier 'ne Sohle / aber dann kreuzt die Fee / plötzlich hinter mir auf / und sagt / Du und ich wir könnten's wirklich treiben / Prima sag ich / Nur am nächsten Tag hat sie schlechte Zähne und haßt im Grunde / Gedichte (Lawrence Ferlinghetti)

Als der San Francisco-Verleger Berne Porter Allen Ginsbergs "Howl" im überteuren Band mit Best-Papier und -Bindung herausbringen wollte, weigerte sich Ginsberg. Er war gegen eine allzu warenmäßige Aufmachung seiner Bücher, fügte noch "A Supermarket in California" bei und blieb bei der Kleinverlage-Tradition und der Esoterik der Berkeley-Poeten.

Den Sommer des Jahres 1956 verbrachte Kerouac "face to face with ole hateful Duluoz Me" 63 Tage und Nächte als einsamer "fire watcher" auf dem 'Desolation Peak'; so benannt nach einer zweimonatigen Feuersbrunst im Jahre 1919, welche erst die Herbstregenfälle gelöscht hatten. Hier lag der Grund für den Namen "Desolation": Alles war malerische Einöde und Einsamkeit; Photoserien "Poets on the Peaks", etwa mit Text von John Suiter machen die Runde. "Und ich hatte sie ohnehin satt, das miese, dreckige, verrotzte egoistische Lebensmuster, das beschissene Verhalten der Menschen, die ganzen Schiffe und Eisenbahnen und Times Squares aller Zeiten." Der Berg wird zu einem Punkt der Ruhe, der lehrreichen Visionen von Freiheit und Ewigkeit, vermittelt die Kraft erleuchteter Entrücktheit.

Ranger halfen Kerouac, seine Vorräte auf die Starvation Ridge-Station zu schaffen und brachten ihm bei, auf was er im Terrain, Ross Lake und Mount Baker National Forest, zu achten hatte. "Happy ging rauf und nahm die Wettertür ab und holte die Schlüssel und schloß auf, und drinnen war alles grauer, feuchter, finsterer, dreckiger Fußboden mit regendurchnäßten Wänden und eine trübselige Holzkoje mit einer Matratze aus Seilen (um nicht den Blitz anzuziehen), und die Fenster so staubbedeckt, daß man nicht mehr hindurchsehen konnte, und, das allerschlimmste, über den ganzen Fußboden verstreut Zeitschriften, die von Mäusen zerrissen und angeknabbert waren, und außerdem Proviantreste und unzählige schwarze Kügelchen, Rattenkötel." (TDB) Der einzige Kontakt mit der Außenwelt war über das Forestry Service radio herzustellen.

"Four times up, three times down. I'm still on the mountain." Im Nu wurden die Tage zur Routine: Schnee sammeln für das tägliche Geschirrwaschen und die Mahlzeiten über dem Feuer, ein wilde Blume für die Kaffeetasse, Schreiben, Nachdenken, Dharma Studien: "Nebel vorm Gipfel, der Traum wird zu Ende geträumt, das Geräusch des Schweigens ist die einzige Unterrichtung für heute." (TDB)

Die Mystifizierung als eine antiintellektuelle Deutung von Welterfahrung spielt für Kerouac eine große Rolle und bringt ihn in Beziehung zur Romantik (Novalis, Brentano) einerseits und der ekstatischen, erotisch eingekleideten Mystik des Mittelalters andererseits. Seinen verstorbenen Bruder Gerard verehrte Kerouac zeitlebens als in der Nachfolge des Franz von Assisi stehenden Heiligen. Hier gewinnt die Bezugnahme auf die heilige Thérèse von Lisieux signifikanten Charakter, eine französische Mystikerin, die 1897, 25-jährig an Tuberkulose gestorben war. Kerouacs Mutter war als fromme Katholikin dieser Ordensfrau besonders zugetan, aber auch Jack gestand, welchen Trost ihm die Gebete spendeten. In einem Güterwagen begegnet der als Dharma Bum umherziehende Buddha einem kleinen Tramp, der "beim Weintrinken langsam in Fahrt kam und redete und schließlich ein kleines Stück Papier aus der Tasche zog und verkündete, daß sie nach ihrem Tod zur Erde zurückkehren und alle irdische Kreatur auf ewig mit himmlischen Rosen bedecken würde", gemeint war die heilige Thérèse. St. Theresas Gebet "L'amour du Prochain" hatte sich Kerouac eine Zeitlang an sein Bett gepinnt. Heilsvorstellungen christlicher oder buddhistischer Art werden vermischt zu Beispielen eines anderen, besseren Lebens.

Bald empfand sich Jack als Geist seiner selbst, Augen und Ohren spielten ihm Streiche. "Ich will ein neues, langes Gedicht machen, 'Flüsse und Berge ohne Ende', und einfach immer weiterschreiben auf einer Papierrolle und sie immer weiter abrollen lassen, mit neuen Überraschungen, verstehst du wie ein Fluß oder wie eine von diesen ganz langen chinesischen Seidenmalereien..." (TDB) Nach zwei Monaten hieß es dann: "Genug, ich habe alles gesagt." Später übernahm Kerouac die (Paradiesvogel-) Notizen direkt in seine Manuskripte, "Desolation Angels" etwa. "Also was wünscht sich ein Schreiber mehr für eine Weltfirma: Eine Frau, die bei ihm einkauft, eine Tochter, die gut aussieht... Joho ... joho .../ ich liebe dich so / Der Himmel ist blau / Ich sehe es genau / Juhu, juhu / Ich bin höher als du." (DA)

In "Dharma Bums" vagabundieren und gammeln Japhy Ryder und seine Trampkollegen bis in die Bohème-Metropole San Francisco, wo mit Cool Jazz und LSD ausgefallene Feste gefeiert werden. Andererseits gilt das Buch auch als literarisches Dokument einer Jugend, die für sich die Natur neu entdeckt und die Fesseln der zivilisatorischen Annehmlichkeiten abzuwerfen bereit ist. In jedem Fall ist ein Roman - ausströmender Sinnlichkeit und herrlicher Lebenslust - daraus geworden, hemmungslos von selbstgelebten Episoden diktiert.

Die Kritik greift in Bezug auf "Dharma Bums" im Wesentlichen zwei Aspekte auf: die Darstellung des Buddhismus mit dem Rausch des Bewußtseins und die "rucksack revolution". Die Analyse hatte schon gezeigt, daß die kalifornische Szene eine Veränderung der Problemstellung und Antwort im Vergleich zu den vom Großstadtleben geprägten 'Road Novels' hervorruft. Die Tatsache aber, dass gleich zu Beginn des Berichts an das literarische Ereignis der Dichterlesung, welche die San Francisco Poetry Renaissance ins Leben rief, angeknüpft wird, gibt der Darstellung - deren agierende Personen ja als literarische identifizierbar sind - einen repräsentativen Wert für die Beat Generation. Lawrence Lipton betrachtet "The Dharma Bums" folgerichtig unter der Fragestellung, inwieweit das Buch das Leben der Beat Generation authentisch vermittelt: "Die Rucksack-Revolution aus Kerouacs Dharma Bums stellt nur einen ganz kleinen Teil der Szene dar und bei weitem nicht den bezeichnendsten… Der Erzähler aus Dharma Bums ist beständig auf der Flucht vor der Großstadt und den Problemen des dortigen Lebens, wie es ihm die meisten seiner Darsteller nachtun… Der Leser wird mit dem Allgemeineindruck zurückgelassen, daß der heilige Barbar des 20. Jahrhunderts ein nichtstuender Thoreau in der Hocke ist…"

"Was?"

"Eine schöne große Tafel Hershey-Schokolade oder auch eine kleine. Aus dem einen oder anderen Grunde würde eine Tafel Hershey-Schokolade im Augenblick meine Seele retten."

"Das ist also dein Buddhismus, eine Tafel Hershey-Schokolade?" "Wie wär's mit Mondschein in einem Orangenhain und einem Vanilleeis?"

"Zu kalt. Was ich brauche, mir wünsche, worum ich bete, wonach ich mich sehne, schmachte, ist im Augenblick eine Tafel Hershey-Schokolade ... mit Nuß." (TDB)

Ein Bus brachte Jack an einem Sonntag-Nachmittag nach San Francisco, er schwang sein Bündel über die Schulter und ging durch die Straßen: "Wow, San Francisco gibt dir immer den Mut zu deinen Überzeugungen. Nachdem er ein Zimmer in einer Absteige aufgetrieben hatte, aß er eine Riesenschüssel chinesisch, trank Bier dazu, bis es spät genug war, um in einem Keller Jazz-Musik zu hören. Der Club war total überfüllt, meist Schwarze, und Kerouac stellte sich außen an die Wand: "Sie kamen mit Autos von Fillmore, mit ihren Mädchen oder ohne, die gutgefärbten Cats des Sunday San Fran im wunderschönen Sports-Outlook, um ins Auge zu springen, Schuhe, Revers, Krawatten, keine Krawatten, Studs - um Klasse zu geben. Die Neger werden die Rettung Amerikas sein -." For the fun of it, sketching from reality, telling from memory, camera eyed - Wiedergabe: "Jack ging ganz in der Musik auf, inhalierte; er hörte einen Beat, der mehr war als Musik: ... alles geht mit dem beat - Es ist die beat generation, its béat, es ist der beat, der dich hält, es ist der beat des Herzens…" (TDB)

Am nächsten Tag waren wieder Telefonate zu führen, die Leute aus dem Bett zu klingeln, get things going. "Wir suchen schon die ganze Zeit ein Café, wo man etwas Kaffee trinken kann", traf er auf Allen, Gregory und Neal. Ein intensives Leben sozialer Kontaktsuche und Begegnungen bestimmt nun Kerouacs Tages-Inhalt. Eine Zeitlang konnte sich Jack Kerouac als Mitglied einer nicht zu fest gefügten Dichter-Gruppe fühlen: Corso, Ginsberg, Snyder, Whalen, Ferlinghetti, Duncan, McClure und ihre Haltungen und Gefühlswallungen teilen. Kerouac unterschied sich schon mal dadurch, daß er völlig apolitisch war. "Ich steige gleich mit meiner Knarre in den Baum und bringe euch alle um, ihr Kommunisten", drohte Kerouac Ginsberg, Whalen und Orlovsky, als diese sich politisch engagieren wollten. "Der Mensch ist frei, und das ist gut so, wenn es auch der Revolutionen gebraucht hatte."

Gary Snyder und Philip Whalen wurden Schüler und Mönche der Zen-buddhistischen Lehre in der Prägung Hui-Nengs, die sich in den großen japanischen Zen-Schulen Rinzai und Soto fortentwickelte, um von dort aus den westlichen Adepten zugänglich zu werden.

Ginsberg, dessen "Howl"-Lesungen in der 'New York Times' Artikel bekamen, bestand darauf, das Establishment zu schockieren. So ganz wohl war Kerouac nicht dabei, obwohl er Allen in "Desolation Angels" als jüdischen Propheten, bärtig und voller Ernst schildert. Rummel mit Photo-Sessions fürs 'Mad Madame', 'Made Moselle', 'Mademoiselle'- war Ginsberg kein Greuel: "Hand in hand it's got to be."

Ätzender Stimmungswechsel: Corso stritt mit McClure, Peter pisste in Menschenmengen, Jack ließ leere Bierdosen im Bus kullern. "Wenn`s Unsinn ist, ist's eben Unsinn." (JK)

Eines Freitags Nachmittags schnürte Kerouac sein Bündel und nahm den Zug nach San José, zu Neal, Carolyn und den Kindern, um weiter nach Mexico City zu gelangen, wo er einige Wochen mit Ginsberg verbrachte. Zusammen fuhren sie nach New York zurück, von wo man sich aufmachen wollte nach Tanger und zu Burroughs.

New York war ganz das Pflaster Allen Ginsbergs geworden. Er eilte herum zu Verlegern, verhandelte mit Agenten, zeigte sich auf Gesellschaften, um "the big united front" zu errichten. Mit Corso ging er auf eine Party Richard Eberhards, der in der 'New York Times' einen Artikel über ihn verfaßt hatte. Eineinhalb Stunden sprach Allen mit Arabelle Porter, der Herausgeberin der namhaften Paperback-Reihe 'New World Printing' und erklärte sich und die Gruppe zu großen Schriftstellern, die bald mit ihrem avantgarde writing berühmt werden würden. Auf die Frage, was er unter "nackten" Werten verstehe, entkleidete sich Allen Ginsberg.

"Howl" war gerade erschienen, lag aber nur in ganz wenigen Buchhandlungen aus. Ginsberg schrieb Ferlinghetti, dass er im ganzen Village keinen Käufer gesehen noch getroffen hatte, weshalb er sich fragte, warum Ferlinghetti weitere 1.500 Exemplare drucken wollte: "Kannst du sie verkaufen?"

Eine Rezension in der 'Times' oder dem 'Herald Tribune' oder der 'Saturday Review' sollte das Eis brechen, und man spürte, dass sich etwas tat.

Um die Wartezeit für die auf den 15. Februar 1957 festgelegte Abreise nach Tanger zu überbrücken, unternahmen Peter Orlovsky, Jack und Gregory Corso einen Abstecher nach Paterson, New Jersey, um sich und ihre Machwerke William Carlos Williams zu präsentieren. Der Arzt und Dichter versprach, Gregorys zweites Buch, "Gasoline", zu besprechen.

Allen Ginsberg verfaßte einige Zeilen über den Besuch: "To WCW / But I seen you again / in the Fifties "Lotsa bastards / out there-" / pointing thru the window / Kerouac drunk in the kitchen talking with Flossie / about old Bavarian beer garden / dances and 1910 medical Europe - / And I lied to you told you I was never a fairy / when I was - didn't want to / shock yr palsied hand / on mahogany table pizzeria Downtown / Paterson below Market St."

"Und dann", fuhr er fort, "werden wir uns ein paar Frauen nehmen und nachts mit ihnen ausgehen. Und wir werden in unseren Appartements an der Park Avenue all die Drinks haben, die wir wollen. Wir drei, gute Arbeit und Autos und das Beste zu essen, wie immer wir es wünschen." (TSB) Jack Kerouac gelang ein Durchbruch über Donald Allen, der gegen Zeitschriften-Veröffentlichungen war und sich bei 'Grove Press' für eine Buchherausgabe einsetzte. Mit all seinen Manuskripten erschien Jack in Begleitung Ginsbergs in Donald Allens Büro. Auf die Bemerkung Ginsbergs, daß Robert Creeley einige Sachen in der 'Black Mountain

Review' bringen wolle und dem Hinweis auf neue Arbeiten von Whalen, Snyder und McClure versprach Don Allen, sich der San Francisco-Szene anzunehmen. Da gab es doch einige Schreiber im Lande - für die sich nach deren Erscheinen in Buchform allerdings mehr die europäische Avantgarde interessierte.

Noch vor der Abreise nach Nordafrika erschienen im 'Evergreen', Nr. 2, "Howl" und Kerouacs "October in the Railroad Earth", der Ruhm lag zum Greifen nahe. "Diese jungen Leute hatten nichts Spielerisches oder Überschäumendes an sich; ihr Auftreten und Benehmen gab zu verstehen, daß sie ernsthafte Männer und Frauen seien, die mit dem Bewusstsein ihrer Sterblichkeit beladen sind und sich mit der betrüblichen Tatsache menschlicher Unzulänglichkeit abgefunden haben. Sie zeigen volles Verständnis für die Schwierigkeit aller Probleme der Vergangenheit, sie haben ein lebhaftes Gefühl für die Gefahr der Ideologien und Begeisterungsausbrüche und Leidenschaften; sie haben sich daher das untadelige Verhalten eines kultivierten erwachsenen Menschen angeeignet: beherrscht, nüchtern, überlegt, lebensklug", erkannte nun auch die amerikanische Kritikerszene, vertreten durch Norman Podhoretz.

"Wenn du diese Schrift nicht verstanden hast, dann wirf sie weg. Wenn du diese Schrift nicht verstehen kannst, dann wirf sie weg. Ich bestehe auf deiner Freiheit". (JKSL) Das eigentliche Ziel der Literatur und Philosophie liegt in der ethischen Qualität, zu bessern und Auswege aufzuzeigen. Diese zerstörerische Zivilisation, "the whole stinking commercial bourgeois lot", die Mächtigkeit eines höllischen, alles erfassenden Molochs wird in Gesprächen zwischen Japhy und Ray und der Gruppe sehr deutlich kritisiert, die Dharma Bums erhalten ihre Definition als eine Bewegung, die nicht politisch eingreift, aber in einer Verneinung Stellung nimmt und sich ein "besseres Leben" suchend abwendet: Die städtischen Thoreaus verweigern die allgemeine Forderung nach Konsum einer sinnlosen Produktion, sie lehnen es ab, für solchen Überfluß-Mist wie jedes Jahr neue Kühlschränke, TV-Anlagen, Autos, Haarwaschmittel und Deodorants zu wirken, für Müll, der alle nur einschließt in eine vergitterte Tretmühle aus Arbeit, Produktion, Konsum, Arbeit, Produktion, Konsum … "Tausende, ja Millionen junger Amerikaner werden die Berge hinaufwandern, um zu meditieren…, all of `em Zen Lunatics." (DB)

***

KAPITEL ZEHN
("Desolation Angels"; "The Subterraneans")

Allen Ginsberg, Gary Snyder und Philip Whalen haben andere und intensivere Studien und Erfahrungen vollzogen, als sie aus dem Leben der Dharma Bums ableitbar wären. Für Kerouac markiert dieses Buch den Anfang einer Phase, die - beschränkt auf die Road Novels und den Gedichtband "Mexico City Blues" - seine Auseinandersetzung mit dem Mahayana- und Zen-Buddhismus als eine Weise der Identitätsfindung erklärt.

Die erste Woche in Tanger fühlte sich Kerouac pudelwohl. "Diesen Traum eines Afrika in Weiß gegen blaues Nachmittagsmeer, ach, wer hat ihn nicht schon alles geträumt? Rimbaud! Magelhâes! Delacroix! Napoleon! Winkende weißende Laken auf einem Dach!" (DA)

Burroughs hatte "Naked Lunch" fertig und bat Jack, es ihm mit der Maschine abzutippen. Jack, noch immer der Speed-Hacker seiner Jugend, half ihm und verbrachte die ersten Wochen hinter dem Typewriter. "Es war ein sonniger Nachmittag im Februar 1957, als wir zum erstenmal das blasse Band aus gelbem Sand und grünen Wiesen sahen, das ganz hinten am Horizont das bißchen undeutliche Küstenlinie von Afrika markierte. Mit weiter dahindösendem Nachmittag wurde es größer, bis ein weißer Fleck, der mich schon seit Stunden irritierte, sich als ein Gasometer in den Hügeln herausstellte. Dann, wie in plötzlichen, langsamen Reihen auftauchende mohammedanische Frauen in Weiß, erblickte ich die weißen Dächer des kleinen Hafens von Tanger, der sich dort unmittelbar am Wasser in die Landbiegung schmiegte. Wo wir zu ermüdender Papierroutine hin mußten…" (DA)

Bald wurde Jack, der beim Schreiben oft Haschisch rauchte, so high, als hätte er eine Überdosis Opium intus. Eine Vergiftung durch mit Arsen versetzten Kif war nicht auszuschließen, so mies und rauschgiftabgezehrt fühlte er sich, und die anfängliche Euphorie mündete in starke Depressionen.

"... als ich am nächsten Morgen die furchtbaren weißen Kreidefelsen von Marseille im Nebel sah und eine düstere Kathedrale auf einem Felsen mich auf die Lippen beißen ließ, als hätte ich mein eigenes dummes Gedächtnis vergessen. Selbst die Soldaten waren mürrisch, als sie im Gänsemarsch das Schiff verließen, hinunter zu Zollbarak-ken, nachdem wir uns durch mehrere trübe Kanäle zu unserem Ankerplatz manövriert hatten." (DA)

Als im März dieses Jahres Allen (Ginsberg) und Peter (Orlovsky) nachtrudelten, hatte Jack infolge von Schweiß-ausbrüchen, Krämpfen und Erbrechen nur die Rückkehr Richtung Amerika im Sinn.

Einige Tage ritten sie am Strand umher, machten Photos in ihren nassen Shorts, freuten sich nach einem rauen New Yorker Winter an der Sonne; aber Jack ließ dies alles kalt, zu sehr war er innerlich mit den Gedanken bei "Desolation Angels" ("Engel, Kif und neue Länder"). "Auf der Leinwand, wo Cokes gesüffelt werden, flimmern Clark Gable, Jean Harlow, Marlon Brando, Gina Lollobrigida, Gary Cooper ... Wer nicht weiter weiß, fragt einfach in die Runde: "Was passiert als nächstes?"

Abgekürzt wird "Desolation Angels" auch "Angels", aber so richtig eingebürgert hat sich "Chi" für "Chicago" indes auch nicht. Den Stil- und die Sprach-Rhythmik in "Deso-lation Angels" bezeichnen solche Zeilen wie: "Während wir Arm in Arm spazieren, zeige ich auf die oberen Fenster meines wahnschaffenden Manhattan und sage: "Ich will über alles schreiben, was hinter jedem einzelnen dieser Fenster geschieht!" "Großartig."

Mit der allen geläufigen Whitman-Sanftheit krabbelt man in den Klapper-Bus und weiß sich durch scheinbar schläfriges Abrollen seinen Liegeplatz zu sichern. "Gewiß, die einzige Definition eines "Hipsters" ist, jemand, der in jeder Großstadt der Welt an gewissen Straßenecken stehen wird, ohne die Landessprache zu beherrschen, Koks oder Tee beschaffen kann, aber dennoch läßt dich das alles wünschen, zurückzukehren nach Amerika, zum Anblick Harry Trumans und den Vorgartenzwergen von

Amerika. "..."Liz ist über 1,80 groß und sehnig, hält sich aber, ich sagte es schon, krumm wie ein alter Hipster von 1910 oder wie ein Farmer in der Großstadt. (Das Wort "beat" kommt vom Lande, aus dem alten Süden.)."... "Da ich deine Schmähung nicht gebrauchen kann, kannst du sie zurückhaben."

Im gefühllosen Morgen (aber Lyrik ist schließlich Lyrik) läßt man sich auf der Autobahn nicht einfach gehen, sondern reißt sich ordentlich am Riemen. "Man will schließlich hin zu irgendeinem dummen, aber göttlichen Ziel in einem anderen Teil des Heiligen Geistes - so wie die Haare meines Vaters, als ich ihn tot im Sessel fand - In dem Sessel bei uns zu Hause –" (DA)

"Lonesome Traveller" und "The Subterraneans" umfassen die Jahre der Arbeit, des Reisens und des Lebens in New York und San Francisco. Monate in Mexico werden in den "Tristessa"-Episoden zum Leben erweckt, die Berkeley-Aufenthalte in "Desolation Angels". Zwei seiner Bücher standen in New York in Druck, doch ließ Kerouac jeden wissen, daß ihm das Ganze bereits über wäre. "Und so zog ich allein los, mit meinem großen Rucksack, gen Amerika, meiner Heimat, meinem eigenen trostlosen Frankreich. " (DA) In Blue Jeans und im durchgelaugten Army-Hemd durchkämmte er Paris und London und schon hatte ihn New York wieder, wo er bei einer Freundin Joyce Glassmann (Alice Newman in "Desolation Angels"), die er vor seiner Abreise kennengelernt hatte, absteigen konnte. "What a nice apartment Francis lives in, he thought, right in the middle of New York, and what a nice blonde he's got there. Imagine." Es galt seiner Überzeugung treu zu bleiben: Schreiben als Bestandteil dessen was gesagt und getan wurde, die Eindrücke von unterwegs zu verarbeiten und nachzubearbeiten: "... und alles tat ich mit jener großen irren Freude, die einen überkommt bei der Rückkehr nach New York. ... und ein paar Stunden später den ersten im Wasser treibenden Unrat von New York, darunter einen leeren Karton mit der Aufschrift CAMPBELLS BOHNEN MIT SCHWEINEFLEISCH, und das ließ mich vor

Freude beinahe weinen, wenn ich an Amerika dachte und all die Bohnen mit Schweinefleisch von Boston bis Seattle ... und vielleicht auch jene Föhren an einem Küchenfenster im Morgen.
… Ich kann ihm nicht erklären, daß es mir deshalb egal ist, weil ich ein französisch-kanadischer-irokesisch-amerikanisch-aristokratisch-bretonisch-cornischer Demokrat oder sogar ein Beat-Hipster bin…
Soho ist das Greenwich Village von London. "Teddy-Boys" sind das englische Gegenstück unserer Hipster." (DA)

"On the Road", die Autowalze, sollte erst im September erscheinen, aber der Vorschuß langte hin, um für sich und die Mutter ein Häuschen zu mieten. "Ein winziges Schlafzimmer wartete dort auf mich, saubere Wäsche im Schrank, saubere Leinentücher auf dem Bett. Es war eine Erleichterung nach all den Schlafsäcken und Kojen und der Eisenbahnerde." (LT)
"Und so brauste ich dann, mit einer weiteren Vorschußrate (100 Dollar) in der Tasche, gleich wieder aus New York ab gen Süden, um meine Mutter abzuholen… Meine Mutter und ich packten all den erbärmlichen Lebenskrempel zusammen und bestellten eine Speditionsfirma, der wir als einzige Adresse, die ich kannte - Ben Fagans Häuschen in Berkeley - angaben -…
Unser "Krempel" bestand aus alten Kleidungsstücken, die ich nie wieder tragen würde, Kartons mit alten Manuskripten, darunter einige noch von 1939 mit schon ganz vergilbtem Papier, erbärmlichen Heizsonnen und sogar Überschuhen (Überschuhen aus New England); Flaschen mit Rasier- und Weihwasser, seit Jahren aufbewahrten Glühbirnen, alten Tabakspfeifen von mir, einem Basketball, modrigen Vorhängen, die mangels Wohnung noch niemals irgendwo gehangen hatten, zusammengerollten nutzlosen Flickenteppichen, Büchern, die eine Tonne wogen (darunter auch noch Rabelais-Ausgaben ohne Einband) und allen möglichen und unmöglichen Töpfen und Pfannen und traurigen Gerätschaften, die die Menschen sich nun mal zum Leben halten müssen – Denn ich erinnere mich noch

an das Amerika, als die Leute nur mit einem Pappkarton als Gepäck reisten, der stets mit Strippe verschnürt war – Ich erinnere mich an das Amerika der nach Kaffee und Doughnuts anstehenden Menschen – Das Amerika von 1932, als die Leute in Müllhalden nach Gerümpel zum Verkaufen suchten -..." (DA)

Kerouac war des Umherwanderns müde. Alles, was er wollte, war ein ruhiges Fleckchen, wo er billig leben könnte. Berkeley fiel ihm ein, und auch die Mutter war mit Kalifornien einverstanden "und sahst sie die Tür aufmachen, im Hof den Mülleimer entleeren, am Herd braten, am Spülstein Geschirr abwaschen, am Plättbrett stehen, mit dem Staubsauger hantieren, aber auf eine Art fröhlich." Doch irgendwie kam Kerouac nicht mehr ins richtige Berkeley-Leben, die blumigen Straßen wimmelten von Polizisten, die es auf Fußgänger abgesehen hatten. Seine Mutter konnte den Nebel nicht ertragen und daß sie so weit entfernt von ihrer Tochter Nin lebte. Jack sollte sie wieder nach Florida bringen: "Kalifornien hat was Unheimliches. Ich verprasse meine Rente lieber in Florida."

Noch bevor sie wieder packen konnten, erreichten einige "On the Road"-Vorausexemplare die Berkeley-Hotel-Adresse. Die Mutter war einkaufen, und Jack hielt zum ersten Mal ein verkaufsfähiges Buch von sich in den Händen.
Er blickte auf, als "ein goldenes Licht" im Türeingang erschien. Es war Neal, der mit seiner frühen Freundin Luanne hereintrat und zwei anderen Freunden: "Wir starrten uns alle in dem güldenen Licht an. Nicht ein Ton. Ich bin auch kalt erwischt worden (wir grienen alle) mit einer Kopie von Road in meinen Händen, bevor ich es mir noch zum ersten mal anschauen konnte! Mechanisch gab ich eins zu Cody, der ja nach allem der Held des armen, verrückt-tristen Buches ist..." (DA)
Kerouac fühlte sich, mit dem Erstwerk in der Hand, irgendwie schuldig, wie ein Dieb. "Später bin ich wieder in New York und sitze mit Irwin, Simon, Raphael und Lazarus herum, und wir sind nun mehr oder weniger berühmte

Schriftsteller, aber sie wundern sich, warum ich jetzt so lahm geworden bin, so ruhig, während wir zwischen all unseren veröffentlichten Büchern und Gedichten sitzen, wenngleich es auch, seit ich mit Mémêre in einer Hütte für uns allein lebe, Meilen von der Stadt weg, wenigstens friedliches Leid ist. Friedliches Leid zu Hause ist das Beste, was ich der Welt je werde bieten können, und darum sagte ich meinen Engeln der Ödnis Lebwohl. Ein neues Leben für mich." (DA)

Im Oktober 1957 begann Kerouac mit einem Stück "The Beat Generation", lebte in Florida ein gemächliches Leben, aß um acht mit der Mutter und trank nur Rum und Cola. "Nichts zu tun / als auszuruh'n / und nichts zu tun. / Stimmung sauer! / Praktisch Trauer."

Eines Abends gab Jack Kerouac im New Yorker 'Village Vanguard' eine Lesevorstellung, und ein Reporter der "Village Voice", Howard Smith, hörte herein. Beim Herausgehen meinte jemand: "Wie der hier hereingebraust kam ... hoffentlich hat er auch Schneeketten."

Jack brauchte mehr noch als Schneeketten, um mit seinem Erfolg, der jenseits aller Träume lag, fertigzuwerden. "On The Road" stand Ende des Jahres 1957 für fünf Wochen auf der Bestseller-Liste, die Welt war von seinem Genie überzeugt.

Die 'New York Times' meinte, daß er "die originellste Arbeit, die in diesem Lande getan wurde", verrichtet hatte. Der Roman ist "eine historische Gelegenheit", "ein authentisches Kunstwerk". Von Kerouacs achtzehn Büchern gilt "On The Road" ("Unterwegs", "Auf der Straße", "Immer Geradeaus"...) als das beste, wenn Jack persönlich auch "Visions of Cody" oder "Doctor Sax" vorgezogen hätte, wie er Joe Chaput gegenüber bekannte. Die meisten Leser kennen Kerouac aber als Verfasser von "Unterwegs", das fünfzehn Jahre nach Erscheinen in die englische 'Penguin Modern Classic Series' aufgenommen wurde.

Das ganz eigentümliche Einfangen des Gedankengutes seiner eigenen Generation, ihre Ruhelosigkeit und Unbestimmtheit in den Jahren nach dem Zweiten Weltkrieg machten Kerouac völlig zu Recht bekannt, zum Aushängeschild. Sein Bild Neal Cassadys und dessen leibhaftige Verkörperung wurden zum amerikanischen Helden stilisiert, bestimmte den Lebensstil vieler junger Leser.

Selber kämpfte Jack Kerouac sein Leben mit dem Schreiben, dem Buchmachen und sein von ihm stilisierter Freund wird eine berühmte Figur. Der Traum der Cowboys, des freien ungebundenen Mannes, ist ja nun einmal eine der vitalsten Wunschvorstellungen inmitten der Horden Schlipsträger im Bürokraten- und Behördenalltag.

Wie viele hatte er ein Empfinden für Grenzenlosigkeit, für überhaupt keine Barrieren. Raum wurde zu Geschwindigkeit, space und speed sollten zu einem Begriff verschmelzen, die Energie des Crash-Cowboys, der sich über soziale (Un-)Sitten hinwegsetzt. Den einen wurde Kerouac darob zum "Hippie-Homer", der auf einer Straße geleitet, die nirgendwo hinführt. Andere verglichen mit Thomas Wolfe, Nelson Algren und Saul Bellow. Die meisten lasen wohl weniger aus literarischem Interesse, sondern des puren Abenteuers wegen.

Jack Kerouac war auf ihrer Seite, der Seite der Jugend und Freiheit, der offenen Räume, der Chance, man selbst zu sein. War hier nicht nach einem besseren Leben Ausschau zu halten, vorwärtszukommen, sein Stil zu finden? Wollte doch Kerouac (als "Sal Paradise") auch nur "seine eigene Schreiberseele aufspüren". Wie konnte der Mensch - im Verhältnis zum Tier - den Gleichklang, den eigenen, schaffen, bewahren und erhalten? "… um an der Befreiung der Welt zu wirken, ihrer Erlösung von ihren bestialischen Leiden und der unaufhörlichen blutigen Kette aus Tod und Geburt, Geburt und Tod, von den fürchterlichen Kriegen aus Unwissenheit, dem Mord an Hunden, der Geschichte, den Torheiten, von den Eltern, die ihre Kinder schlagen, den Kindern, die andere Kinder quälen, den Liebenden, die einander vernichten, von den Räubern, den Geizhälsen, den lüsternen, dreisten, hemmungslosen Blutsaugern, die nach immer mehr Blut gieren, den Trunkenbolden die einfältig durch die Beinhäuser irren, die sie selbst geschaffen haben, von ihrem einfältigen Gelächter, von bloßen Unruhestiftern und Träumern. Die Welt eine monströse Bestie, aus deren Fülle es Formen regnet, alle in unermeßlicher Dunkelheit nach rosiger Hoffnung kreischend..." (WU)

Daher rührte auch die lässige, eisige Unerschütterlichkeit der jungen Gesetzesbrecher, die im Polizeigefängnis ihre Gesichter unbewegt dem Scheinwerferlicht aussetzten. Sie brachen nicht in die Knie, wimmerten nicht und gaben keine Erklärungen ab. Warum sollte man auch erklären, daß ihre Marihuana-Orgien und ihre Lustfahrten in gestohlenen Autos sowie ihre sexuellen Ausschreitungen ja nur Kleinigkeiten darstellten, verglichen mit der bloß schlecht gezügelten Gewalttätigkeit der Erwachsenen, die einen Weltkrieg, einen kalten Krieg und einen koreanischen Krieg geschehen ließen.

Sie betrachteten diese Welt der Großgewordenen als sinnlos, heuchlerisch und dem Untergang geweiht. Es ist zwecklos, die Philisterwelt bekehren zu wollen, so wie es schon zwecklos ist, sich nur in die Sphäre dieser krankhaften Rationalität zu begeben; es bleibt nur noch übrig "sie" zu ignorieren. Eltern, die mitbekamen, wie sich der undurchsichtige, verstockte Ausdruck über das Gesicht ihrer teen-age-Kinder senkte, hatten einen Geschmack von der Einstellung der "Beat Generation" zu ihrer Welt erhalten.

Hip-sein bedeutete weiterhin antiintellektuell und antikulturell, ausgeschlossen sein, meinte abgründige Verachtung für die weichwarme Umarmung der erwachsenen Welt, unter deren Fett mörderische, fühllose Muskeln steckten.

Die Hipster sind auch Pazifisten und viele von ihnen überdies Kriegsdienstverweigerer. Eher linksgerichtete, der freien Liebe zugewandte, mit Mißtrauen gegen die bürgerliche Gesellschaft erfüllte und vom Haß gegen die allzu rationelle Lebensführung diktierte Haltung.

Ein drittes Buch wurde innerhalb eines Jahres erfolgreich: "The Subterraneans" ("Bebop, Bars und weißes Pulver"), das der eigenen Abgeschiedenheit am nächsten lag. Vom Umfang her nicht mehr ganz die Stärke der Basiswerke: "The Town and the City" oder "On the Road", was natürlich kein Werturteil sein kann. Obwohl, legt man die autobiographische Grundhaltung zugrunde, alles gesagt hätte sein dürfen, bleibt es bei der Grundfragenstellung: "How to live a meaningful life?" Kerouac zitiert Hemingway, der meinte: "Das Leben, ein Riesen-Beschiß." So einfach haben es sich Jack Kerouac und seine Kumpane nie gemacht, "filled with the fullness of living". (Sebastian Sampas) Ganz im Gegenteil, das Leben ist so wahnsinnig toll, dass man eigentlich darob nur verrückt werden kann. "Die Bäume waren rot von Blüten, und die Stunde war groß und voll Hoffnung." (WU) Und da hat Jack Kerouac immer weitere Episoden, noch nicht einmal erfundene, und das liest sich, als würde man mit ihm plaudern. Zuckende Wortwahl, "ein Gedicht sollte nichts aussagen, sondern sein"; ein Verträumter, der auf dem Rücksitz des Lebens Platz genommen hat. Immer weitere Genres, Subgenres auch: Blues Choruses, ticks, dreams, haiku, eine japanische lyrische Kurzform.

Der Eindruck, Jack Kerouac würde nun auf Kicks aus sein, kann nicht entstehen. Die Suche wird fortgesetzt: Jack wird zum religious seeker, dem suchenden Denker. So könnte sich eine Philosophie nennen, die in den Kino- und Traumbereich führt… Oder auch das Gebet wird ja in pakkender Sprache gesprochen, ist der spontane Ausdruck eines Individuums, im erhöhten emotionellen und intellektuellen Stadium.

"Was werden Sie nach dem Krieg machen?" führte Bill das Gespräch fort. " "Après la guerre?" grübelte Nick betrübt. "Da wird noch eine Menge bleiben, für das man kämpfen muß. Ich gehe wieder nach Europa." "Nun, ich möchte nicht persönlich werden, aber was gedenken Sie allgemein geprochen mit Ihrem Leben anzufangen?" fragte Bill nervös. Nick sah ihn freundlich an: "Für die Rechte der Menschen kämpfen", sagte er schnell. "Wofür sonst kann man leben?" (TSB)

Das hätte sich der Lowell-Junge auch nicht träumen lassen, dass er mit solchen Erkenntnissen einmal neben den ganz Großen seines Bücherregals stehen würde. Das Leben erstarrt nicht vor jeder Weisheit: Aber Traum, ja Traum, da ließe sich noch etwas machen, und schon war wieder eine neue Thematik angeschoben. "Really, power is only ecstasy."

"The Subterraneans" beschreibt das Bohèmetreiben "Leo Percipeds" in einer Künstlergemeinschaft, was Jack Kerouac den Beinamen "King of the Beats" einbrachte: "... die wilden Negerbars voller Huren und die Mexikaner, die mit ihrem Ya-Yaa in ihren eigenen Kneipen blieben und der langsame Streifenwagen auf der lang verlassenen Hauptstraße und überall Besoffene und das Funkeln zerbrochener Flaschen... mitten unter die sich prügelnden Wermutbrüder und die blutverschmierten betrunkenen Indianer, die bandagiert aus Hinterhöfen stolperten und aus den 10-Cent-Kinos, in denen drei Filme gezeigt wurden und unter kleine Kinder aus den Stundenhotels, die auf dem Gehweg spielten und die Pfandhäuser und die Negerbruchbuden mit ihren Musikautomaten..." (DA) Orte wie San Franzisco sind die Heimat der "Geschlagenen", was teilweise an der natürlichen Schönheit der brückenüberspannten, nebelverhangenen Kabelbahn-Unheimlichkeit der Stadt, der Salzluft und der Freiheiten um den Hafen lag, so dass sich in der North Beach-Area eine flotte Bohème bilden konnte. "The young Bohemian writer who couldn`t pay his rent."
Anziehungspunkte blieben die Gegenden ohne Rassenvorurteile, wo Beat-Writer und allerlei Künstlervolk offene Gemüter fanden: New York, Mexiko, Tanger, London oder Paris…

Auf diesem Höhepunkt Jack Kerouacs fügte Herb Caen, ein San Francisco-Journalist, in seine Kolumne für den 'Chronicle' das Wort "beatnik" ein, und da Kerouac plötzlich aufgestanden war und sein Land erkundet hatte: Ernst, erlebnishungrig, zerlumpt, beglückt, glühenden Glaubens -

war er zwar der Auserkorene, doch betraf diese Bezeichnung künftig nicht minder jene abgewetzten, sich möglichst einfach gebenden, bärtigen, mühsam beschuhten Künstler des Greenwich Village oder sonst eines Viertels. Die Kunst bestand vielerorts in der Freiheit der Armut, in der Kunst der Einsamkeit, der Flucht vor einer verlogenen Gesellschaft voller Fehlfarben-Amerikaner.

Eigenschaftswörter zur beat generation lauten: unbekümmert, wurzellos, wild. Kerouac dachte eher an glücklich, einen Zustand der Zufriedenheit ohne jede Deutelei, "cultivating the joy of heart": "Das ist der Mittelpunkt der großartigsten Stadt, die die Welt je gekannt hat und das ist es, was Beatniks hier tun. An der Straßenecke zu stehen und auf keinen zu warten, das ist Power."

"Zwar ist das Bohèmetum heutzutage nicht eben sehr in Mode, aber die Vorstellung der Bohème übt immer noch einen starken Reiz aus. Nirgends so sehr wie in den Vorstädten, denn diese sind bis zum Bersten mit Männlein und Weiblein gefüllt, die sich selber mit akutem Unbehagen für Konformisten und die Bohème für ein heroisches Lebensideal halten", ließ sich der Kritiker Norman Podhoretz ein.

Kerouacs Briefe und Journale attestieren, daß ihn die Unterschiede zwischen bourgeoiser Kultur und artistischem Leben beim Lesen, Schreiben, Sprechen und Denken sehr berührten. Kerouac meinte: "Ich bin king of the beats, aber kein Beatnik", eine zu feinsinnige Unterscheidung. Erklärungsversuche verschlimmerten nur die Unbestimmtheit. "Dann geht er nach Hause, pleite, schüttet alles auf den Tisch, nimmt sich ein großes Buch mit Majakowski-Gedichten, schaltet den Horrorfilm in seinem Fernseher Baujahr 1949 an und schläft ein. - Und das ist das Nachtleben der Beats in New York." (LT)

Was auch immer Kerouac sagte und schrieb, ein immer bedenklicheres Problem stellte das öffentliche Desaster "Kerouac in Person" dar: "Man halte mich aber nicht für einen harmlosen Bürger - Ein Hurenbock, ein Schiffsdeserteur, ein Tagedieb, ein Preller von älteren Frauen, ja sogar von Homos, ein Geistesgestörter und unter Alkohol gar feuerwasservoller Miniaturindianer." (DA)

Stets betrank sich Kerouac vor Auftritten mit Publikum oder Interviews und wurde rührselig, kindisch, sentimental, weinerlich, zu einer Schande, geriet außer Kontrolle und machte sich zum Clown. "Auf die amerikanische Presse ist nie Verlass, die haben so lange Schnurrbärte, daß sie ihnen in die Tintenfässer hängen." (JK)

Ab 1958 war eine deutliche Steigerung der Presse- und Zeitschriftenstellungnahmen zu verzeichnen; hinzu kamen Fernseh-Interviews und öffentliche Lesungen. Bei einer Debatte vom 6. November 1958 im 'Hunter College', die sich um die Frage "Gibt es eine Beat Generation?" drehte, verdammte James Wechsler die Anarchie der Beats und sah diese witzlose Art als Symbol einer Gesellschaft, deren letzte Werte in sich zusammengebrochen waren. Kingsley Amis betonte, daß es in England kein "Angry Young Men Movement" gäbe.

Jack Kerouac war gebeten worden, etwas vorzulesen, und er hatte einen Aufsatz "Origins of the Beat Generation" vorbereitet. Doch im College wurde ihm bedeutet, von der Rede abzusehen, man müsse die Diskussion durchziehen. Jack scherte sich nicht ums Symposium und las einfach: "Er war nicht allzu betrunken, guter Stimmung und witzig, hob sich ab von den verbrauchten Philister-Gesichtern um ihn ... Heldenmütig wie er da so alle akademischen Gepflogenheiten fahren ließ und an seiner Feindseligkeit keinen Hehl ließ. "Wir müssen für den Frieden kämpfen", warf Wechsler ein, und Jack guckte ihn ausgepumpt an: "Wha!? Das macht doch keinen Sinn", oder sowas in der Art und setzte sich dann, aber mit Wechslers Hut auf dem Kopf. Dieser wurde ganz wütend und wollte seinen Hut zurück..." (Allen Ginsberg)

An der Debatte beteiligte sich Kerouac nicht, spielte vielmehr den Besoffenen und schnitt den Photographen Grimassen: "Lebt eure Leben aus, dann lebt ihr bei der Steinigung nicht im Glashaus, es ist doch eine Steinigung der Gebräuche!"

Kerouac alleine konnte und wollte die Beat Generation nicht sein. Wie seine Bekannten und Freunde wußten, trank Jack, der Einzelgänger und mitunter Sonderling, auch in social defense. Oft gab er vor, betrunken zu sein, wenn er nur zurückhaltend sein wollte.

***

KAPITEL ELF
(Bixby Canyon; "Big Sur")

Ungeachtet seines Trunkenheits-Gebarens als New Yorker Berühmtheit sorgte sich Jack Kerouac um seine Mutter, für die er eine Zweizimmer-Wohnung in Orlando, Florida, ganz in der Nähe der Schwester und deren Tochter, gefunden hatte. "So daß es auch mich zuweilen verrückt macht, daß ich so töricht gewesen bin, Hemden zu zerreißen und Schuhe zu verlieren und Hoffnung zu verlieren und in Fetzen zu reißen in jenem dummen Etwas das Wildheit heißt." (DA) Bis auf einen Abstecher nach Mexico City Ende Juli blieb Kerouac bei seiner Mutter, ein Leben im Wohlstands-Amerika von 1957. Am 5. September lieh er sich dreißig Dollar für die Busfahrt von Orlando nach New York, um beim offiziellen Erscheinungstag von "On The Road" dabeizusein. Den schalen Champagner-Geschmack spülte Kerouac mit Bohnensuppe weg.

Anfang 1958 hielt ihn nichts mehr in Florida und mit ein wenig Geld aus der Veröffentlichung konnte er sich öfters in New York blicken lassen, wo er bei 'Viking Press' auch redaktionelle Arbeiten zu "Dharma Bums" versah und sich dann mit einer Tüte seiner Lieblings-Hamburger wieder in den Bus setzte. Beim Verlassen der "Kettle of Fish Bar" wurde Kerouac von einigen Männern bis in die Minetta Lane verfolgt und dort verprügelt. Dabei stürzte er so unglücklich auf die Bordsteinkante, daß er ins Krankenhaus mußte. Es war dies nicht der einzige Vorfall dieser Art gewesen. Immer wieder hatte Kerouac unterwegs mit Rucksack-Dieben und dergleichen zu tun gehabt.

Während seines letzten Aufenthaltes in Mexico City lebte Jack in einem billigen, staubigen Erdgeschoßzimmer und überarbeitete mit Hilfe von Marihuana, Sekonal und Benzedrin seine Aufzeichnungen aus dem Jahre 1956 zu "Desolation Angels". Jack freundete sich mit seinem Drogenlieferanten, einem mexikanischen Spirituosenhändler, an. Bei einem seiner Besuche in dessen Hinterzimmer wurde Jack von fünf jugendlichen Strolchen dreist seines Messers, der Taschenlampe und des 40-Dollar-Regenmantels beraubt. Während Snyder am 15. März 1957 nach Japan abreiste, um als Novize in den berühmten Zen-Tempel Daitoku-ji einzutreten, machte Jack Kerouac eine Kneipentour, die mit einer Schlägerei endete.

Ab Mai des Jahres 1958 hatte Neal Cassady im San Quentin eine fünfjährige Haftstrafe wegen Drogenbesitzes abzusitzen. Die federal narcotic agents hielten ihn für einen Dealer. Unter dem Vorwand, abhängig zu sein, hatten ihm zwei verdeckte Ermittler 40 Dollar gegeben. Cassady ahnte schon so etwas und ging einfach zu einem Rennen. Einige Zeit später wurde er festgenommen und nach zwei Jahren Gefängnis setzte man den Rest der Strafe zur Bewährung aus. Die Mutter Kerouacs schrieb daraufhin einen Brief an Ginsberg in Paris und ließ wissen, daß sie das FBI verständigen würde, sollte Allen ihren Sohn in seine dirty sex and dope-Tiraden einbeziehen wollen. Kerouac blieb`s egal, zumal das gemeinsame Haus in Northports Gilbert Street - vom nun 36-jährigen Jack für 14.000 Dollar - gekauft werden konnte. In "Book of Dreams" (1961) exhumiert Jack (dort auch "Jack", neben Irwin Garden, Simon Garlovsky und Rosemarie) seine verstorbene Mutter und pflanzt auf dem Grabe Marihuana.

In diesem "Traumtagebuch" geht es tatsächlich um Träume, einen Zustand, in dem sich das Ich ganz für sich erfährt. Niemand außer dem Träumer hat Teil am Entstehen und dem Ablauf des Geschauten, "unless the dream is presented as the voice of a particular divinity".

Mit dem Veröffentlichen war es allerdings für einige Zeit vorbei, Jacks Schreibinstinkt war eben nicht kommerziell, wenn auch Illustrierte wie 'Esquire', 'Black', 'Escapade', 'Green' oder 'Nugget' Auszüge des Werkes präsentierten.

Jack Kerouac war nie reich oder hatte das große Geld, aber als "The Subterraneans" verfilmt wurde, bekam er einige tausend Dollar ab, so daß er diesbezüglich etwas Ruhe hatte. Teile eines Stückes über Neal Cassady, "The Beat Generation", wurden nach der Ablehnung durch den Produzenten Lillian Hellman für den Film von Robert Frank "Pull My Daisy" (mit Ginsberg, Orlovsky, Corso und Larry

Rivers) verwendet; die Texte stammen von Allen Ginsberg und Jack Kerouac, der zugleich Kommentator der Protesthaltung wider die Bourgeoisie Amerikas ist. "On The Road" sollte mit Marlon Brando als Neal und Theodore Bikel als Jack Kerouac oder aber Allen Ginsberg verfilmt werden, doch wusste 'Billboard' nichts Genaueres.

Im Frühjahr 1957 kreuzte Alfred Aronowitz für einige 'New York Post'-Artikel in der Gilbert Street auf, Jack kam gerade mit einer riesigen Einkaufstüte und Bier für den Nachmittag zurück. Er trug ein Tweed-Jackett, ein schweres Flanell-Hemd und langes schwarzes Haar glänzte in der Februar-Sonne.

Als Mémêre das Bier in den Kühlschrank stellen wollte, bedeutete ihr Jack, daß er die Dosen mit nach oben nähme. Bald erschien die Mutter und fragte, ob es stören würde, daß sie unten eine Fernseh-Quiz-Show sieht. "Nein", sagte Jack, "komm und sag auch etwas."

"Er ist ein guter Junge. Ab und zu verschwindet er, aber er kommt immer zurück. Er ist wirklich ein netter Kerl, nur als er "The Town and the City" schrieb, zog er sich wie ein Bankräuber an. Einmal nahm er mich mit zum Verleger Barney Rosset, weil ihn der Herausgeber Claude Gallimard aus Frankreich sprechen wollte, und wir sprachen alle Französisch", fiel Mémêre noch ein.

"Wir hatten ein Riesen-Abendessen", fuhr Jack fort, "und nachher haben Mutter und ich alle Bars der Straße abgeklappert." "Halt bloß die Gosche", unterbrach Mémère, "sowas werde ich nie wieder machen. Er trinkt ein wenig, zu viel für seine Gesundheit. Aber ich mag seine Freunde, sogar Neal, er ist ein bißchen exzentrisch. Aber diesen anderen Kerl lasse ich nicht ins Haus." "Sie meint Allen Ginsberg", erklärte Kerouac.

"Ja, mein Mann konnte ihn auch nicht leiden. Bevor er starb, nahm er mir das Versprechen ab, Ginsberg nie - ... nun denn, ich gehe mal nach unten und schmiere ein paar Brote."

"Mémêre mag auch meine Freundin, Dodie Müller (die Witwe des Malers Jan Müller) nicht, weil sie so lange Haare hat und es nicht hochbindet und gerne barfuß geht, da sie Indianerin ist. Sie ist 95 Prozent Indianerin und meine Mutter nennt sie la sauvage - die Wilde. Sie ist eine sehr unkonventionelle Malerin und bringt's mir bei ..."

Ein weiterer Gast war Donald Allen: "... Und im Spätfrühling des Jahres 1959 – ich war gerade von einer Reise durch Südamerika zurück – nahm ich Jacks Einladung wahr und reiste nach Northport, mit der Absicht, über Nacht zu bleiben. Jack zeigte mir sein Arbeitszimmer und wir unterhielten uns ausgiebigst über seine unveröffentlichten Manuskripte und die Wurzeln der Beat Generation. Mémêre servierte ein köstlich herzhaftes Abendessen, das wir an einem runden massiven Tisch in der behaglichen Küche zu uns nahmen. Jack und ich unternahmen eine Spritztour zum nahegelegenen Ausschank mit Bar, wir zogen uns aber alle zeitig zurück, sie, um in ihrem Schlafzimmer noch fernzusehen, und ich, um im Gästezimmer zu schlafen."

Allen Ginsberg kam im August des Jahres 1959 aus Paris zurück und trotz mütterlicher Proteste suchte ihn Jack schon mal in seiner Wohnung (East 2nd Street) auf. Allen hatte "Kaddish" in Europa begonnen, fand aber immer noch Zeit fürs Private. Zusammen mit Peter streiften sie durchs Village wie in den alten "Desolation Angels"-Tagen.

Joseph LeSueur weiß noch, wie sie bei Frank O'Hara wegen einer beleidigenden Äußerung im Living Theatre eine Entschuldigung anbringen wollten. Die Weinflasche in der Tasche seines groben Holzfäller-Jacketts hatte Kerouac damals gerufen: "Du ruinierst die amerikanische Dichtkunst, O'Hara", worauf Frank zurückschoß: "Das ist mehr, als du jemals fertigbrachtest."

Immer wieder waren Richtungs-Kämpfe auszustehen: Kenneth Rexroth konnte eine persönliche Abneigung nicht verhehlen: "Jemand erzählte einmal, wie Kerouac als Neuankömmling auf einer Party unterging. Wie das unbedingt zutrifft! Seine naive Unverfrorenheit ist eher noch zu bedauern als lächerlich." John Ciardi machte in der 'Saturday Review' herunter, Robert Burstein verunglimpfte ihn mit "The Cult of Unthink" im 'Horizon'. John Updike parodierte seinen Stil in einer Kurzgeschichte für den 'New Yorker' und Truman Capote griff ihn in David Susskind's TV-Show an: "Was Kerouac macht, ist nicht Schreiben, sondern schieres Tippen." Nur Allen Ginsberg stand in der 'Village Voice' hinter Kerouac und gab "einige Klarheit in das viele Ungereimte."

Im Sommer 1960 wollte Kerouac aus dem Lebenswandel, wie er in Northport eingerissen war, raus. In den letzten drei Jahren waren acht seiner Bücher veröffentlicht worden und auf seinem Bankkonto lagen 20.000 Dollar. Doch trank er immer heftiger, verbrachte Nächte in New Yorker Bars und torkelte in der Rolle des "King of the Beats" durch eine getrübte Gegenwart.

Lawrence Ferlinghetti, Kerouacs Verleger bei 'City Lights', bot seine Hütte in Bixby Canyon, sechzehn Meilen nördlich von Big Sur am Pazifik an. Dies war eine Chance, dem Trinken, der physischen Erschöpfung, den Reportern zu entkommen und Abgeschiedenheit fürs Schreiben zu finden.

Ferlinghetti mit seinem vielgelesenen "Pictures of the Gone World" war die Nummer eins der Pocket Poets Series. Auch sein zweites Buch "Island of the Mind" erreichte den Bekanntheitsgrad von "Howl", so daß Ferlinghetti und Ginsberg als die führenden Dichter dieses neuen literarischen Untergrundes gelten konnten. In den acht Prosaskizzen von "Lonesome Traveler", "wie eine Dampflok die hundert Wagen zieht" sind atemlose und hektische Momentaufnahmen aus dem Bilderbuch der USA vereint. Nach der Veröffentlichung von "Naked Lunch" wurde auch William Burroughs zu einem allseits diskutierten Avantgarde-Schriftsteller, und diese Gruppe legte der Lyndon B. Johnson-Regierung sozialreformerische Pläne vor. Jack Kerouac bestand auf seiner völlig unpolitischen Haltung, er betrachtete sich eher als Geschichtenerzähler der Balzacschen Tradition, nicht als Polit-Sprecher bestimmter Klassen.

Diese Haltung des Für-Sich-Seins, des Einsamen, wird noch einmal ganz deutlich in "Satori in Paris", dem 10-Tage

Travel Book aus Paris und England, als er als 43-Jähriger auf der Suche nach seinem Gepäck ohne Hotelzimmer durch Brest irrt und nächtelang in heruntergekommenen Bars rumquatscht.

"Bewußtsein wohnt in der Ruhe, durchdringt die gesamte Welt der Phänomene und umfaßt alle zehn Weltgegenden, doch bei der Berührung unserer Augen mit Quellen und Teichen erscheint Satori in Form des Bewußtseins der Sehwahrnehmung von Quellen und Teichen." (WU) "Satori" als enlightenment und Erleuchtung bedeutet auch "deine wahre Natur zu sehen", wie Snyder dazu bemerkt hatte. Als ein Taxifahrer mit Kerouac zum Flughafen Orly raste, hatte ihm dieser ein satori, eine plötzliche Eingebung, gegeben, wie dies etwa auch eine schöne Frau oder eine dunstige Straße vermochten. "O what grim raining Gothic buildings and me walking well in the middle of those sidewalks so's to avoid dark doorways – What vistas of Nowhere City Night and hats and umbrellas." (SP) "Das ist der einzige Weg zum Nirwana, und alle Tathagatas der Vergangenheit sind ihn gegangen. Und es ist auch der Weg aller Bodhisattvas-Mahasattvas der Gegenwart und der Zukunft, die auf vollkommene Erleuchtung hoffen. Nicht nur Avaloki-Tesvara gelangte vor langer Zeit auf diesem Goldenen Pfad zur Erleuchtung, in der Gegenwart bin auch ich einer von jenen." (WU)

Der Aufenthalt in Big Sur wurde auch wieder mit einem zweitägigen Trinkgelage mit Phil Whalen und Robert LaVigne eingeleitet. Nachdem er seinen Rausch zwischen den leeren Flaschen ausgeschlafen hatte, erkundete Kerouac die Gegend.

Auf seinen anderen West Coast Trips war Jack noch nicht in Big Sur gewesen, so daß er in der felsigen Küstenlandschaft als Fremder herumirrte. Der Bus hatte ihn in vernebelter Schroffheit zurückgelassen, und einmal mehr irrte er auf den Klippen über dem böse röhrenden Ozean, weil er sich mit Ferlinghettis Karte nicht zurechtfand. Im Morgenlicht wurde ihm der Grund zur Furcht erst so richtig bewußt: "Ich blicke auf und sehe diese zehntausend Fuß oder hundert Meilen hohe Klippe mit den enormen dunstigen blauen Palästen & Tempeln, wo die gigantischen Granitbänke und Tische für die Giganten-Götter stehen, größer als die, die sich an die Wolkenkratzer der Wall Street schmiegen - und in der Luft, Ah die Ruhe zum Horror, ich sehe fliegende Pferde mit Flügeln und Umhängen um die Schulter, das langsame majestätische Aufsetzen der Vorderhufe...", Freude des reinen Seins.

"Sea" entstand in Gedichtform, nature was the reflection of his own mind: Furchen und Gräben des Bixby Canyon symbolisieren die Tageswelt des rationalen Bewußtseins, der brodelnde Pazifische Ozean, die Nachtwelt unbekannter Kräfte. Die Mexikaner schmunzeln, als Jack erklärte, was er gesehen hatte:. "Sie lachen nicht nur, weil ein Fremder darüber spricht, sondern finden es schlicht komisch, daß jemand sowas bemerkt. Sie kennen das Geheimnis zu Coyocan, geben es an Gringos aber nicht weiter." (TS)

"Tick-tack-tickende Stille." In der Nacht war es Kerouac endlich vergönnt, im Schein einer Kerosin-Lampe "Doctor Jekyll and Mr. Hyde", wie er es in Ferlinghettis Hütte mitgenommen hatte, zu lesen. Auch dabei hatte er Michael McClures unveröffentlichtes Buch "Dark Brown". "The Sounds of The Pacific Ocean at Big Sur" enthält Elemente, die McClures Annäherung an die Sprache als bloßem Ton-Phänomen gleichen. " Alle Brüder in dieser Großen Versammlung und auch du, Ananda, ihr solltet eure nach außen gerichtete Hörwahrnehmung umkehren und nach innen auf den vollkommenen und inneren Ton eurer eigenen Geistesessenz lauschen, denn sobald ihr vollkommene Anpassung erreicht habt, habt ihr auch die Höchste Erleuchtung erlangt.. " (WU)

Bei diesem unklaren Wetter war in Bixby Canyon keine Menschenseele, und auch Kerouac konnte nur zwei Wochen bleiben. Er sehnte sich nach den "Speisekarten der Welt" und "Herzen statt Felsen", dem "Singen und Trinken in Mondlichtfeldern". Völlig glücklos stellte er sich als Anhalter auf den Highway zwischen Big Sur und Monterey. Der amerikanische Traum, sonnenbebrillte Eheleute mit einer endlosen, Popcorn schleckenden Kinderschar auf dem Rücksitz, brauste an dem, vielleicht gefährlichen, Hitchhiker vorüber. Es war das letzte Mal, dass sich Jack Kerouac auf diese Weise umgetrieben hatte, die Straße schloß sich in einem Kreis.

In San Francisco erfuhr er vom Tode seiner Lieblingskatze, Tyke, und integrierte die Schreiben seiner Mutter dazu in "Big Sur". Katzen verband Jack immer mit dem Bruder Gerard, der ihn gelehrt hatte, diese zu mögen. "Big Sur" wurde als der "Zusammenbruch des King of the Beats" angekündigt. Ein alkoholkranker Mann sucht in überwältigender Natur zu seinem "interior landscape" zurückzufinden. Stundenlang lauscht Kerouac dem Wellengetöse und überträgt dies in seine Bixby Canyon-Gedankenwelt.

In "Big Sur" wird Lawrence Ferlinghetti (als "Lorenzo Monsanto") zum genialen business man, was Ferlinghetti, dem Schriftsteller und Verleger, nicht besonders gefiel: "Ich fühle mich gar nicht so sehr als Geschäftsmann."

Kerouac schrieb Ginsberg, daß er sich nun wesentlich besser fühle, so entspannt, daß er sich gegenüber etwas großzügiger auftrat, indem er für fünfzig Dollar Bücher, für 96 Dollar einen TWA-Flug nach Idlewild kaufte. Im Flugzeug aß er ein Steak, anschließend Torte und war so guter Stimmung, daß er der Stewardess einen Liebesbrief zukommen ließ.

Neal Cassady war nach zwei Jahren San Quentin wieder zu Hause in Los Gatos. Jack mußte sich vor dem Anruf Mut antrinken, weil er nicht wußte, ob Neal mit ihm sprechen wollte. Zwar hatte man sich geschrieben, und Jack hatte Geld ans Geängnis für eine Schreibmaschine geschickt.

In "Big Sur" erwähnt Kerouac Boswells "Life of Johnson" und zieht eine Parallele zu dem, was Neal Cassady für sein Werk bedeutete. Kerouac fühlte sich James Boswell verbunden, hatte dieser doch ebenso das Leben seines

Freundes Dr. Samuel Johnson als literarisches Material aufgearbeitet, gerade so wie es Kerouac mit Neal gemacht hatte. Schon den Navy-Psychiatern hatte Kerouac ja weismachen wollen, er wäre Samuel Johnson. Sollte diese paranoide Identifikation damals seinen Wunsch, Schriftsteller zu werden verdeutlichen, so konnte Jack Kerouac heute auf dessen Verwirklichung zurückblicken.

Neal war indes die Gelassenheit in Person, und als Jack bei ihnen reinschaute, legte Carolyn Holz in den Ofen, weil Kerouac, wie sie wußte, das Knistern so mochte. Neal schäumte über, da er sich zur Feier von Jacks Rückkehr nach Kalifornien ein Auto zum Vorzeigen, einen alten Jeep, gekauft hatte, in der Farbe des Weins, den sie immer tranken. Jene optimistische Vorstellung des großen amerikanischen Abenteuers, die Kerouacs Romanen so viel Leben einhauchte, lebte noch einmal auf. "Dann brausen wir im gefühllosen Morgen des schrecklich transkontinentalen Autoverkehrs, der die Geschichte Amerikas ist, vom Planwagen bis zu Ford, zur New-Jersey-Autobahn." (DA) Kerouac blieb der auf dem Beifahrersitz nach vorne gelehnte Mann, den Horizonten des "American Innocent" jenseits der Highways zurasend, gedruckt abermals in "Big Sur", einem der letzten größeren Bücher Jack Kerouacs.

Im September 1962 zog Kerouac zurück nach Northport, weg von den unverständigen Nachbarn in Florida. Hier hatte er mehr Freunde, besonders den Maler Stanley Twardowicz, der ihn zu Gesprächen mit der 'Northport Public Library' überredete. Die in Twardowiczs Studio aufgenommenen Interviews erschienen später im 'Athanor'-Magazin und zeugen von einer entspannten, informativen Atmosphäre ohne show offs wie vor der Presse. Kerouac, nicht zu betrunken oder stoned, berichtete zusammenhängend: "Immer werde ich schreiben, bis in die letzten Stunden meines Lebens." Auch existieren zwei Langspielplatten mit Al Cohn, Steve Allen und Zoot Sims, auf denen Kerouac zu Jazz liest, eine von den Autoren der "Beat Generation" öfter praktizierte Art der Präsentation.

Ann Charters gebührt das Verdienst, sowohl die erste Kerouac-Biographie verfaßt als auch die erste Kerouac-Bibliographie zusammengestellt zu haben. "Was ich lernte, ist, daß er seine Bücher ist, die in ihrem Überschwang vor Widerspruch und Genie nur so strahlen." Ann Charters besuchte Jack Kerouac und vermochte es, etwas vom Gedankengut der Sechziger in die späteren Jahre herüberzuretten. Jahrelang wandelte sie auf Kerouacs Spuren, verwendete sie ihr gesamtes Studiengeld darauf, den einsamen Trompetern und trunkenen Buddhas auf der Spur zu sein. In dieser 1973 erschienenen Ausgabe konnten dennoch nicht alle Informationen verarbeitet werden. Ann Charters beschrieb etwa, daß sich auf dem Grabstein Jack Kerouacs keinerlei Namenszug befindet. Einige Jahre später jedoch beschloß die Ehefrau Stella, in Erinnerung an ihren Gemahl, die beredte Gravur "He Honored Life" nachtragen zu lassen.

Ann Charters Mühen zu Kerouac sind eingestandermaßen nicht ihre alleinige Errungenschaft sondern "communal effort". Ihr Ehemann, Samuel Charters, hatte eben solch ein Leben der Straße geführt, wie es Kerouac eigen war, indem er in den Fußtapfen schwarzer Musiker die 50er Jahre durchlebte. Samuel wusste so aus erster Hand, was es heißt, per Autostop durch die Gegend zu kommen, in lauten Hotels an der Straße zu nächtigen, den Campingsack erlöst neben Eisenbahnschienen fallen zu lassen.

Außerdem war Sam, gleich Keroauc, ein Erzähler und Poet, damals im übrigen für eine Schallplattenfirma tätig. Ann Charter berichtet, daß sie, zurückgezogen in einem schwedischen Landhaus am See mit ihrem Mann Sam an der Biographie gearbeitet hatten. New York City war nicht mehr bewohnbar, vor allem wegen des Vietnam-Krieges. Nachts und nachmittags arbeiteten sie in der Nähe Stockholms daran, die zersplissene Lebensweise und Denkhaltung Kerouacs zu Papier zu bringen.

Sam fuhr mit der Subway nach Brooklyn, durchstreifte Ozone Park, trank Bier in der 'West End Bar' nahe der Columbia Universität, bestellte einen Hamburger und einen Milchshake oder lauschte den dort wohnenden Menschen ab, wie sie im 'Textile Lunch Cafe' (in Jack Kerouacs alter Lowell-Nachbarschaft) über diesen sprachen.

Das Biographen-Paar kehrte zurück nach Stockholm, um dieses wichtige Detail der immer umfangreicheren Stoffsammlung zuzusetzen. Sam diente so dazu, Lücken zu füllen, die, nach Ann Charters, wichtige Passagen des "spirit of the biography" ausmachen.

So gefiel Ann Charters besonders ein Einschub, den Sam in die Biographie einbrachte: Seine Idee, wie Kerouac, nach Stunden des Maschinenschreibens, seinen Stuhl zurückgestoßen haben mag, um sich ein Bier aus dem Kühlschrank zu holen. Als Ann diese Passage am Morgen las, nachdem Sam sie in der späten Nacht geschrieben hatte, dachte sie bei sich: "Ach so, also das tut Sam, während ich schlafe und er die Schreibmaschine benutzt."

Der 'Playboy' wollte Kerouacs "Big Sur", wie ja auch 'Life' Hemingways "Der alte Mann und das Meer" abgedruckt hatte, sah dann aber davon ab. Später kam "Good Blonde", eine Autotour im Benzedrin-Rausch, via 'Playboy' in Auszügen; ansatzweise wie auch in "Desolation Angels" erschienen wie auch im 'Holiday' als "On The Road with Mémêre."

Bald wurde sogar die Ann Court-Nebenstraße zu lärmig, und Jack zog mit der Mutter wieder weg vom fingerdicken Schnee auf Autoscheiben nach Florida.

Für zehn Tage verschwand Jack Kerouac in Paris, gab in der ersten Nacht Unsummen für eine Hure aus, kam in der zweiten Nacht sternhagelvoll zurück ins Hotel, daß man ihn auslogieren wollte. Seine Anfrage zur de Kerouack-Familie in der Bibliothèque Nationale wurde mit Hinweis auf die Nazi-Verbrennungen des Jahres 1944 beschieden. Ein Genealoge bedeutete Kerouac, daß das so gar nicht stimmte, doch blieb keine Zeit für weitere Nachforschungen. Seit 210 Jahren war Jack jedenfalls ein erster de Kerouack gewesen, der sich aus der Neuen Welt nach Frankreich begeben hatte.

"Sonntagmorgen in Marseille, wo nun hin? Einer in ein Spitzendeckchenwohnzimmer, einer in einen Billardsaal, einer in eine Mansardenwohnung in einem Stadtrand-häuschen an der Zubringerstraße? Einer in den zweiten Stock einer Mietskaserne. Einer in eine Konditorei. Einer auf einen Holzplatz (so trostlos wie die Holzplätze in der Rue Papineau in Montreal). (In dem Stadtrandhäuschen wohnt unten ein Zahnarzt.) Einer gar zu einer langen heißen Mauer in der tiefsten Bourgogne, die zu in der Wohnstube finster blickenden Tanten in Schwarz führt? Einer nach Paris? Einer, in Les Halles an windheulenden Wintermorgen Blumen zu verkaufen? Einer, in der Gegend der Rue St. Denis und ihren groben Huren Grobschmied zu werden? Einer, vor den leeren Tageskinos der Rue Clignancourt herumzulungern, mit nichts zu tun? Einer, hohnlächelnde große Telefonate zu führen aus Pigalle-Nachtbars, während es draußen hagelt? Einer, Pförtner in den dunklen Kellern der Rue Rochechouart zu werden? Ich weiß es nicht." (DA)

Die Sekretärin des französischen Verlegers Gallimard ließ Kerouac hochmütig und geringschätzig wissen, daß der Chef gerade in New York weile. Angewidert erstand Jack sein Billet für Brest, verpaßte aber auf der Toilette den Aufruf seines Fluges.

Per Bahn in England, suchte er einen Familienzweig namens Lebris auf. Er trank Kognac mit Ulysse Lebris, und die Tochter bat um ein Autogramm. Auf der Rückfahrt nach Paris, bevor er das Florida-Flugzeug nahm, dachte er noch an einen Buttertopf aus Keramik als Mitbringsel für seine geliebte Mutter.

Am 19. September 1964 starb Kerouacs Schwester Caroline an Herzversagen. Jacks Mutter hatte nun bereits das zweite Kind verloren, Jack den zweiten Geschwisterteil. Im März 1966 zogen Jack und Mémêre nach Hyannis, Cape Cod, wo die Mutter einen Schlaganfall erlitt und Invalide blieb, gelähmt, unfähig das Bett zu verlassen.

Im November berichtete 'Time Magazine' zu Jacks dritter Hochzeit mit der Schwester seines Jugendfreundes, Charlie Sampas. Stella Sampas arbeitete beständig in der

Rüstungsindustrie, hatte stets gute Arbeitsstellen, konnte einen Gabelstapler fahren und solcherlei. Wie ja auch in "On the Road" eine solche Frau in Monteurkluft mitspielt, die als Lastwagen-Fahrerin ihren Mann steht. Ein nicht untypisches Tun während des mit dem II. Weltkrieg verbundenen Arbeitskräftemangels. Stella Sampas war etwas älter als Jack und eine solide, zuverlässige Frau, die ihren Ehemann seit der Schulzeit kannte.

"Er hatte sie in der Schule kennengelernt, wo sie im Englisch-Unterricht schräg vor ihm saß und an schläfrigen Nachmittagen ihre Locken nur für ihn schüttelte. Er war der herausragende Schüler in dieser Klasse, und schon bald schüttelte sie ihre Locken für ihn, an diesen liebeskranken, zu Herzen gehenden Nachmittagen, die nirgendwo köstlicher sind als in den Klassenzimmern einer High School." (TTatC) Stella Sampas hatte lange auf Jack gewartet, der sie nun heiratete, nicht nur weil er eine Krankenschwester (derzeitige Tätigkeit der Dame seines Herzens) für seine Mutter brauchte. Kerouacs bevorzugter Aufenthaltsort wurde 'Nicky's Bar', die Stellas Bruder, Nick Sampas gehörte.

Um den Rückzug nach Lowell und die Arztrechnungen bezahlen zu können, überarbeitete Jack Kerouac ein vor einigen Jahren in Florida begonnenes Manuskript, das letzte Buch des Duluoz-Zyklus: "… und ging "Vanity of Duluoz" ("Die Verblendung des Duluoz. Eine abenteuerliche Erziehung") etwas ruhiger an, in einem gemäßigteren Stil auch, so daß der Leser erkennen könnte, was ich in den zehn Jahren mit meinem Leben und Denken angestellt hatte… was das einzige ist, was ich anbieten kann, die wahre Geschichte dessen, was ich sah und wie ich es sah." Dies beinhaltete den Abschluß der High School-Jahre mit dem Aufbruch nach New York, Fußball und Krieg. Dank der Notizbücher und Jacks untrüglicher Erinnerung eine akkurate Historie des Beat Life von 1935 bis 1967: "Ich zog im Lande herum, frei wie eine Biene." Jack widmete das Buch Stavroula, dem griechischen Namen seiner Ehefrau Stella, was auch "Vom Kreuze" bedeutet. Die Anfangs-Zeilen rufen eine frühere Ehe von vor fünfzehn Jahren ins Gedächtnis: "Nun denn, meine liebe Frau…", beginnt Jack Kerouac seinen Abenteurerbericht. Seine Welt wird aus der Ferne gesehen, wird nicht bekämpft, eher ruhig und gelassen kommentiert.

In der ersten Februarwoche des Jahres 1968 teilte Carolyn Cassady Jack telefonisch mit, daß Neal am 4. Februar, vier Tage vor seinem 42. Geburtstag, an einer Überdosis Alkohol und Schlaftabletten gestorben war. Neal war mittlerweile zum legendären Fahrer für Ken Kesey und seinen "psychedelic acid bus" aufgestiegen. Um Amphetaminen zu begegnen, hatte Neal Downers genommen, diese jedoch auf einem mexikanischen Hochzeitsfest mit zuviel Alkohol vermischt. In der Nacht des 4. Februar 1968 sollte man Neal Cassady nackt und besinnungslos neben einem Bahngleis in Nord-Mexiko finden, noch am selben Tag erlag er im örtlichen Krankenhaus der Überdosis.

Jack betrank sich in Lowell, wurde bis zur Stellung einer Kaution eingebuchtet. Mit Kesey, den "Merry Pranksters" hatte Kerouac nichts zu schaffen. Einmal, 1961, hatte er in Harvard mit Timothy Leary LSD genommen, was ihm aber nicht bekommen war.

Ende des Jahres zog es Jack Kerouac mit Mémère und Stella wieder nach Florida, St. Petersburg, wo er für seine Mutter auf wärmende Sonne hoffte. Jack saß neben dem bezahlten Fahrer, während sich Stella auf dem Rücksitz um Mémère kümmerte. Jack erinnerte sich, wie ihn Neal 1952 von San Francisco an die mexikanische Grenze gebraust hatte. Diesmal war keine Grenze zu überschreiten, kein Abenteuer zu erwarten. Im Gegenteil war man nach der Nähe häuslicher Freunde und der großen Sampas-Familie in St. Petersburg für sich. Die gelähmte Mutter hauchte seinen Namen aus dem Rollstuhl, bat ihn, sich neben sie zu setzen, Stella bewegte sich lautlos im abgedunkelten Haus, der Fernseher flimmerte ohne Ton. Ab und zu schraubte Jack ein Fläschchen Medizin auf und griff sich dann wieder sein Falstaff-Bier; er baute körperlich sichtlich ab und trank häufiger.

Eine nachbearbeitete Version von "Pic", der letzten Dekade von Kerouacs Leben (posthum veröffentlicht) entstand, Jack definierte seine Position in der Beat/Hippie-Bewegung und nannte sie, als ahne er ein nahes Ende: "Nach mir die Sintflut". Die Geschichte dreht sich um einen 10-jährigen farbigen Jungen, Pictorial Review Jackson, und ist weniger autobiographisch, was aber die Nähe zum Erzählten nicht ahnen läßt. Mit dem Tode des Großvaters erscheint der ältere Bruder Slim auf der Bühne und trampt mit Pic aus dem ländlichen Süden in den Norden bis Harlem in New York City. Pic und sein Bruder durchleiden in wirtschaftlich harten Zeiten existentielle Nöte, leben um zu überleben. Nachdem sich die Aktionen überschlagen, an einem Tag nicht einer sondern zwei Jobs verloren gehen, schickt Slim seine schwangere Freundin nach San Francisco zu deren Schwester, während die Brüder auf Wanderschaft bleiben. Es sollte dies die letzte Erzählung Kerouacs sein.

Der Dienstag, 21. Oktober 1969, brachte das Aus. Nach einer Nacht an der Schreibmaschine blieb Kerouac länger als gewöhnlich im Bad und übergab sich. Stella hatte das schon öfters mitgemacht, doch diesmal schien es anders. Im Krankenhaus wurde noch versucht, eine innere Blutung operativ zu stillen, doch überlebte der 47-jährige Jack Kerouac dies nicht. Der Leichnam wurde in Begleitung Stellas nach Lowell gebracht, die Mutter blieb in St. Petersburg. Am Freitag, den 24. Oktober, wurde Jack Kerouac im Beisein einiger Freunde aus New York - Ginsberg, Orlovsky, Corso, Holmes, Creeley, auch Bob Dylan - beerdigt. Das Grabmal taucht im Musikvideo zu Bob Dylans "Series of Dreams" (1989) auf. Der Pastor hatte Kerouac schon als Bub gekannt und zitierte den Prediger Salomon: "Mögen sie von ihren Worten ruhen und ihre Werke mit sich nehmen."

Im Jahre 1997 erschienen Erinnerungen von Kerouacs Lebensgefährtin Joyce Johnson, "Warten auf K.". Zum späteren Jack Kerouac existiert ein gelobter Dokumentarfilm "One fast move or I'm gone. Kerouac's Big Sur" (2010) mit Patti Smith und Tom Waits.

"Mein Interesse an Jack Kerouac erwachte erst mit "The Subterraneans", im Jahre 1966. Ein Freund hatte mir das Buch nahegebracht. Von damals an war ich ein Kerouac-Fan. Ich las seine Werke und sammelte alle Zeitungsausschnitte über ihn. Er bedeutete meinem Leben viel in mancherlei Hinsicht.

Kerouacs Tod im Jahre 1969 betraf dann meine ganze Familie. Schon seit längeren Jahren hatte ich mir immer gewünscht, ihm einmal zu begegnen (obwohl nicht mit dieser "Dharma Bums"-Attitüde im gestylten Jackett und dem "Laß uns jetzt mal einen trinken gehen-Stil", wie ihn so viele andere pflegten) und war sogar lange Zeit an der Ostküste gewesen, wo er einige Jahre gelebt hatte (hatte aber keine Nerven, ihn aufzusuchen). Er war nur drei Jahre älter als mein Vater (und zu mir so etwas wie ein Vater und ein Lehrer; durch seine Schriften).

Im Jahre 1973, bald nachdem ich Ann Charters Biographie gelesen hatte, beschloß ich, etwas für ihn zu tun. Ich hatte langsam genug von der Art und Weise, wie die Leute ihn und seine Werke behandelten.

Mein Tribut an diesen Mann sollte in Form einer kritischen Bibliographie erscheinen. Seit dieser Zeit habe ich das Buch 'rauf und 'runter gearbeitet, bin in Archive gefahren, habe Publizisten besucht und Büchereien, wo ich nur irgendwas über Kerouac finden konnte. Stunden brachte ich mit Forschertätigkeit zu, stellte zusammen und machte Anmerkungen, korrespondierte rund um den Globus. Die vorliegende Arbeit ist das Produkt meiner Anstrengungen. Eine Bibliographie, die schon veraltet ist, bevor sie überhaupt erst erscheint; ein kaum fertiggestelltes Mosaik, obwohl es so aussieht." (Robert J. Milewski)

"Viele Lebenshäuser haben mich umfangen
Lang hab ich gekämpft, um ihn zu finden,
der diesen leidvollen Sinnenkerker geschaffen!

Doch nun, Erbauer dieses Schreines – du!
Ich kenne dich! Niemals wieder sollst du bauen
Solche Schmerzensmauern, noch das Baumdach errichten
Des Betrugs, nicht frische Sparren auf den Lehm noch
legen.
Eingestürzt ist dein Gebäude! Und geborsten ist sein First!
Wahn hat es geschaffen! Unwissenheit ist dein Name!
Gefaßt gehe ich nun vorüber, Errettung zu erlangen. " (WU)

***

Zeittafel

1922: erblickt Jean Louis Lebris de Kerouac am 12. März in Lowell, Massachusetts das Licht der Welt, als Sohn von Leo Alcide Kerouac und Gabrielle Ange Levesque Kerouac. Die Familie wohnt in der Lupine Road Nr. 9.

1925: Umzug in die Burnaby Street Nr. 35, von da in die Nummer 34 der Beaulieu Straße

1926: Bruder Gerard stirbt am 8. Juli im Alter von neun Jahren an einem rheumatischen Fieber.

1927: ziehen die Kerouacs für zwei Jahre in die Hildredth Street Nr. 320.

1929: erfolgt ein weiterer Umzug in die Hildredth Street Nr. 240.

1930: nun für drei Jahre in der 66 West Street

1935: Gemeinsame Wohnung in der Sarah Avenue Nr. 35

1939: Jack Kerouac macht seinen Abschluß an der Lowell High School; die Familie wechselt in die Moody Straße Nr. 736.

1939-1940: besucht Kerouac die Horace Mann Prep School in der Bronx, New York City.

1940-1941: verbringt er ein Jahr mit einem Sport-Stipendium am Columbia-College; bricht sich im Oktober 1940 beim Football-Spiel ein Bein und kann deshalb nicht länger bleiben.

1941: Die Eltern, Leo und Gabrielle wohnen in der Geshome Avenue.

1942: Handelsmarine und U.S. Navy; Jack Kerouac schifft sich im Frühjahr 1942 auf der "Dorchester" nach Grönland ein, Rückkehr im Oktober. Die Eltern ziehen in die Crawford Street Nr. 125.

1943: wird Kerouac aufgrund psychiatrischer Feststellungen wegen seines indifferenten Charakters aus der Navy entlassen; meldet sich im Mai wieder bei der Handelsmarine und kommt mit der "George Weems" nach Liverpool, Rückkehr im Oktober. Im

Juni ziehen Leo und Gabrielle in Lowell aus und nach New York City (Ozone Park).

1944: Jack Kerouac trifft im Juni auf Lucien Carr, William Burroughs und Allen Ginsberg. Heiratet am 22. August Edie Parker und trennt sich im Oktober wieder von ihr; diese Heirat wird 1945 annulliert. Am 14. August tötet Lucien Carr David Kammerer mit einem Messer.

1946: Kerouac begegnet Neal Cassady. Im Mai verstirbt sein Vater, Leo Kerouac, 57-jährig an Magenkrebs.

1946-1949: Jack Kerouac schreibt in New York "The Town and the City".

1947-1950: Erste Trips über Land mit Neal Cassady, Entwürfe zu "On the Road". Per Anhalter im Juli nach Denver, wo er Cassady und andere trifft, nimmt einen Überland-Bus nach San Francisco, um sich mit Henri Cru zu treffen. Im Oktober per Greyhound nach Los Angeles, begegnet hier Bea Franco, lebt mit ihr und arbeitet in den Feldern bei Bakersfield. Nimmt den Bus nach Pittsburgh und gelangt per Anhalter nach New York.

1948: Kerouac lernt am 3. Juli John Clellon Holmes kennen.

1949: Fährt am 19. Januar mit Neal Cassady und anderen nach New Orleans, um William Burroughs zu besuchen, dann nach San Francisco. Mitte Februar Rückkehr nach New York. Im März erhält er ein Schreiben von Robert Giroux, daß 'Harcourt, Brace' "The Town and the City" herausbringen wollen. Mit seiner Mutter zieht Kerouac im Mai nach Westwood, Colorado. Mémêre kehrt im Juli in ein neues New Yorker Appartement (Richmond Hill, 134. Straße) zurück. Kerouac erhält im Juli einen Brief von Cassady, durch den er zu einem Bus-Trip nach San Francisco überredet wird. Nachdem sie von Carolyn Cassady rausgeschmissen wurden, suchen sie unter anderem Edie Parker in Grosse Pointe, Michigan, auf.

1949-50: Weitere Gedanken zu "On the Road"

1950: Im März wird "The Town and the City" veröffentlicht.

1951: Das Manuskript zu "On the Road" entsteht in drei April- und Mai-Wochen in New York City. Läßt sich von seiner zweiten Frau im Mai scheiden. Wegen einer Thrombophlebitis in seinen Beinen muß sich Kerouac im Juni im Haus seiner Schwester Caroline ("Nin") in Nord Karolina einlogieren, wo seine Mutter bereits wohnt. Am 25. Oktober entwickelt Jack Kerouac in New York einen spontanen Schreibstil, indem er mit Worten förmlich malt, wie dies auch Ed White, ein Denver Studienkollege empfiehlt. Leiht sich im Dezember Geld und nimmt den Bus nach San Pedro in Kalifornien, um auf einem Schiff zu arbeiten. Als es mit dem Job nicht klappt, fährt er nach San Francisco und bleibt bei den Cassadys.

1951-57: Beginnt mit der Arbeit an mehreren Werken

1951-52: Verfaßt "Visions of Cody" in New York und San Francisco

1952: Von Januar bis Mai lebt Jack Kerouac im Dachgeschoß bei den Cassadys. Reist nach Mexico City und bleibt bis Juni bei Burroughs; leiht sich wieder Fahrgeld und begibt sich nach Nord Carolina; im Juli nach Kalifornien und zu den Cassadys. Jobbt bei der Southern Pacific Railroad und bleibt bis Dezember. Fährt mit Neal Cassady nach Mexico und bleibt alleine dort. "Doctor Sax" entsteht in Mexiko City; kehrt vor Weihnachten nach New York zurück. "October in the Railroad Earth" in San Francisco, beginnt in Nord Carolina mit "Book of Dreams". Tochter Michelle Kerouac am 16. Februar geboren. John Clellon Holmes "Go" wird im Frühjahr von 'Scribner' veröffentlicht. Im Dezember nimmt die Mutter wieder ihr Leben in New York auf.

1953: Im April zieht es Jack Kerouac erneut nach Kalifornien, wo er abermals bei der Southern Pacific jobbt. Im Juni macht er sich mit der William Carruth auf den Weg, verläßt das Schiff aber, als es in New York dockt und kehrt nach New York zurück. Begegnet im August Mardou Fox und verliebt sich in sie. Stellt im Oktober eine Checkliste zu seinem

Schreibstil auf, nennt sie "The Essentials of Spontaneous Prose"; "Maggie Cassidy" und "The Subterraneans" entstehen in New York City.

1954: Stößt auf den Buddhismus. Nimmt im Februar den Bus zu den Cassadys in San José, Kalifornien. Kehrt im April nach New York zurück, wo er seine Studien östlicher Religionen fortsetzt. Besucht im Oktober kurz Lowell. "San Francisco Blues" in San Francisco, "Some of the Dharma"in New York und North Carolina.

1955: "Mexico City Blues", beginnt mit "Tristessa"in Mexico City. Mit Joan Haverty in Rechtsstreit wegen Vaterschaft und Nichtbezahlungen. Zieht im Februar mit seiner Mutter nach Rocky Mount, Nord Carolina, um dort beim Aufbau eines neuen Heims für seine Schwester Nin und deren Familie zu helfen. Mit Brief vom 19. Juli sichert Malcolm Cowley die Herausgabe von "On the Road" zu. Jack Kerouac fährt bald darauf nach Mexico City und zu Bill Carver. Mitte September macht er sich auf den Weg zu Allen Ginsberg in San Francisco. Trifft Anfang Oktober auf Gary Snyder und redet mit ihm über Buddhismus. Beim historischen Six Gallery poetry reading am 13. Oktober in San Francisco treten Allen Ginsberg, Michael McClure, Gary Snyder, Philip Whalen und Philip Lamantia sowie Kenneth Rexroth auf. Im späten Oktober unternimmt Kerouac mit Gary Snyder und John Montgomery ein Anhalter-Wochenende rund um den Yosemite-Park. Im Dezember kehrt er nach South Carolina zurück, setzt dort "Visions of Gerard" auf. Der erste Teil zu "Desolation Angels" entsteht in Washington und Mexico City.

1956: Besucht Ende Januar kurz New York, erhält ein Schreiben, das einen Job bei Mount Baker National Forest, Washington State, in Aussicht stellt. Reist im März nach Mill Valley in Kalifornien, um mit Gary Snyder in seiner Hütte zu sein; trifft im Mai auch Robert Creeley. Per Autostop geht's im Juni nach Washington wegen des Jobs, den er im September hinter sich bringt; dann ab nach Seattle und schließlich in Richtung San Francisco. Darauf nach Mexico City, wo er sich mit Ginsberg, Gregory Corso und Peter und Lafcadio Orlovsky trifft; gemeinsam reisen sie nach New York. Mitte Dezember sagt ihm 'Viking Press' offiziell die Publizierung von "On the Road" zu. Im Oktober veröffentlicht 'City Lights' Allen Ginsbergs "Howl And Other Poems". Über Weihnachten mit der Mutter und Schwester in Orlando, Florida.

1957: Den Januar verbringt Kerouac in New York; trifft auf William Carlos Williams in Rutherford, New Jersey; besucht John Clellon Holmes in Connecticut. Fährt im Februar alleine nach Tanger, um Burroughs zu besuchen, auch Ginsberg und Orlovsky kommen. Im April Rückkehr über Paris und London, im Mai per Schiff in die USA. Später im Mai zieht Jack mit seiner Mutter nach Berkeley, Kalifornien, kehrt aber nach sechs Wochen, im Juli, nach Orlando zurück. Im späten August lockt ihn dann New York. Der September bringt das Erscheinen von "On the Road". Im Oktober ist Jack Kerouac zurück in Orlando, Mitte Dezember in New York zum Village Vanguard jazz-poetry reading gig. "The Dharma Bums" entsteht in Florida.

1957-63: Dreizehn Hauptwerke veröffentlicht

1958: Interviews mit Mike Wallace im Januar. Kauft im April ein Heim für seine Mutter in 34 Gilbert Street, Northport, New York. Im November wird mit Ashley Montagu, James E. Wechsler und Kingsley Amis im Hunter-College "Is There a Beat Generation?" debattiert. Im Mai geht Neal Cassady wegen Marihuana-Besitzes für zwei Jahre ins San Quentin-Gefängnis. Entwurf zu "Lonesome Traveller".

1958-69: Schreibt, redigiert, vollendet 12 Bücher

1959: Anfang des Jahres hat Jack Kerouac in New York mit dem Film "Pull My Daisy" zu tun und setzt spontan dazu ein Skript auf. Im Feburar Interviews mit Alfred Aronowitz für die 'New York Post'. Beginnt im April mit der 'Escapade'-Kolumne. Fliegt im November nach Los Angeles wegen eines Auftritts in der ‚The Steve Allen Show‘ und ist bei den Dreharbeiten zu "The Subterraneans" in den MGM-Studios. Trifft in San Francisco auf Lew Welch und Albert Saijo, und alle drei kurven mit Welchs Jeep nach Northport.

1960: Im Juni: Premiere des "The Subterraneans"-Films. Im Juli nimmt Kerouac den Zug nach San Francisco und plant, sich in Lawrence Ferlinghettis Hütte in Bixby Canyon, Big Sur, einzunisten. Gegen Ende des Sommers nimmt seine Unruhe zu, und Kerouac greift immer öfter zur Flasche; erleidet einen Nervenzusammenbruch. Fliegt im September nach New York.

1961: Nimmt im Januar an Timothy Learys psychedelischen Drogen-Experimenten teil, ihm wird Psilocybin verabreicht. Im März gerichtlicher Streit in New York mit Joan Haverty wegen des Kindes. Zieht im Mai mit der Mutter ins Orlando-Haus der Schwester Caroline. Setzt "Desolation Angels" im Juli in Mexico City auf, bleibt dort den Sommer über, "Big Sur" in Florida, November in New York.

1962: Im März erfolgt eine gerichtliche Einigung mit Joan Haverty, Tochter Michelle erhält 12 Dollar/Woche. Kerouac besucht im September John Clellon Holmes in Old Saybrook, Connecticut, begibt sich dann nach Lowell. Trifft in seiner Heimatstadt Paul Bourgeois, und die Beiden fliegen nach Florida. Im Dezember ziehen Mutter und Sohn Jack zurück nach Northport.

1963: Besucht im Juli Neal Cassady

1964: Kerouac zieht im August mit seiner Mutter nach St. Petersburg in Florida. Schwester Caroline stirbt am 19. September an einem Herzverschluß. Den Sommer über ist Cassady für Ken Kesey und seine "Merry Pranksters" Kleinbusfahrer. Mit Ankunft in New York bringt Cassady Kerouac dazu, mit auf eine Prankster-Party zu kommen, Jack soll dort Kesey treffen.

1965: Fliegt im Juli nach Paris, um Familienpapiere aufzustöbern und um Brittany zu besichtigen, ein angestammtes Heim der Kerouacs. Im November besucht er J.C. Holmes in Connecticut und auch den Heimatort Lowell. Schreibt in Florida "Satori in Paris"

1965-68: Drei Hauptwerke publiziert

1966: Zieht im Mai nach Hyannis, Massachusetts, 20 Bristol Avenue; heiratet am 19. November Stella Sampas und quartiert sich wieder in Lowell ein. Im September erleidet die Mutter einen lähmenden Schlaganfall.

1967: Im Januar Umzug der Kerouacs nach Lowell, 271 Sanders Avenue. Trifft dort auf Joe Chaput, und im Sommer fahren beide nach Kanada. Im Frühjahr Interviews mit Ted Berrigan und Aram Saroyan für die 'Paris Review' und mit Bruce Cook für dessen Buch "The Beat Generation". In Lowell entsteht "Vanity of Duluoz".

1968: Am 4. Februar stirbt Neal Cassady in Mexico. Im März fliegt Kerouac mit Freunden nach Spanien, Portugal und Deutschland. Während des Sommers konzipiert er "After Me, the Deluge" für die 'Washington Post'. Fährt mit Chaput und anderen im Frühjahr nach New York, um in William F. Buckleys Fernsehshow ‚Firing Line' zu erscheinen. Besucht zu dieser Zeit William Burroughs, Allen Ginsberg und Lucien Carr. Wechselt im November mit seiner Familie und Joe Chaput als Fahrer nach St. Petersburg, Florida.

1969: Am 21. Oktober um 17:30 stirbt Jack Kerouac an Unterleibs-Blutung in St. Petersburg.

1971-77: Sieben Werke werden posthum veröffentlicht.

1973: Jack Kerouacs Mutter, Mémêre, stirbt am 14. Oktober in St. Petersburg.

***

LITERATUR

Primärliteratur:

Jack Kerouac
The sea is my brother. The lost novel.
Penguin Books, London, New York, Toronta, 2011

Jack Kerouac
Tristessa
Rowohlt Verlag, Reinbek, 1965

Jack Kerouac
Engel, Kif und neue Länder
Rowohlt Verlag, Reinbek, 1971

Jack Kerouac
Be-Bop, Bars und weißes Pulver
Rowohlt Verlag, Reinbek, 1979

Jack Kerouac
Die Schrift der Goldenen Ewigkeit
Sadhana Verlag, Berlin, 1980

Jack Kerouac
The Town and The City
Rowohlt Verlag, Reinbek, 1984

Jack Kerouac
Lebendiger Buddha
Insel Verlag, 2008

Sekundärliteratur:

Allen, Donald, Hrsg.
Jack Kerouac
Heaven & Other Poems
Grey Fox Press, Bolines California, 1977

Altaquito (Verleger)
Der Marktplatz der Worte
Jack Kerouac
Altaquito, Göttingen, 1996

Amburn, Ellis
Subterranean Kerouac
St. Martin`s Press, New York, 1988

Beaulieu, Victor-Lévy
Jack Kerouac
Editions de L'Herne, 1973

Betz, Gertrude
Die Beatgeneration als literarische und soziale Bewegung
Peter Lang, Frankfurt/Main, Bern, Las Vegas, 1977

Bierowsky, Thomas R.
Kerouac in Ecstasy
McFarland & Company, Inc., Publishers, North Carolina, 2011

Cassady, Carolyn
Off the Road
Black Spring Press, London, 1990

Cassady, Neal
The First Third
San Francisco, 1971

Castaneda, Carlos
Die Lehren des Don Juan
Ein Yaqui-Weg des Wissens
Fischer Taschenbuch Verlag, Frankfurt am Main, 1972

Charters, Anne
Kerouac
Straight Arrow Books, San Francisco, 1973

Clark, Tom
Jack Kerouac
A Biography
Paragon, New York, 1984

Coltman, Stewart (Übersetzer)
Jack Kerouac
The Scripture of the Golden Eternity
Sadhana Verlag, Berlin, 1980

Fanger, York Alexander
Jack Kerouac: "America": Mythos und Vision
Hamburg, 1981

Grace, Nancy M.
Jack Kerouac
And the literary imagination
Palgrave Macmillan, New York, 2007

Hipkins, Robert A.
Jack Kerouac
Prophet of the New Romanticism
The Regents Press of Kansas, 1976

Holladay Hilary, Holten, Robert (Edited by)
What`s Your Road, Man
Southern Illinois University Press, Carbondale, 2009

Johnson, Joyce
Minor Characters
Houghton Mifflin, Boston, 1983

Lenrow, Elbert
Kerouac Ascending
Cambridge Scholar Publishing
Newcastle upon Tyne, 2010

Miles, Barry
Jack Kerouac, King of the Beats, A Portrait
Virgin Publishing Ltd., London, 1998

Robert J. Milewski
Jack Kerouac,
An Annotated Bibliography Of Secondary Sources,1944-
1979
The Scarecrow Press

Nicosia, Gérald
Memory Babe, A Critical Biography of Jack Kerouac
Grove Press, Inc. USA, 1983, Viking, GB, 1985

Paetel, Karl O. (Hrsg.)
Beat. Die Anthologie
Maro Verlag, Augsburg, 1993

Self, Will
junk mail
Penguin Books, 1992

Spengemann, Gabriele
Jack Kerouac: Spontaneous Prose
Verlag Peter D. Lang
Bern, Cirencester, UK, 1980

The Regents Press of Kansas, Lawrence, 1976
Jack Kerouac, Prophet of the New Romanticism

Turner, Steve
Angelhearted Hipster: A Life of Jack Kerouac
Viking Press, New York, 1996

Tytell, John
Naked Angels, The Lives and Literature of the Beat
Generation, New York, 1976

Nicosia, Gerald
Virgin Publishing Ltd., London, 1998
Memory Babe: A Critical Biography of Jack Kerouac

Watts, Allen
The Way of Zen
Vintage Books, New York, 1957

****